**TEAM DEUTSCH** suit les recommandations du Cadre Européen Commun de Référence pour les langues (CECRL) du Conseil de l'Europe qui préconise la perspective actionnelle. Le CECRL définit des bases communes par rapport au niveau de compétence en langue vivante attendu pour devenir utilisateur élémentaire.

**TEAM DEUTSCH** couvre les niveaux suivants qui mènent du Palier 1 au Palier 2 :

Première année : A1
Deuxième année : A2 → Palier 1
Troisième année : B1.1
Quatrième année : B1.2 → Palier 2

**TEAM DEUTSCH** développe les contenus abordés dans le Palier 1 et le Palier 2 pour les programmes des collèges. Les compétences culturelles, lexicales et grammaticales sont pratiquées de façon concrète et active à partir des activités de communication langagière. Grâce à des stratégies d'apprentissage par les tâches proches de l'environnement du collégien, ce dernier sera capable d'interagir dans des contextes authentiques de communication, à savoir :

« … faire, écouter, parler, lire et écrire un allemand authentique et actuel. »

Allemand
2e année

Palier 1

A2

# Team **Deutsch 2**

# Les pictogrammes

veut dire que tu vas écouter un document audio

veut dire que tu vas travailler à deux

veut dire que tu vas travailler en équipe

**AB**: 4, 5 fait référence aux activités du Cahier d'exercices

Le « Bonhomme-Stratégie » t'accompagne tout au long du Livre de l'élève et du Cahier d'exercices. Il t'indique des stratégies importantes et te donne des « trucs » utiles pour apprendre l'allemand.

**Rédaction :** Enikő Rabl, Renate Weber, Eva-Maria Jenkins-Krumm (Section grammaticale)
**Avec la collaboration de :** Elke Körner, Annette Kuppler
**Conseil :** Evdokia Kallia, Barbara Ceruti, Dr. Kerstin Reinke, Herder-Institut Leipzig (Phonétique)
**Coordination édition française :** Barbara Ceruti
**Rédaction édition française :** Marie-Laure Lions-Olivieri, Karin Fischer (Section de civilisation)
**Glossaire :** Verena Mair-Briggs
**Maquette et mise en page :** Katja Schüch, Jasmina Car, Ulrike Eisenbraun, Regina Krawatzki (Section grammaticale)
**Maquette de couverture :** Juliette Rigaud
**Photographies :** Gallandi. Studio für Foto-Design, Berlin
**Illustrations :** Paweł Miedzinski, David Revilla (p. 13)
**Documentation :** Hanna Dölle, Olga Mias



ISBN: 987-2-35685-009-6
Dépôt légal: B-2131-09
Mars 2009



Imprimé en Espagne par Milimétrica Producciones

Allemand
2e année

Palier 1

A2

# Team Deutsch 2

Manuel de l'élève

Ursula Esterl • Elke Körner • Ágnes Einhorn • Aleksandra Kubicka •
Eva-Maria Jenkins-Krumm (Grammaire)

# Avant-propos

**TEAM DEUTSCH** est une nouvelle collection de manuels d'allemand langue vivante, basée sur la perspective actionnelle, qui correspond au Palier 1 et au Palier 2 des programmes d'allemand du Ministère de l'Education Nationale pour le collège et qui suit les recommandations du CECRL du Conseil de l'Europe.

- **TEAM DEUTSCH 1** est destiné à la première année d'apprentissage des LV1 et LV2 (A1)
- **TEAM DEUTSCH 2** est destiné à la deuxième année d'apprentissage des LV1 et LV2 (A2)
- **TEAM DEUTSCH 3** est destiné à la troisième année d'apprentissage des LV1 (B1.1)
- **TEAM DEUTSCH 4** est destiné à la quatrième année d'apprentissage des LV1 (B1.2)

**TEAM DEUTSCH** est un manuel où les faits de langue et de culture répondent à des besoins authentiques de communication, en proposant des tâches qui tiennent compte aussi bien des activités langagières que du potentiel de compétences à acquérir dans d'autres domaines pratiques.

La conception innovante et dynamique de **TEAM DEUTSCH** offre un matériel qui garantit la performance des résultats dans la classe d'allemand langue vivante : c'est un manuel qui propose une véritable actualité thématique incorporée dans des textes et des documents authentiques, des outils de travail à la portée des élèves. Le CD audio facilite le travail autonome de l'élève.

Le *Cahier d'exercices* prépare les jeunes collégiens à l'autonomie tout en les impliquant dans la progression de leur apprentissage et le CD-ROM, avec ses ressources pédagogiques, est destiné à faciliter la tâche de l'enseignant.

Divers critères et objectifs ont présidé la création de ce manuel:
- les unités sont construites suivant les contenus culturels et les domaines lexicaux que doivent maîtriser l'élève pour atteindre le niveau de domaine de la langue allemande exigé pour chaque niveau.
- les différentes tâches sont proposées suivant les aspects méthodologiques du CECRL qui recommande l'approche actionnelle et qui constitue les bases des nouveaux programmes de langues vivantes au collège.

Dans cette perspective **TEAM DEUTSCH** propose une démarche pédagogique qui considère véritablement les élèves comme « des acteurs sociaux ».

# Mode d'emploi

**TEAM DEUTSCH** est conçu pour apprendre l'allemand en réalisant des tâches intéressantes et ludiques : on apprend à parler en parlant, à écrire en écrivant, tel qu'on apprend à nager, à danser ou à jouer au foot en nageant, dansant ou jouant au foot … C'est une nouvelle manière d'apprendre où tu participes activement à la classe. Tu seras capable de faire beaucoup de choses par toi-même, avec tes camarades et avec l'aide de ton professeur. Tu deviendras de plus en plus autonome.

**10 unités, 10 tâches finales**
Ton unité démarre avec une page d'ouverture qui te présente le thème de la leçon et la tâche que tu auras à réaliser. Si tu suis la flèche, tu découvriras les compétences et les connaissances dont tu as besoin pour y arriver. De plus, tu y trouveras des exercices pour commencer à travailler le sujet.

Sur chacune de ces pages il y a un « **Baukasten** » : des exemples très clairs t'aideront à te repérer quand tu seras face à des règles de grammaire qui te sembleront difficiles.

Pour faire les exercices, des **exemples marqués en rouge** te guideront par rapport à ce que toi et tes camarades devront **dire ou écrire**.

Le « **Bonhomme-Stratégie** » va t'aider à mieux faire tes exercices et va te donner des « trucs » pour mieux apprendre.

Au cours des leçons tu trouveras une série d'**activités** et d'**exercices** qui t'amèneront à lire, à écouter et à regarder pour comprendre et pour pouvoir t'exprimer. Tu vas explorer l'allemand en communiquant avec tes camarades et avec ton professeur.

Ce pictogramme (CD) indique que tu peux **écouter** un enregistrement sur ton CD.

# Mode d'emploi

Dans la section finale, « **Im Team-Magazin** », tu trouveras des documents authentiques sur l'actualité « jeune » dans les pays germanophones, et des documents authentiques de culture et de civilisation : articles de presse, extraits de romans et de poèmes, biographies de grands personnages, musique, cinéma et plus encore ! Tu auras accès aux éléments culturels les plus marquants de la culture germanophone qui répondent aux contenus culturels décrits dans le Palier 1 des programmes pour le collège.

Ici tu trouveras une **tâche finale**, que tu pourras réaliser la plupart du temps grâce aux structures apprises dans l'unité ; tu pourras ensuite présenter la tâche à toute la classe.

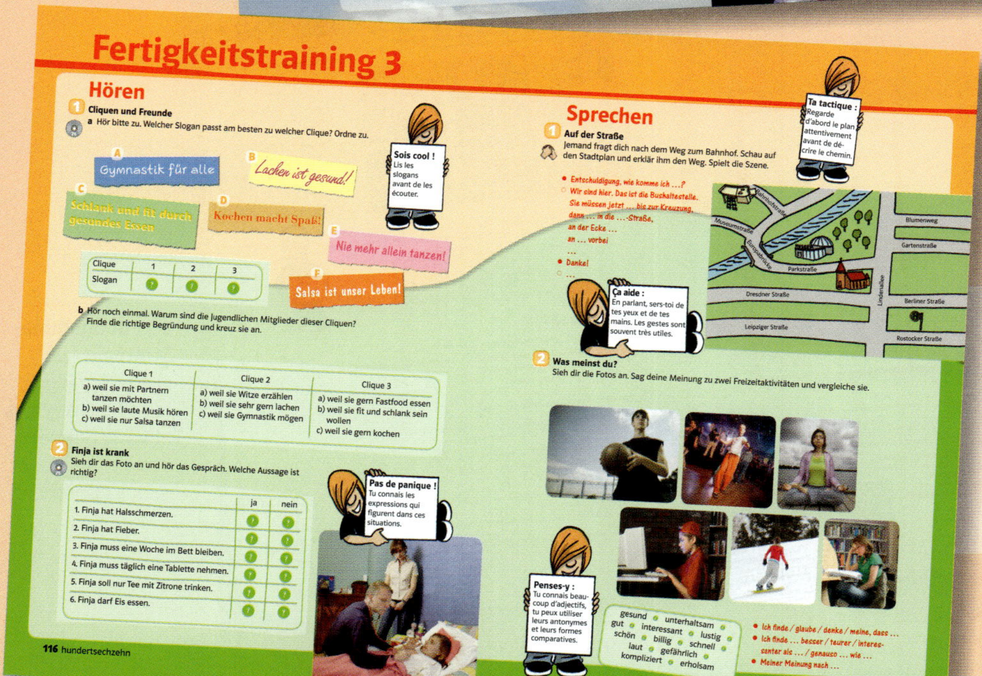


Toutes les 5 unités, une section est consacrée au « **Fertigkeitstraining** » pour réviser tes acquis et pour te préparer aux examens officiels.

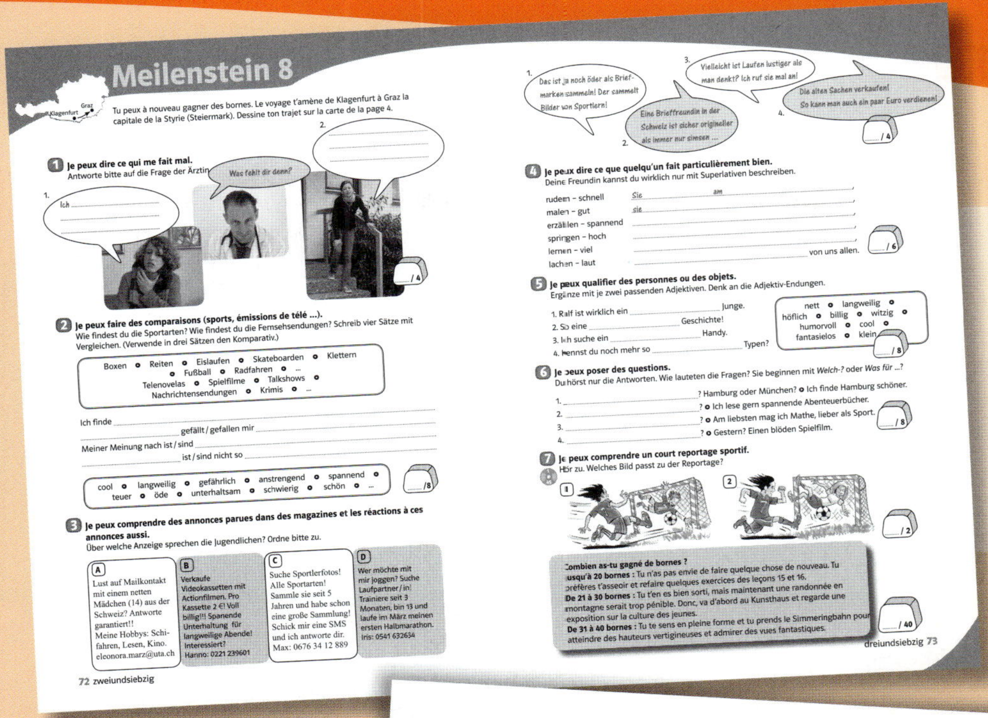


Dans le Cahier d'exercices, tu trouveras des activités supplémentaires pour travailler le vocabulaire, la lecture, l'écriture et la communication orale. Dans le chapitre « **Meilenstein** », tu pourras évaluer toi-même tes progrès en additionnant des points.

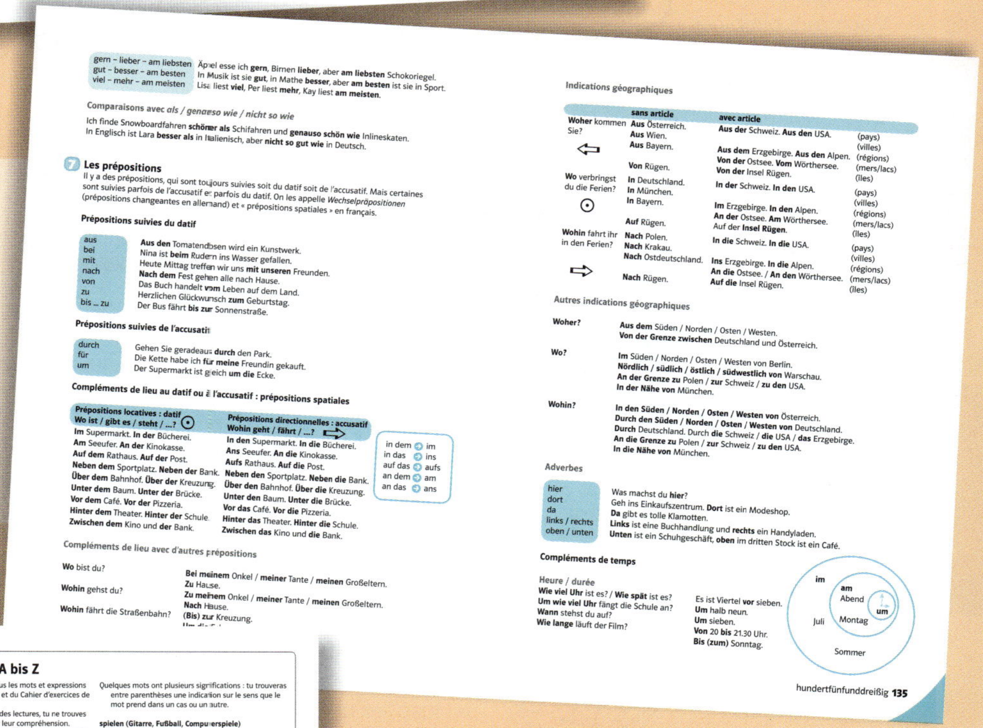


La section de grammaire « **Grammatik im Überblick** » à la fin du livre t'aidera à vérifier ou à consulter les aspects grammaticaux que tu es en train de découvrir. C'est une grammaire conçue spécialement pour toi, avec des explications simplifiées en français.

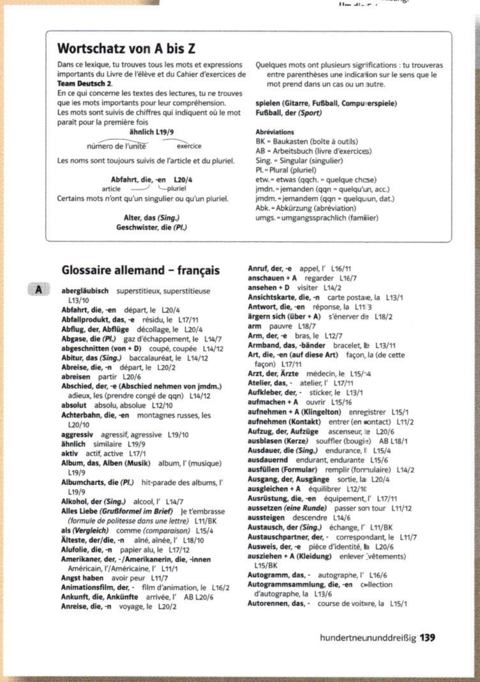


Tu pourras aussi consulter dans la section « **Wortschatz von A bis Z** », à la fin du livre, le vocabulaire important dans le glossaire allemand - français et français - allemand.

# Sommaire

| | Phonétique | Projets, jeux créatifs et récréatifs | Civilisation |
|---|---|---|---|
| | • Virelangues<br>• L'accentuation dans les noms de pays, langues et nationalités | • Jeu de piste<br>• Jeux pour se connaître<br>• Produits typiques<br>• Écouter une chanson et la compléter<br>• Chercher une école partenaire en Europe | • La ville de Potsdam<br>• Virelangues de toujours<br>• Les symboles de l'Europe |
| | • Les consonnes sourdes<br>• L'accent tonique dans les noms simples et composéss | • Test de personnalité<br>• Puzzle: les parties du corps<br>• Organiser un petit déjeuner en classe<br>• Concevoir une brochure pour mieux vivre | • Les plats régionaux<br>• Les horaires des repas allemands<br>• L'œuf du petit déjeuner |
| | • **ng** et **nk** | • Faire une enquête dans la classe sur le thème des porte-bonheurs<br>• Écrire un avis de recherche<br>• Test de personnalité : concevoir des cartes pour un test porte-bonheur | • Porte-bonheurs et superstitions<br>• Dictons et expressions courantes |
| | • Le -e en fin de mot **(schwaches -E)** | • Jeu de rôle : qu'est-ce que je peux obtenir et où ?<br>• Décrire le chemin à l'aide d'un plan<br>• Ecrire une interview sur le lieu d'habitation et la jouer<br>• Comment y aller ? Lire une poésie et la continuer<br>• Décrire un lieu qui sort de l'ordinaire | • Promenade dans Essen<br>• Au milieu de la mer : vivre en mer du Nord<br>• Andreas Schlueter, *Stadt der Kinder*<br>• Le labyrinthe<br>• *Das Ampelmännchen* |
| | • Exprimer ses émotions | • Devinette : qui est le meilleur ?<br>• Jeu de rôle : chez le médecin<br>• Dire une poésie<br>• Établir des statistiques sportives | • Sportifs et sportives célèbres en Allemagne, en Autriche et en Suisse<br>• Christine Nöstlinger, *Kleines Glückwunsch-gedicht* |

| | Phonétique | Projets, jeux créatifs et récréatifs | Civilisation |
|---|---|---|---|
| | • Les voyelles brèves et longues<br>• Les mots anglais en allemand | • Bâtir le programme de télé de *Team Deutsch*<br>• Faire le portrait d'une star<br>• Créer une série télé pour la classe | • Petite histoire des médias en Allemagne : Gutenberg, von Ardenne et Zuse<br>• Les règles d'or pour chater |
| | • Les voyelles brèves et longues | • Créer des prévisions météorologiques<br>• Rechercher les dernières informations météo<br>• Tenir un journal environnemental | • S'engager pour l'environnement<br>• Art et déchets<br>• Recycler correctement<br>• Sujet de conversation : le temps<br>• Le sac des frères Freitag |
| | • Les **R-Laute** | • Écrire un poème sous forme de Elfchen : 5 vers et 11 mots<br>• Jouer une scène de présentation<br>• Débat : mon rôle dans la famille<br>• Roman photo : ma dernière fête de famille | • Fêtes typiques d'Allemagne, d'Autriche et de Suisse<br>• La famille Mann<br>• Le carnaval à Mayence, Cologne et Düsseldorf |
| | • Le rythme | • Faire une liste de livres<br>• Présenter son livre favori<br>• Inventer une journée de son journal intime<br>• Chanter un rap<br>• Écouter une chanson et l'interpréter<br>• Faire promotion de son groupe ou son livre préféré | • Benjamin Lebert, *Crazy*<br>• Une chanson de *Wir sind Helden*<br>• Elke Heidenreich et l'émission de télé *Lesen* |
| | • L'intonation | • Créer le couplet d'une chanson<br>• Devinette : où suis-je ?<br>• Jeu de rô e : une conversation en famille<br>• Astuces : côtoyer ses parents pendant les vacances<br>• Créer un magazine de vacances | • Un poème de Christian Morgenstern<br>• Où voyagent les Allemands ?<br>• Propositions de vacances pour les jeunes<br>• Christine Nöstlinger, *Tipps für den Familienurlaub* |

Stunde
Ich habe die Lösung!
Lest bitte den Text.
Ist das richtig?
Ich möchte etwas fragen!!
Hört bitte den Dialog.
Ergänzt die Sätze.
Spielt bitte die Situation.
Arbeitet in Teams!
Das ist doch einfach!
Deutsch ist anstrengend.

WÜRSTCHEN
POMMES FRITES
Guten Tag, was bekommen Sie?
Zweimal Bratwurst mit Pommes und eine Fanta, bitte!
Es ist schön heute, die Sonne scheint!
Ja, heute ist es wirklich warm.
Gefällt es euch in Deutschland?
Ja, wir finden es toll hier! Alles ist sehr sauber und modern.
Das ist mein Freund Markus. Er hat morgen eine Prüfung.
Hallo! Ja, ich bin schon ganz nervös …
Na dann, viel Glück!
Und wohin gehen wir jetzt?
Zur Post und danach ins Kino

## 1 Suchspiel

Welche Orte sind auf den Fotos abgebildet? Sucht die Fotos in den Lektionen. Schreibt den Ort und die Seitenzahl auf. Welches Team gewinnt?

| Foto | | Ort |
|---|---|---|
| 1 | ? | Potsdam |

13

14

12

11

1

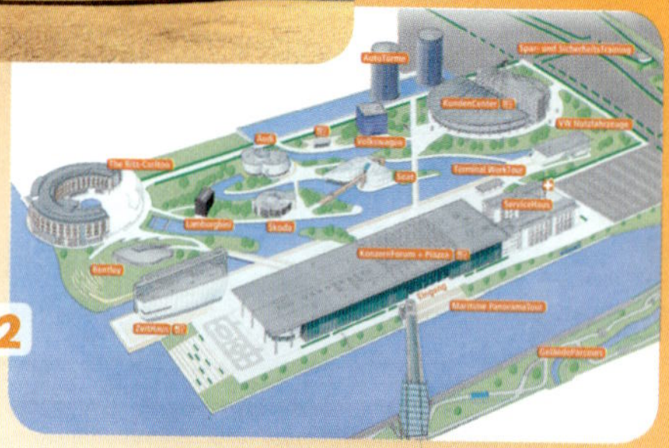
2

3

Koblenz
Wiesbaden
Frankfurt/Main
Mainz
RHEINLAND-PFALZ
Würzburg
SAARLAND
Saarbrücken
Mannheim
Heidelberg
Nürnberg
BAYERN
Regensburg
Stuttgart
Donau
BADEN-WÜRTTEMBERG
Ulm
Rust
Freiburg
München
Basel
Schaffhausen
Frauenfeld
St. Gallen
Herisau
Appenzell
Delemont
Aarau
Zürich
Solothurn
Zug
Luzern
Schwyz
Glarus
Bern
Sarnen
Altdorf
Fribourg
Chur
Vaduz
Lausanne
Genève
Sion
Bellinzona
Matterhorn (4478 m)
Bregenz
VORARLBERG
Zugspitze (2963 m)
TIROL
Innsbruck
OSTTIROL
Lienz
Großglockner (3797 m)
KÄRNTEN
Klagenfurt
Salzburg
Kuchl
OBERÖSTERREICH
Linz
STEIERMARK
Graz
NIEDERÖSTERREICH
St. Pölten
Wien
Eisenstadt
BURGENLAND
A
CH
4
5
6
7
8
9
10

# Neue Kontakte

## 1 Potsdam und seine Partnerstädte

**a** Hör zu und such dabei die Städte auf der Karte.

**b** In welchem Land liegen die Partnerstädte? Welche Sprache spricht man dort? Fragt und antwortet.

Welche Sprache spricht man in Potsdam?

In Potsdam spricht man ...

Wo ist / liegt Potsdam?

Potsdam ist / liegt in ....

**IM TEAM**

À la fin de cette leçon, nous allons rechercher une école partenaire.

**c** Hör zu und notiere die Informationen über die Personen in einer Tabelle.

Heiko • Adam • Alain • Räto • Morgan • Matti • Franziska • Federico

| Name | Stadt | Land | Muttersprache |
|---|---|---|---|
| Heiko | Potsdam | Deutschland | Deutsch |
| ? | ? | ? | ? |

**Nous allons apprendre à :**

- nommer les pays, les langues et les nationalités
- établir des contacts par courriel et par téléphone
- écrire une lettre
- discuter des avantages et des inconvénients
- raconter quelque chose qui a eu lieu dans le passé
- comprendre la règle d'un jeu

**Et nous allons utiliser :**

- le pronom *man*
- le *welche/r/s* pour poser des questions
- le prétérit avec *sein* et *haben*
- le parfait

# Partnerschule gesucht

## 2 Schulpartnerschaft

Lies die Anzeige. Was sind die wichtigsten Informationen? Verbinde die Satzhälften.

**Wie findet man eine Partnerschule?**

Schulpartnerschaften sind die ideale Möglichkeit, andere Länder kennen zu lernen und seine Sprachkenntnisse zu verbessern. Lernt ihr schon mindestens ein Jahr lang eine Fremdsprache und möchtet mit einer Klasse aus einem europäischen Land Kontakt aufnehmen? Dann wendet euch unter dem Stichwort

**„Projekt Europa"**

an: www.schulpartner.europa.com.
Wir helfen euch garantiert!

| | |
|---|---|
| 1. Das „Projekt Europa" | ihre Sprachkenntnisse verbessern. |
| 2. Mit Schulpartnerschaften kann man | schon ein Jahr eine Fremdsprache lernen. |
| 3. Die Schüler können | im Internet finden. |
| 4. Die Schüler müssen | ein anderes Land kennen lernen. |
| 5. Mehr Informationen zum Projekt kann man | organisiert Schulpartnerschaften. |

## 3 Eine E-Mail aus Potsdam

Lies die E-Mail und beantworte die Fragen.

1. Wer schreibt die E-Mail?
2. An wen schreiben die Schüler?
3. Was möchten die Schüler?
4. Welche Informationen bekommt man über die Klasse?

Hallo!
Wir sind die Klasse 9b vom Humboldt-Gymnasium in Potsdam und haben die Anzeige über das „Projekt Europa" gelesen. Wir suchen dringend eine Partnerschule – egal aus welchem Land!! Wir sprechen natürlich Deutsch, können aber auch schon ziemlich gut Englisch. In unserer Klasse sind 25 Schüler (10 Mädchen und 15 Jungen), alle sind 14–15 Jahre alt. Wir möchten gern Briefe und E-Mails schreiben und Jugendliche in Europa kennen lernen. Vielleicht können wir mit der Partnerschule auch ein gemeinsames Projekt planen. Im Internet gibt es Infos über unsere Schule und über Potsdam. Wir freuen uns über eine schnelle Antwort!
Mit freundlichen Grüßen
die Klasse 9b

## 4 Eine Partnerschule in Europa

**a** Mit wem möchtet ihr eine Schulpartnerschaft? Seht euch die Landkarte an und entscheidet euch im Team für eine Stadt.

- *Welches Land / welche Stadt findet ihr interessant?*
- *Welche Sprachen sprecht ihr?*

| ☺ | ☹ |
|---|---|
| | *ich spreche die Sprache nicht* |

**b** Partnerschule pro und kontra: Sammelt Argumente im Team.

## 5 Gespräche in der Klasse

**a** Hör bitte zu. Welche Argumente nennen die Schüler? Wähl aus.

1. Meine Großeltern kommen aus Polen.
2. Da möchte ich gern einmal hinfahren.
3. Cool, die können uns dann besuchen.
4. Polen ist so weit weg.
5. So können wir unsere Nachbarn kennen lernen.
6. Wir sprechen nicht Polnisch.
7. Wir können tolle Projekte zusammen machen.
8. Wir lernen neue Leute kennen, das macht bestimmt Spaß!
9. Osteuropa finde ich echt interessant.
10. Der Fußballer Miroslav Klose kommt aus Opole.

**b** Ihr habt viele Argumente gehört. Was sind für euch die drei wichtigsten Argumente, eine Partnerschule zu suchen?

## 6 Aus dem Prospekt

**a** Die Schüler in Opole bekommen einen Prospekt über Potsdam. Ordne die Texte den Fotos zu.

### Das Pronomen *man*
**Le pronom *man***

In Deutschland spricht **man** Deutsch.
Wo findet **man** Informationen?
Kann **man** in Potsdam Schifffahrten machen?

### Fragen mit *welche/r/s*
**La question avec *welche/r/s***

**Welcher** Lehrer organisiert den Austausch?

**Welches** Land findest du interessant?

**Welche** Sprache sprichst du?

**Welche** Partnerstädte hat eure Stadt?

AB: 2, 7, 8, 9

A

B

C

D

E

**1** Das Schloss Sanssouci mit seinem herrlichen Park zieht jedes Jahr Tausende Touristen an. Es ist ein großartiges Beispiel für deutsche Rokokoarchitektur.

**2** Die historische Innenstadt hat viel Charme. Ein Spaziergang vom Alten Markt zum Holländischen Viertel führt an vielen kleinen Läden, Cafés und Restaurants vorbei.

**3** In der Biosphäre in Potsdams Norden kann man 20 000 tropische Pflanzen und Bäume bewundern.

**4** Eine Schifffahrt auf der Havel macht einen Besuch in Potsdam zum Erlebnis. Mit dem Schiff kann man Ausflüge zu den vielen Seen und Kanälen rund um Potsdam machen.

**5** Im Filmerlebnispark „Babelsberg" kann man in den Kulissen von Kino- und Fernsehfilmen spazieren gehen. Zu den größten Attraktionen gehören die Westernstraße und die Stuntshows.

**b** Was kann man in Potsdam machen? Formuliere Sätze.

- Man kann ... sehen / machen / besuchen / besichtigen / ...
- Im Park kann man ...

# Kontakt aufnehmen

## 7 Kontakt mit dem Austauschpartner

Die Schüler berichten von ihrer ersten Kontaktaufnahme. Was erzählen sie? Fass bitte zusammen.

… hatte / hatten Angst.
… war / waren nervös.
Der Brief / Der Chat / Die E-Mail … war …

… hatte / hatten (keine) Probleme.
… spricht / sprechen … Deutsch.
… versteht / verstehen …

## 8 Ein Telefongespräch

**a** Claudia und Adam telefonieren miteinander. Was erzählen sie den anderen darüber? Hör bitte zu und ergänze dann die Sprechblasen.

**b** Hör noch einmal. Was versteht Adam nicht sofort? Wie hilft ihm Claudia?

**c** Was kannst du machen, wenn du in der anderen Sprache etwas nicht verstehst oder nicht sagen kannst?

## 9 Überraschungspost

**a** Die deutschen Schüler schicken ihrer Partnerschule ein Paket. Ergänze den Begleitbrief mit den passenden Textteilen.

? ← ______
? ______
? ______

**1**
Klasse 9b
Humboldt-Gymnasium
Wilhelm-Humboldt-Str. 2
14469 Potsdam
Deutschland

? ______

**4**
Liebe Schüler der 2a,

wie geht es euch? Heute bekommt ihr eine Überraschung! Wir hoffen sehr, unsere Idee gefällt euch. Das war nämlich eine MEGAARBEIT! Aber wir hatten auch echt Spaß beim Basteln. Das Resultat ist cool, finden wir.
Vielleicht könnt ihr uns ja auch mal was schicken? Wir warten noch immer auf eure Fotos!!

? ______, bis bald
eure 9b

**5**
An die Klasse 2a
Ul. Polska 15
45-018 Opole
Polen

**2**
Potsdam, den 31. Oktober 20...

**3**
Viele Grüße aus Potsdam,

**b** Was denkt ihr: Was ist im Paket?

## 10 Sprechtraining: Zungenbrecher

9 **a** Hör bitte zu. Warum ist das ein Zungenbrecher?

Der Potsdamer Postkutscher putzt den Potsdamer Postkutschkasten.

**b** Versuch es selbst. Wer kann es ohne Fehler?

10 **c** Hör die Zungenbrecher und sprich sie nach. Welche Laute kommen hier oft vor?

1. Fischers Fritz fischt frische Fische, frische Fische fischt Fischers Fritz.
2. Schneiderschere schneidet scharf, scharf schneidet Schneiderschere.
3. Hechte, Nächte, stechen, brechen. Nun versuch, es nachzusprechen!

### Präteritum von *sein* und *haben*
Le prétérit de *sein* et *haben*

**sein**
ich war
du warst
er / es / sie war
wir waren
ihr wart
sie waren

**haben**
ich hatte
du hattest
er / es / sie hatte
wir hatten
ihr hattet
sie hatten

➔ **AB**: 14

### Briefe schreiben
Écrire des lettres

**Anfang**
Liebe Anna! Lieber Ralf!
Liebe Eltern!
Hallo Peter!
Wie geht's? / Wie geht es euch?
Danke für deinen / euren Brief.

**Schluss**
Viele / Herzliche / Liebe Grüße
Bis bald
Alles Liebe
Dein / Deine …
Euer / Eure …

➔ **AB**: 5, 15

# Kennenlernspiel

## 11 Spielvorbereitung

**a** Im Paket war ein Kennenlernspiel mit vielen Fragen.
Zu welchen Fragen passen die Infinitive? Ordne bitte zu.

lesen • organisieren • besuchen • aufstehen • ausgehen • aufräumen • treffen

1. Wann bist du heute aufgestanden?
2. Was hast du heute schon gelesen?
3. Wann hast du zuletzt dein Zimmer aufgeräumt?
4. Welche Websites hast du gestern besucht?
5. Wen hast du gestern getroffen?
6. Bist du am Wochenende ausgegangen?
7. Hast du schon mal eine Party organisiert?

**b** Die Schüler aus Potsdam haben auch ein paar Antworten mitgeschickt.
Zu welchen Fragen in **a** passen sie?

**A** Ich habe viele SMS und die Aufgaben im Mathebuch gelesen. (Olaf)

**B** Das habe ich vergessen. Vielleicht habe ich es vor drei Monaten aufgeräumt. (Hannes)

**C** Heute bin ich zu spät aufgestanden und bin in der Schule zu spät gekommen. (Lizzy)

**D** Ja, ich habe an meinem Geburtstag eine Megaparty gemacht. (Lorenz)

**E** Ich habe meine Freundin Simone getroffen und wir sind zum Basketballtraining gegangen. (Elke)

**F** Nein, ich habe zu Hause Musik gehört und Klavier geübt. (Anna)

**G** Gestern habe ich nur E-Mails geschrieben. (Anton)

**c** Lies die Beispiele in der Tabelle und ordne die Verben aus **a** und **b** zu.

| **Verben** | **regelmäßig:** -*(e)t* | **unregelmäßig:** -*en* |
|---|---|---|
| einfache Verben: *ge-* | **ge**spiel**t** | **ge**fahr**en** |
| trennbare Verben: *-ge* | ein**ge**kauf**t** | an**ge**ruf**en** |
| nicht trennbare Verben | **be**zahl**t** | **ver**stand**en** |
| Verben auf *-ieren* | telefon**iert** | |

➔ **AB**: 12, 13, 14

## 12 Spielanleitung

Lies die Anleitung und ordne die Symbole den Spielregeln zu.

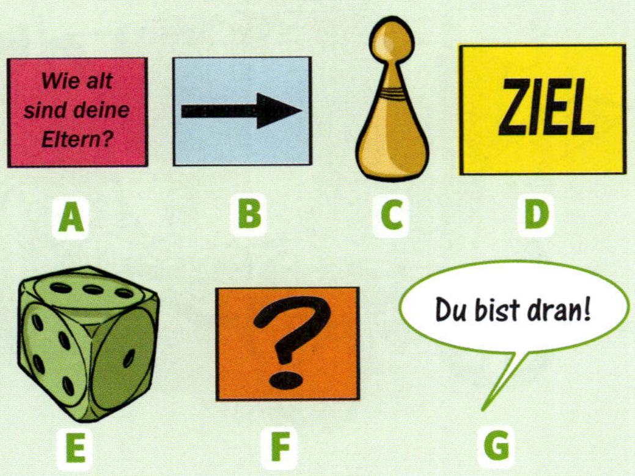


1. Nehmt eine Spielfigur pro Spieler.
2. Spielt in Vierergruppen. Nehmt einen Würfel und würfelt los!
3. Sprecht beim Spielen nur deutsch!
4. Beantwortet die Fragen auf den bunten Feldern. Wer die Frage nicht beantworten kann, muss einmal aussetzen.
5. Auf den Feldern mit den Fragezeichen müsst ihr eine Frage stellen. Schreibt sie auf.
6. Auf den Feldern mit Pfeilen müsst ihr ein paar Felder vor- oder zurückgehen!
7. Der Sieger ist der Erste im Ziel!

## 13 Endlich spielen!

Bildet Teams und spielt. Notiert eure Fragen auf einem Blatt Papier.

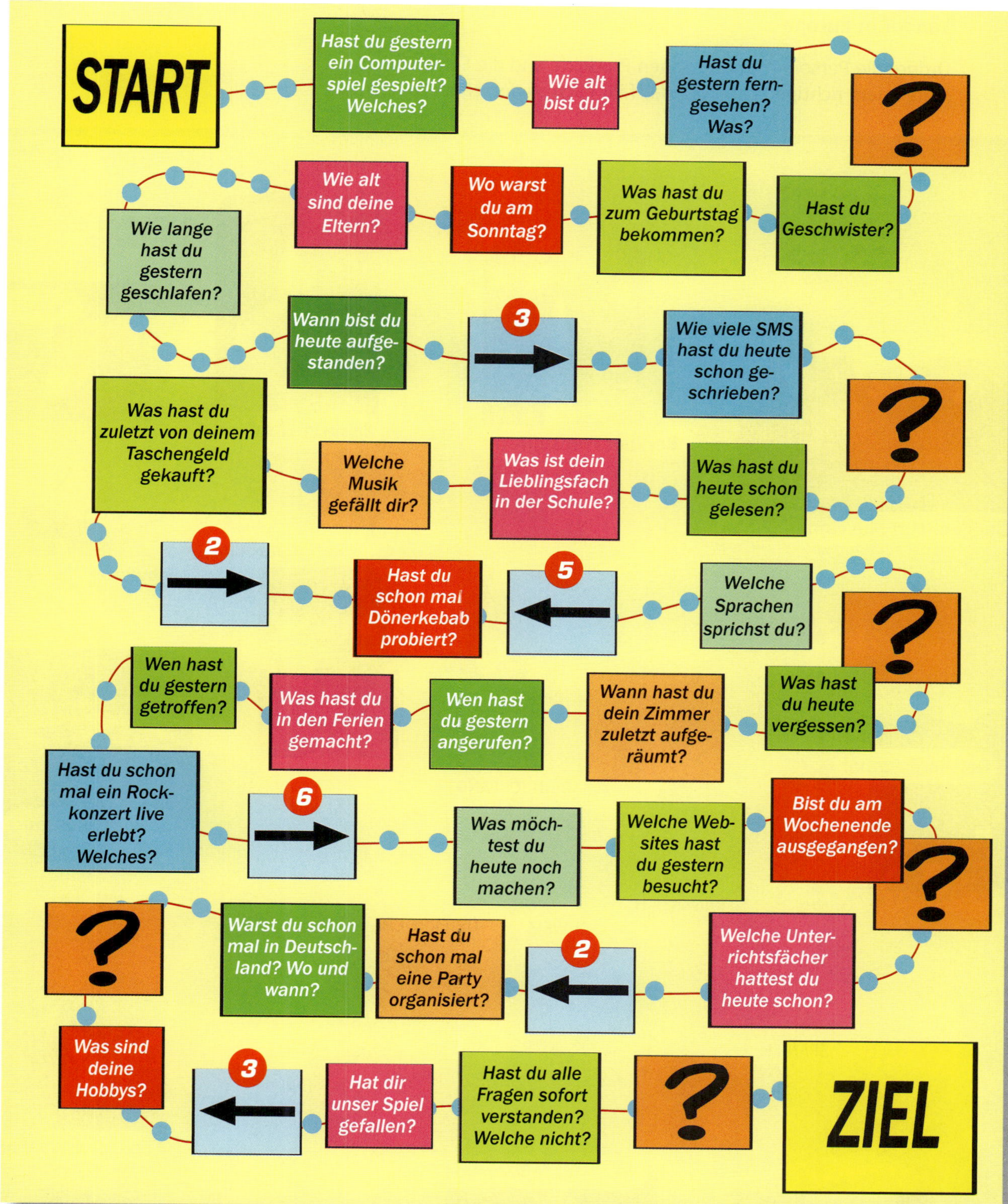


## 14 Nach dem Spielen

Lest einem anderen Team eure Fragen vor und beantwortet sie gegenseitig.

I M T E A M -Magazin

**Länder in Europa**

Ordnet die Personen, die typischen Produkte und die Sehenswürdigkeiten dem richtigen Land zu. Was fällt euch zu den Ländern noch ein?

## Eine Idee, eine Flagge und das berühmte E – Europa in Symbolen

Viele Länder, viele Sprachen, viele Kulturen, ein Kontinent, eine Idee – das ist Europa.

In Paris steht der Eifelturm, in Berlin der Fernsehturm, in Pisa der schiefe Turm. Jedes Land und jede Stadt hat Symbole. Die Idee „Europa" ist neu und braucht neue Symbole für alle Mitglieder. Was verbindet 27 Länder wie Irland, Polen, Spanien, Estland, Deutschland und Frankreich? Eine Idee, eine Flagge, Geldscheine und das berühmte E, zum Beispiel.

Die Idee für die Europaflagge hatte Artur Eisenmenger, ein Grafiker aus Deutschland. Gelb auf Blau, 12 Sterne im Kreis, so sieht Artur Eisenmenger Europa. Die Europa-Länder leben zusammen wie die Sterne auf der Flagge. Warum 12 Sterne, es gibt doch 27 Länder? Die Zahl bleibt immer gleich. Die 12 ist perfekt, wie Europa. Die Uhr zeigt 12 Stunden, das Jahr hat 12 Monate und die Europaflagge 12 Sterne.

Auch die Bilder auf den Geldscheinen sind Symbole. Schau sie dir an. Auf den Euro-Scheinen siehst du keine Personen aus der Geschichte. Du findest Fenster, Türen, Türme und Brücken. Den Vorschlag für die Bilder hat Robert Kalina aus Österreich gemacht. Er erklärt: Europa ist neu und offen. Die Fenster und Türen zeigen das. Und die Brücken verbinden die Länder in Europa.

▸ Wie gefällt euch das Europa-Geld? Bildet Teams und erfindet ein Motiv für einen 2-Euro-Geldschein.

▸ In welchen Ländern gibt es den Euro nicht?

**die Flagge**
le drapeau
**verbinden**
relier
**der Geldschein**
le billet de banque
**der Grafiker, die Grafikerin**
le / la graphiste
**der Stern**
l'étoile
**die Brücke**
le pont

**IM TEAM**

Nous cherchons une école partenaire.

**Dazu brauchen wir ...**

- Papier und Stifte
- einen PC und Internet

### Wir suchen eine Partnerschule

Nous rédigeons un texte, pour trouver une école partenaire par Internet.

**a** Formez des groupes de quatre. Mettez-vous d'accord sur le pays dans lequel vous voulez trouver une école partenaire.
**b** Écrivez un texte dans lequel vous présentez votre classe et votre école. Expliquez aussi pourquoi vous recherchez une école partenaire.
**c** Lisez votre e-mail devant la classe. Vous déciderez ensemble dans quel pays l'école doit être recherchée et quel texte peut être envoyé.
**d** Vous pouvez vous inscrire sur le site www.etwinning.de pour trouver une école partenaire.

# LEKTION 12

# Fit oder faul?

## 1 Aus dem Wörterbuch

**a** Finde die passende Definition zu den Wörtern.

**A** Couchpotatoe

______, der/die <-,-es> (*umg.*) *jmd., der in seiner Freizeit hauptsächlich auf der Couch liegt oder sitzt (und fernsieht)*

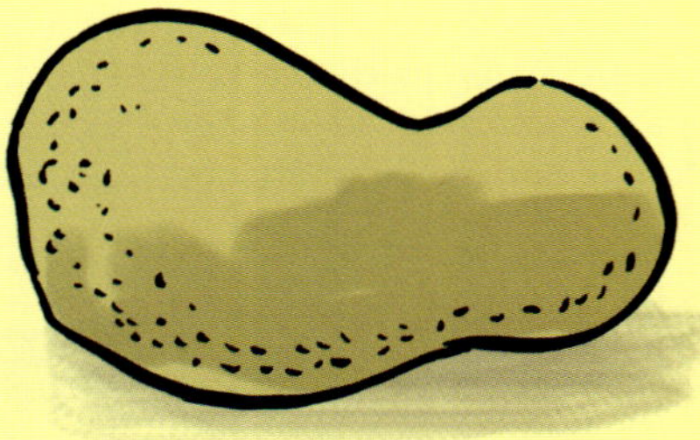

**B** Sportmuffel

______, die <-e, -n> (*umg.*) *jmd., der sehr viel Sport treibt und dabei sehr erfolgreich ist* Sie ist eine richtige ~, sie läuft, fährt Rad und spielt Tennis.

**C** Sportskanone

______, der <-s, -> *jmd., der für Sport kein Interesse hat oder ihn ablehnt*

**D**

**Faulpelz**

_____, der <-es, -e> (*umg. abwert.*) *eine Person, die faul ist und keine Lust zum Arbeiten hat* Na, du ~, willst du nicht auch einmal mithelfen?

_____, das <-(e)s, -e> (*umg.*) *jmd., der sehr viele Muskeln hat* Durch den Kraftsport ist er ein richtiges ~ geworden.

**E**

**Muskelpaket**

**b** Hast du die Wörter verstanden? Was hat dir geholfen?

**c** Gibt es ähnliche Bezeichnungen in deiner Sprache?

*jmd.* – jemand
*umgs.* – umgangssprachlich
*abwert.* – abwertend

**IM TEAM**

À la fin de cette leçon, nous allons concevoir une brochure pour vivre en bonne santé.

**Nous allons apprendre à :**

- nommer les parties du corps et les sports
- parler des aptitudes
- réunir des arguments et exprimer son opinion
- nommer les aliments du petit déjeuner
- donner des conseils

**Et nous allons utiliser :**

- les verbes pronominaux
- les pronoms interrogatifs : *Wie lange? Wie oft?*
- les verbes de modalité *können* et *sollen*
- la proposition avec *dass*

# Bewegungs-Check

## 2 Kettenübung: Wie fühlst du dich?

Fragt und antwortet der Reihe nach.

## 3 Eine Zeitungsmeldung

**a** Lies die Zeitungsmeldung und finde eine Überschrift.

**b** Ergänze die wichtigsten Informationen.

Kinder und Jugendliche
ernähren sich ...
bewegen sich ...
fühlen sich ...
sind ...

Viele Kinder und Jugendliche ernähren sich ungesund und bewegen sich zu wenig. Die Folge davon: Übergewicht. Allein in den letzten 15 Jahren hat sich in Deutschland die Zahl der übergewichtigen Kinder und Jugendlichen verdoppelt. Jedes fünfte Kind und jeder dritte Jugendliche ist zu dick. Die Kinder und Jugendlichen fühlen sich oft schlapp und kraftlos.

## 4 Wie wird man zum Couchpotatoe?

Schreibt Texte zu den Bildern.

## 5 Sitzprotokoll

**a** Füll bitte das Protokoll aus.

***Wie lange sitzt du täglich? Keine Ahnung? Dann mach ein Sitzprotokoll: Trag ein, wie viele Minuten oder Stunden du sitzt.***

| | | *an einem Wochentag* | *an einem Sonntag* |
|---|---|---|---|
|  sitzen mit Lust | *Essen* | ? | ? |
| | *Badewanne* | ? | ? |
| sitzen und arbeiten  | *Schule* | ? | ? |
| | *Hausaufgaben* | ? | ? |
|  sitzen in Fahrzeugen | *Bus* | ? | ? |
| | *Straßenbahn* | ? | ? |
| | *U-Bahn* | ? | ? |
| | *Auto* | ? | ? |
| sitzen und relaxen  | *lesen* | ? | ? |
| | *fernsehen* | ? | ? |
| | *Musik hören* | ? | ? |
| | *am Computer* | ? | ? |
| | *mit der Clique* | ? | ? |
| | *Summe* | ? | ? |

**b** Vergleicht eure Ergebnisse.

Ich sitze täglich 10 Stunden.

So viel?! Ich sitze nur …

Und am Sonntag?

## 6 So bleibe ich fit

**a** Hör bitte zu. Wer sagt was? Ordne zu.

**Monika**

**Herr Balmer**

**Jochen**

**Marco**

**Frau Möller**

1 ich gehe schwimmen
2 ich mache Yoga
3 ich spiele Wasserball
4 ich fahre Inliner
5 ich fahre Fahrrad
6 ich spiele Fußball
7 ich jogge
8 ich dusche mich kalt
9 ich treffe mich mit Freunden
10 ich habe Schulsport

**b** Wie oft machen sie das? Hör noch einmal und mach Notizen. Kontrolliert die Lösungen gemeinsam.

Monika hat zweimal in der Woche Schulsport.

Nein, sie hat dreimal Schulsport.

**c** Und wie bleibst du fit? Erzähl bitte.

### *sich*-Verben
**Les verbes pronominaux avec *sich***

**ich** fühle **mich** gut
**du** bewegst **dich** viel
**er / sie** ernährt **sich** gesund
**wir** treffen **uns**
**ihr** fühlt **euch** schlecht
**sie** bewegen **sich** wenig

Wie **fühlst** du **dich**?
**Ernährst** du **dich** gesund?
**Beweg dich** viel!

➔ **AB**: 5, 6

### Temporalangaben
**L'expression du temps**

**Wie lange?**
eine halbe Stunde
drei Stunden
einen Tag
20 Jahre

**Wie oft?**
jeden Tag / täglich
jede Woche / wöchentlich
jeden Monat / monatlich
einmal im Monat
manchmal
oft
selten
nie

➔ **AB**: 8, 9

# Mach mit, bleib fit!

## 7 Körperteile

**a** Sieh dir die Puzzleteile an. Erkennst du die Körperteile?

**b** Hast du herausgefunden, wer auf dem Foto ist?

## 8 Sportarten

**a** Zu welchem Körperteil passen die Sportarten?

**b** Sammelt in Teams Sportarten, die ihr kennt. Vergleicht dann mit einem anderen Team und ergänzt eure Liste.

**c** Hängt eure Listen an die Tafel und sprecht über die Sportarten.

Ich kann weit springen.

Ich möchte einmal ... ausprobieren.

Ich mag ...

Ich kann leider nicht ...

## 9 Meinungen über Sport

Was spricht für Sport? Was spricht dagegen? Ordne zu.

1. Sport ist gut gegen Alltagsstress.
2. Jede Sportart ist gefährlich.
3. Sport ist gesund.
4. Nach Sport klappt das Denken besser.
5. Viele Sportarten sind sehr teuer.
6. Sport ist gut für die Figur.
7. Sport ist zu anstrengend.

| ☺ | ☹ |
| --- | --- |
| | |

## 10 Sport ist Mord

**a** Lies bitte die zwei Texte. Welche Ansichten von Aufgabe 9 findest du in den Texten?

### Sport ist Mord. Oder etwa nicht?
#### Eine Frage, zwei Meinungen

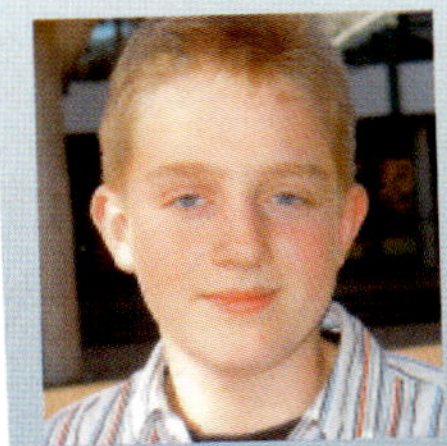

**Fabio, 15** Ich finde ganz und gar nicht, dass Sport auch Mord ist. Es ist doch so, dass Sport den Alltagsstress gut ausgleicht. Man sollte nur nicht übertreiben. Als Hobby macht Sport ziemlich viel Spaß und nicht jede Sportart ist gefährlich. Ich selbst spiele Fußball. Größere Verletzungen hatte ich noch nie. Meine Freunde treiben auch Sport, manche sind auch in Vereinen und gehen regelmäßig zum Training. Wir haben beim Kicken viel Spaß und ich denke, dass wir so auch etwas für unsere Gesundheit tun. Nach einem guten Spiel bin ich immer zufrieden und das Lernen klappt auch besser. ■

**Tabea, 16** Es gibt viele Sportfanatiker, und viele machen sich auch ziemlich kaputt – das kann ich nicht verstehen. Ich selbst mache eigentlich überhaupt keinen Sport, mir gefällt keine Sportart so richtig. Joggen ist mir zu anstrengend und auch zu langweilig, und beim Inlineskaten oder Schifahren kann man sich auch mal verletzen. Nur in den Winterferien gehe ich jedes Jahr snowboarden und habe danach immer ganz schön Muskelkater. Im Sommer gehe ich gern ins Freibad, aber da plantschen und plaudern meine Freundinnen und ich nur im Wasser. Mir geht es auch ohne Sport gut, ich bin einfach nicht sportlich. ■

**b** Welche Meinungen findest du noch in den Texten?

### Das Modalverb *können* (2)
**Le verbe de modalité *können***

Ich **kann** gut **schwimmen**.
(= Ich habe es gelernt.)

Ich **kann** heute **schwimmen**.
(= Ich habe Zeit, ich muss heute nicht lernen.)

➔ **AB**: 12

### Nebensatz mit *dass*
**La proposition subordonnée avec *dass***

Fabio: „Sport **ist** gesund."
„Sport **macht** Spaß."
Fabio sagt,
dass Sport gesund **ist**.
dass Sport Spaß **macht**.

Er meint, dass …
Er glaubt, dass …
Er denkt, dass …
Er hofft, dass …
Er findet, dass …

➔ **AB**: 13, 14, 15

## 11 Er / Sie sagt, dass …

**a** Lies die Texte noch einmal. Wer sagt folgende Sätze: Fabio oder Tabea?

1. … sagt, dass er / sie nur im Winter Sport macht.
2. … denkt, dass er / sie gar nicht sportlich ist.
3. … meint, dass Sport gut für den Alltag ist.
4. … sagt, dass er / sie nach Sport oft Muskelkater hat.
5. … glaubt, dass Sport ein gutes Hobby ist.
6. … sagt, dass viele Freunde regelmäßig zum Training gehen.

| Fabio | Tabea |
| --- | --- |
| ? | ? |

**b** Und was meinst du?

Ich denke, dass Sport …

# Mein Start in den Tag

**12 Dein Frühstück**

Was hast du heute gefrühstückt? Wähl bitte aus.

- *Ich habe Brot mit Butter und Marmelade / ein Wurstbrot / ein Käsebrötchen gegessen und ich habe eine Tasse Tee / ein Glas Milch / ein Glas Saft getrunken.*

**13 Frühstückstypen**

**a** Hör bitte zu. Welche Aussage passt zu welcher Person? Ordne zu.

Frühstück? Nein, danke.

Nur wer fit isst, bleibt fit.

Lars, der Frühstücksmuffel

Jasmin, die Frühstücksgenießerin

Ich habe einen Riesenhunger!

Heute frühstücke ich nicht. Ich muss los!

Franz, der Vielfrühstücker

Ines, die Schnellfrühstückerin

**b** Hör die Jugendlichen noch einmal und notiere, was sie zum Frühstück essen.

**c** Welcher Frühstückstyp bist du? Erzähl bitte.

*Ines:*
*Lars:*
*Jasmin: eine große Schale Müsli mit …*
*Franz:*

## 14 Tipps der Ernährungsexpertin

**a** Lies die Tipps und ordne sie den vier Jugendlichen zu.

**A**
Auf das Essen kann man schon mal verzichten, aber ausreichend Flüssigkeit muss sein. Hast du es morgens mal mit Trinken probiert? Ein Glas frische Milch oder Kakao, Obstsaft, Tee oder einfach nur Wasser gibt dir Energie. Irgendwann kommt auch der Hunger. Warte nicht bis zum Mittagessen. Ein kleiner Snack, wie ein Jogurt, ein Müsliriegel oder eine Banane, hilft dir, dich zu konzentrieren.

**B**
Überlass dein Frühstück nicht dem Zufall. An manchen Tagen findest du ja die Zeit zum Frühstücken. Vielleicht hast du schon gemerkt, dass du an diesen Tagen besser in Form bist. Und Stress am frühen Morgen tut nicht gut. Frühstücke nicht so hektisch, steh lieber jeden Tag zehn Minuten früher auf und iss regelmäßig.

**C**
Gratuliere! Müsli und Obst oder Gemüse sind wirklich ein guter Start in den Tag. Zur Abwechslung kannst du aber manchmal auch etwas Brot mit Käse oder Schinken oder Milchprodukte nehmen.

**D**
Du nimmst dir richtig Zeit für das Frühstück, das ist sehr gut. Dein Frühstück wird perfekt, wenn du auch noch das „Richtige" frühstückst. Nimm nicht so viel Schinken und Wurst und trink dafür etwas mehr Milch oder Orangensaft. Flüssigkeit ist sehr wichtig für den Körper. Iss dich nicht nur mit Brot satt!

**b** Was empfiehlt die Expertin? Gib die Tipps wieder.

... soll nicht ...

... soll früh etwas trinken.

**Das Modalverb *sollen***
**Le verbe de modalité *sollen***

ich **soll** mehr **trinken**
du **sollst** weniger **essen**
er / sie **soll** Sport **machen**
wir **sollen** uns viel **bewegen**
ihr **sollt** gesund **leben**
sie **sollen** nicht **rauchen**

➔ **AB**: 21

## 15 Das optimale Frühstück

13

Hör die Expertin und notiere, was man zu einem optimalen Frühstück braucht. Fass die Informationen zusammen.

## 16 Sprechtraining: Alles stimmlos!

14

**a** Hör zu und sprich die Wörter nach.
Sprich die markierten Laute ganz stark und stimmlos.

Fischsuppe ○ Wurstbrötchen ○ Eisbecher ○ Obstsaft ○ Obstsalat

**b** Beiß von einem Brötchen ab und lies die Speisekarte vor.

**c** Mach die Übung mit leerem Mund. Geht es jetzt besser?

eine Flasche Obstsaft
ein Glas Saft
ein Teller Obstsalat
ein Eisbecher mit Birnen
ein Eisbecher mit Bananen
ein Wurstbrötchen
ein Brötchen mit Fleischsalat

# IM TEAM -Magazin

## Regionale Speisen – Woher isst (bist) du?

Jedes Land hat typische Speisen und Getränke. Was aber ist typisch Deutsch? Die erste Antwort auf diese Frage ist: Kraut. Die ganze Welt weiß, dass die Deutschen Sauerkraut-Esser sind. In England heißen die Deutschen sogar *Krauts* und die Musik aus Deutschland *Krautrock*. Natürlich essen die Deutschen nicht jeden Tag Sauerkraut. Es gibt Brezel, Frankfurter Würstchen, Kartoffelsalat, Schweinshaxe etc. Jede Region hat typische Rezepte. Im deutschen Norden isst man Fisch, im Süden Spätzle. Der Kölner mag andere Speisen als der Berliner.

Spätzle

Frankfurter Würstchen und Kartoffelsalat

Weißwurst und Brezel

## Einige Regionen und ihre Speisen sind:

Labskaus mit Spiegelei und Roter Beete

**Der Norden – Hamburg und Bremen.** Eine typisch norddeutsche Speise ist das Labskaus. Labskaus – ein Brei aus Fleisch mit Spiegelei und Roter Beete – sieht gar nicht lecker aus, schmeckt aber gut.

**Der Süden - Bayern.** Das Bild der Deutschen im Ausland ist oft ein Bild von Bayern: Hofbräuhaus und Oktoberfest, Lederhose und Schloss Schwanstein. Das bayrische Bier und original bayrische Speisen wie Schweinshaxe und Weißwurst sind weltbekannt.

Schweinshaxe mit Sauerkraut

**das Sauerkraut**
la choucroute
**das Frankfurter Würstchen**
la saucisse de Francfort
**die Schweinshaxe**
le pied de porc
**die Spätzle *(Pl.)***
les spätzle *(pâtes fraîches, spécialité souabe)*
**das Labskaus**
Labskaus *(plat composé de viande salée, de pommes de terre, de poisson, de concombres et d'oignons)*
**der Brei**
la purée
**das Spiegelei**
l'oeuf au plat
**die Rote Beete**
la betterave rouge
**das Gericht**
le plat
**die Aalsuppe**
la soupe d'anguilles
**das Hofbräuhaus**
la Hofbräuhaus *(la plus grande brasserie au centre de Munich)*
**das Oktoberfest**
la fête de la bière
**die Lederhose**
le pantalon de cuir
**die Weißwurst**
la weisswurst *(saucisse de couleur blanche, spécialité bavaroise)*
**die Klöße *(Pl.)***
les boulettes
**die Rostbratwurst**
la saucisse grillée
**die Gans**
l'oie
**der Rotkohl**
le chou rouge

**Mitteldeutschland – Thüringen.** Thüringen ist das grüne Herz Deutschlands. Es ist aber auch das Land der Klöße, des Kuchens und der Rostbratwürste. Gans mit Thüringer Klößen und Rotkohl sind heute nicht nur in Thüringen das typische Weihnachtsessen.

- Kennst du andere deutsche Spezialitäten?
- Magst du das deutsche Essen?

Thüringer Klöße

## Deutsche Essenszeiten

Essen soll man *Morgens wie ein König, mittags wie ein Edelmann und abends wie ein Bettler*. So sagt eine alte Bauernregel. Menschen, die schon am Morgen hart arbeiten, brauchen ein großes Frühstück. Heute sitzen die meisten Deutschen im Büro, aber sie essen noch nach der alten Bauernregel. Nach dem Aufstehen gibt es Frühstück. Das Frühstück ist in Deutschland eine sehr wichtige Mahlzeit. Um 12 Uhr gehen die Deutschen Mittagessen. Abends um 19:00 Uhr gibt es ein kleines Abendbrot. In Deutschland sagt man: „Am Abend zu viel und zu spät essen ist ungesund."

- Wann isst du? Schreibe deinen Essensplan und vergleiche im Team.

**der Edelmann**
le gentilhomme
**der Bettler**
le mendiant
**der Bauer**
le fermier

### Das Frühstücksei

Zu einem echten deutschen Frühstückstisch gehört das Frühstücksei. Frühstückseier schmecken am besten, wenn das Eiweiß hart und das Eigelb flüssig ist. Das hört sich einfach an, funktioniert aber nicht immer. Eier sind verschieden. Eier sind klein oder groß, dick oder dünn, frisch oder alt. Die Kochzeit ist immer anders. Im Durchschnitt muss ein Frühstücksei fünf Minuten kochen.

**Scherzfrage:**
Ein Ei muss 5 Minuten kochen.
Wie viel Zeit brauchst du für 5 Eier?

**IM TEAM**

Nous élaborons une brochure pour vivre en bonne santé.

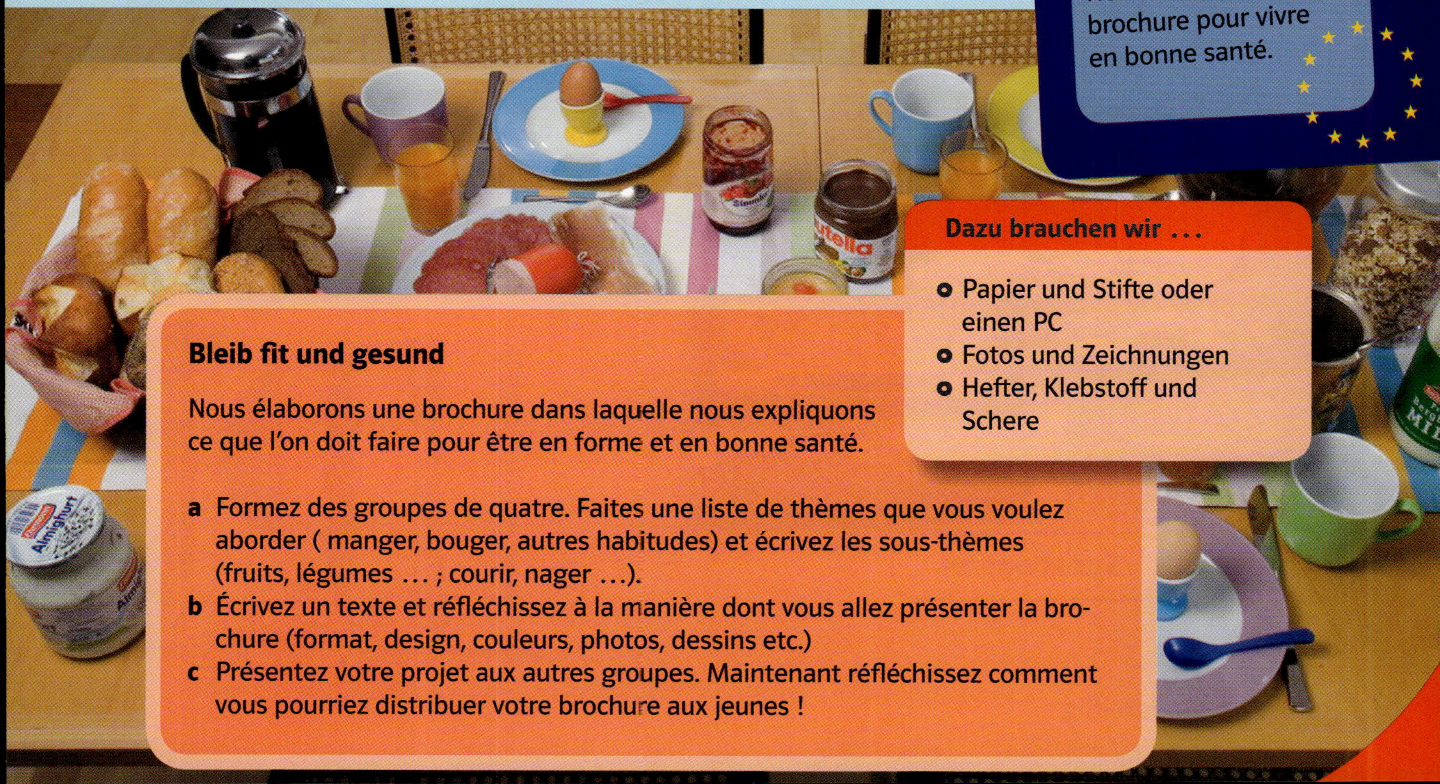

**Dazu brauchen wir ...**

- Papier und Stifte oder einen PC
- Fotos und Zeichnungen
- Hefter, Klebstoff und Schere

### Bleib fit und gesund

Nous élaborons une brochure dans laquelle nous expliquons ce que l'on doit faire pour être en forme et en bonne santé.

**a** Formez des groupes de quatre. Faites une liste de thèmes que vous voulez aborder ( manger, bouger, autres habitudes) et écrivez les sous-thèmes (fruits, légumes ... ; courir, nager ...).
**b** Écrivez un texte et réfléchissez à la manière dont vous allez présenter la brochure (format, design, couleurs, photos, dessins etc.)
**c** Présentez votre projet aux autres groupes. Maintenant réfléchissez comment vous pourriez distribuer votre brochure aux jeunes !

# LEKTION 13

# Ticks und Tricks

## 1 Sammler

**a** Hör bitte zu. Über welche Sammelleidenschaften sprechen die Jugendlichen? Wähl das passende Foto aus.

Zuckerwürfel

Briefmarken

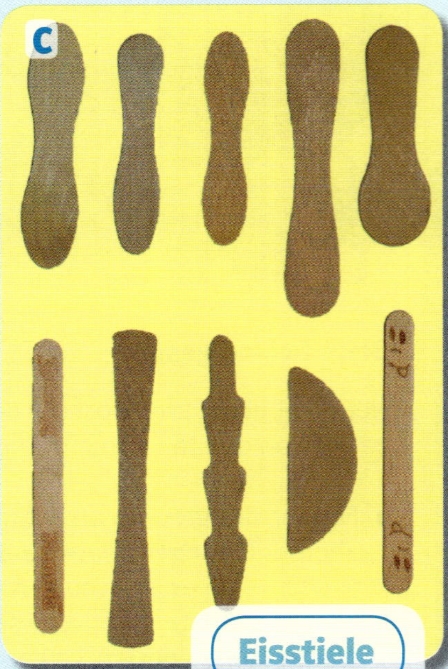


Eisstiele

Sportwagen

E

Bananenaufkleber

F

Ansichtskarten

| Name | Hanno | Markus | Tamara | Anja |
| --- | --- | --- | --- | --- |
| Foto | ? | ? | ? | ? |

**b** Welche Sammlung findest du interessant, welche findest du langweilig?

Briefmarken sammeln finde ich langweilig …

… sammeln, die Idee ist nicht schlecht!

…, das ist echt witzig!

**IM TEAM**

À la fin de cette leçon, nous allons concevoir des cartes pour un test porte-bonheur.

**Nous allons apprendre à :**

- déchiffrer des textes
- justifier quelque chose
- caractériser des personnes
- réunir des informations et les résumer dans un article

**Et nous allons utiliser :**

- la proposition avec *weil*
- les adjectifs
- les verbes suivis du datif et de l'accusatif
- les pronoms personnels
- les articles au datif

# Sammelfreaks

Was? • Wer? • Wie? • Warum? • Woher?

## 2 Bananenaufkleber

**a** Lies den Artikel aus der Schülerzeitung. Ordne die Fragen zu und such die wichtigsten Informationen. Die Pfeile helfen dir.

### Stefan und seine 255 Bananenaufkleber

Habt ihr gewusst, dass sich in unserer Schule ein Sammelfreak versteckt? Unglaublich, aber wahr: Stefan D. (14) aus der 9c hat eine riesige Sammlung von Bananenaufklebern! Ihr fragt jetzt sicher: Bananenaufkleber? – Ja, Stefan sammelt die Aufkleber, die auf den Bananen kleben. Oft sind sie blau oder rot, auf den Klebern steht der Bananenname.

Nur wenige kennen Stefans Sammlung, weil er sie eigentlich selten zeigt. Ich habe sie aber gestern bewundern können und sage euch: ziemlich cool, sein Album!

Im Moment besitzt er 255 (!) Aufkleber aus der ganzen Welt. Sein Album ist bunt und international: Die Aufkleber kommen aus über 50 Nationen. Stefan hat jedem Aufkleber eine Nummer gegeben, weil er sie so einfacher identifizieren kann.

Stefan sucht immer neue Aufkleber, weil er seine Sammlung schnell vergrößern will. Er will nämlich mit seiner Bananenaufklebersammlung ins Guinnessbuch der Rekorde!

Ein bisschen verrückt der Typ, aber voll sympathisch! Ich kann euch nur empfehlen: Sprecht mit Stefan – vielleicht zeigt er euch ja auch mal seine Sammlung!

ristine W. (10a)

**b** Lies noch einmal. Wo findest du folgende Informationen? Gib die Zeile und die W-Frage an.

| | |
|---|---|
| 1. Der Bananenaufklebersammler heißt Stefan D. und ist ein 14-jähriger Schüler aus der 9c. | *Wer? Zeile 3–4* |
| 2. Christine findet, dass Stefan sympathisch und ein wenig verrückt ist. | ? |
| 3. Stefan sucht immer neue Aufkleber. Er möchte mit seiner Sammlung ins Guinnessbuch der Rekorde. | ? |
| 4. Die Bananenaufkleber in Stefans Sammlung kommen aus 50 verschiedenen Ländern. | ? |
| 5. Ein Bananenaufkleber ist das bunte Etikett auf der Banane. Es gibt die Herkunft der Banane an. | ? |

## 3 Ein Radiointerview mit Stefan

18

Hör bitte zu. Was erfährst du im Interview noch über Stefan? Beantworte die Fragen.

1. **Wie viele** Aufkleber hat er jetzt?
2. **Wann** hat er mit dem Sammeln angefangen?
3. **Wer** hilft ihm dabei?

## 4 Eisstiele

Du möchtest mit Kay ein Interview machen. Lies seine Website und überleg dir Fragen für das Interview.

**NEUER GUINNESSREKORD 2002**

**Eisstiele sind lustige Sammelobjekte. Ich bin ein Junge aus Dänemark und sammle sie schon seit 7 Jahren. Die Eisstiele sind alle verschieden groß, dick, dünn, lang ... Und weil ich die meisten Eisstiele auf der ganzen Welt habe, stehe ich sogar im Guinessbuch der Rekorde. Bisher habe ich 443 Eisstiele gesammelt! Das sind so viele, weil Leute aus der ganzen Welt meine Homepage besuchen und mir Eisstiele schicken. Vielleicht kannst du ja auch mithelfen und mir Eisstiele für meine Sammlung schicken? Warum??? Ist doch klar: Weil ich im Guinessbuch der Rekorde bleiben möchte!!!**

**BAUKASTEN 13**

**Nebensatz mit *weil***
**La proposition subordonnée avec *weil***

- **Warum** sammelst du?
- Ich sammle ...,

**weil** das interessant **ist**.
**weil** das Spaß **macht**.
**weil** ich die Fußballspieler persönlich **kennen lernen möchte**.

Ich habe so viele ...,
**weil** alle **mithelfen**.

➔ **AB**: 5, 6, 7, 8

## 5 Warum?

Zu wem passen die Sätze? Ordne bitte zu.

1. Er sammelt, weil er ins Guinessbuch der Rekorde kommen möchte.
2. Er sammelt, weil er im Guinessbuch der Rekorde bleiben möchte.
3. Er nummeriert die Sammelobjekte, weil er sie so wiederfinden kann.
4. Nur wenige kennen seine Sammlung, weil er sie selten zeigt.
5. Er sucht neue Aufkleber, weil er seine Sammlung vergrößern will.
6. Seine Sammlung ist so groß, weil Leute aus der ganzen Welt mithelfen.

| Stefan | Kay |
|---|---|
| ? | ? |

## 6 Sammler-Ticks

Lies die Texte. Erklär dann, warum die Jugendlichen sammeln.

- Valli sammelt Telefonkarten, weil ...

## 7 Wer sammelt was und warum?

Geht in der Klasse herum und interviewt einander. Berichtet dann von den Sammelticks.

Was sammelst du?
Warum?
Ich sammle ...
Ich sammle nichts, weil ...
Weil ...

# Was bringt Glück?

## 8 Glück oder Unglück?

Was bringt eurer Meinung nach Glück? Sprecht darüber.

## 9 Jugendliche und ihre Glücksbringer

**a** Sieh dir die Fotos genau an. Findest du die Glücksbringer der Jugendlichen?

Was bringt Lara Glück?
Was bringt ihr Glück?
Was bringt Daniel Glück?
Was bringt ihm Glück?

19

**b** Hör bitte zu. Waren deine Vermutungen richtig?

**c** Hör die Jugendlichen noch einmal. Warum bringen ihnen die Gegenstände Glück?

- *Janinas Glücksbringer ist ein(e) … Er / Es / Sie gibt ihr Kraft. / hilft ihr bei … / ist ein Geschenk von …*

## 10 Prominente und ihre Glücksbringer

Lies den Artikel und such die Informationen:
Wer hat welchen Glücksbringer? Warum?

### Sind Stars abergläubisch?

**Nicht nur Jugendliche, auch viele Prominente, Filmstars, Sänger, Manager, Sportler und Politiker haben Glücksbringer. Vierblättrige Kleeblätter, Hufeisen, Schornsteinfeger, Fliegenpilze, Zahlen usw. sollen ihnen Glück bringen und sie vor Krankheiten schützen.**

Der Fußballspieler Billy Reina aus Deutschland hat zum Beispiel seine Geburtskette als Glücksbringer. „Die trage ich fast immer um den Hals. Sie gibt mir Kraft beim Spielen“, erklärt der Sportler in einem Interview.

Die Rocklegende Tina Turner nimmt Kristalle auf ihre Tournees mit. „Das war der Einfall meines Managers. Ich danke ihm für diese Idee! Die Kristalle schenken mir wirklich viel Energie.“

Und der junge Country-Sänger Bill Gilman? Ihm soll ein vierblättriges Kleeblatt Glück bringen. Das hat er bei seinem ersten Konzert gefunden. Er hofft, dass ihm das Blatt Erfolg bringt.

Bei den Dreharbeiten zum Film „Königreich der Himmel“ hat der Schauspieler Orlando Bloom einen sechs Wochen alten schwarzen Labrador gefunden. Seitdem sind die beiden dicke Freunde. Er nimmt ihn überall mit. Er glaubt fest, dass ihn das vor Unglück schützt.

| Wer? | Was? | Warum? |
|---|---|---|
| | | |

- Billy Reinas Glücksbringer ist ..., weil ...

## 11 Glücksbringer in der Klasse

**a** Welche Glücksbringer haben deine Klassenkameraden? Interviewe sie und notiere die Infos.

Uwe: Schlüsselband / hat ihm Freundin geschenkt
Steffi: Armband / bringt ihr bei Klassenarbeiten Glück
Benjamin: Ring / ...

**b** Verfasst mit den Infos einen kurzen Text.

In unserer Klasse haben viele einen Glücksbringer. Uwe hat ein Schlüsselband von seiner Lieblingsmannschaft, das hat ihm seine Freundin geschenkt. Er hofft, dass ...

### Personalpronomen im Dativ
Les pronoms personnels au datif

Der Glücksbringer gefällt
**mir**
**dir**
**ihm / ihm / ihr**
**uns**
**euch**
**ihnen**
**Ihnen**

➔ **AB**: 9, 11, 12

### Verben mit Dativ
Les verbes suivis du datif

**gefallen**
Gefällt dir die Kette?

**helfen**
Der Engel hilft mir.

**gehören**
Das Hufeisen gehört meinem Freund.

auch: danken, passen, antworten

### Verben mit Dativ und Akkusativ
Les verbes suivis du datif et de l'accusatif

**schenken**
Ich schenke meinem Freund ein Hufeisen.

**geben**
Der Stein gibt mir Kraft.

auch: bringen, erzählen, erklären

### Das Fragewort im Dativ
Le pronom interrogatif au datif

**Wem** gehört das Armband?

➔ **AB**: 9, 10, 13, 14

# Cliquen und Freunde

## 12 Cliquen und ihre Mitglieder

Lies bitte die Anzeigen. Zu welcher Clique gehören Luana, Fanny und Franky? Unterstreiche die Schlüsselwörter und begründe deine Wahl.

**1**

Hi, wir sind die absoluten Computerfreaks! Uns fasziniert die Welt der Technik! Wir treffen uns jeden Dienstag im Computerraum der Schule. Die Zeit verbringen wir mit Chatten, Mailen, Spielen, Fotos bearbeiten … Machst du mit?

**2**

*In unserer Clique sind nur begeisterte Sportler. Wir trainieren mehrmals die Woche und einige von uns machen auch Leistungssport. Wir probieren gern mal was Neues aus, auch Extremsportarten wie Bungeejumping oder Paragliding. Und du?*

**3**

Bella Italia ist unser Traumland! Aus jedem Urlaub bringen wir Souvenirs mit: Modezeitschriften, Espresso, Nudeln, Kochbücher, CDs, Filme … – Hauptsache italienisch! Seit der 9. Klasse lernen wir alle Italienisch in der Schule. Unser Sprachlehrer ist voll süß;-) Er ist 26 und kommt aus Agrigento.

**4**

Unsere Clique besteht aus echten Leseratten. Wir verschlingen Bücher wie andere Hamburger. Wir treffen uns jeden Mittwoch in einem Café und lesen uns Gedichte oder Songtexte vor. Manche schreiben auch voll coole Raptexte. Schreibst du auch? Dann komm ins Café Kafka!

**5**

Hoi, wir sind die absoluten Fußballfans. Unsere Lieblingsmannschaft ist der FC Basel. Wir haben Trikots, Schals, eine große Fahne und alles, was sonst noch dazugehört. Wir gehen zu den Matchs und feuern die Mannschaft an. Natürlich spielen wir auch selbst Fußball.

**6**

Ist Musik auch eure Leidenschaft? Dann seid ihr bei uns richtig! Wir stehen vor allem auf Hip-Hop und Musik aus den 90ern. Unsere Clique hat einen Raum, wo wir uns jeden Donnerstagabend treffen. Wir tauschen die neuesten CDs und sammeln Infos über unsere Lieblingsbands.

… ist in Clique 1, weil er / sie …

Hier ein Mitglied aus unserer Superclique: **Luana** verbringt ihre Ferien oft in Rimini. Sie ist modisch, fantasievoll und liebt italienisches Essen, vor allem Nudeln in allen Variationen! Nach den Sommerferien macht sie immer eine Party und kocht für uns alle Nudeln.

Das ist **Fanny**, unser Mathegenie. Sie ist super intelligent und hilfsbereit. Leider ist sie immer unpünktlich! Unserem Mathefreak gehören tolle Computerspiele und einen Papagei hat sie auch: Der macht alle Computergeräusche perfekt nach – klick ;-)

Das ist **Franky** aus unserer Clique. Er ist ziemlich musikalisch, aber auch etwas chaotisch. Bei Franky sind wir immer donnerstags. Sein Vater ist sehr nett. Ihm gefällt unsere Musik und wir dürfen in seinem Keller proben. Dort steht auch eine tolle Stereoanlage mit DVD-Player. Wir haben immer Spaß!

## 13 Verschiedene Typen

Erfindet Steckbriefe wie im Beispiel. Sammelt sie dann alle ein.
Jeder zieht einen, stellt die Person vor und ordnet sie einer Clique zu.

**Johannes**
Eigenschaften: mutig, hilfsbereit, fröhlich
Interessen: Klettern, Wandern, Natur

- *Johannes ist … Er interessiert sich für / mag … Zu ihm passt Clique …*

## 14 Geschenke für Freunde

**a** Was kann man Luana, Fanny und Franky schenken? Begründe deine Wahl.

- *Luana kann man ein … schenken, weil sie …*

**b** Was schenkst du deinen Freunden? Warum?

- *Meiner Freundin Moni schenke ich eine Gitarre, weil sie musikalisch ist.*
- *Meinem Freund Urs schenke ich eine CD, weil er … hat.*

## 15 Sprechtraining: *ng* und *nk*

(CD 20) **a** Hör bitte zu. Hörst du den Unterschied?

| | | | | | | |
|---|---|---|---|---|---|---|
| mit g / k: | Ingo | Tango | Bingo | danke | schlank | schenken |
| ohne g: | Inge | Dinge | Ringe | Engel | Schlange | singen |

(CD 21) **b** Hör bitte zu und sprich nach.

Bring mir die Ringe. • Bring mir die Zeitungen. • Bring mir den Engel.

**c** Übt weiter verschiedene Wörter mit *ng* und *nk*.

*Ringe für Inge* — *ein Tango mit …* — *Schenk mir …*

### Adjektive und ihr Gegenteil
**Les adjectifs et leur contraire**

lustig ↔ ernst
fröhlich ↔ traurig
fleißig ↔ faul
mutig ↔ ängstlich
ordentlich ↔ chaotisch

pünktlich ↔ unpünktlich
freundlich ↔ unfreundlich
sportlich ↔ unsportlich
musikalisch ↔ unmusikalisch

humorvoll ↔ humorlos
fantasievoll ↔ fantasielos

➔ **AB**: 17, 18

### Verben mit Dativ
**Les verbes suivis du datif**

Ich schenke
dem Freund ein Poster.
der Freundin einen Ring.
den Freunden Bücher.

Das Buch gehört
einem Freund.
einer Freundin.
Freunden.

Meinem Freund
Meiner Freundin
Meinen Freunden
gefällt die Musik nicht.

➔ **AB**: 15, 16

## *Das kommt mir spanisch vor –* Deutsche Redensarten

Viele Menschen *haben Schwein*, aber wenige Menschen haben wirklich ein Schwein zu Haus. *Mäuse* können nicht *auf dem Tisch tanzen* und die *Morgenstund(e) hat* nicht wirklich *Gold im Mund*. Ausdrücke wie *Schwein haben* sind Redensarten, es gibt sie in jeder Sprache. In der eigenen Sprache kennst du die Redensarten. Du musst nicht lange über sie nachdenken. In einer Fremdsprache ist das schwierig. Hier stellen wir einige vor:

*Ist die Katze aus dem Haus, tanzen die Mäuse auf dem Tisch.* Diese Redensart verstehst du sicherlich ohne Erklärung. Stell dir die Situation einfach vor!

*Schwein haben*, heißt Glück haben. Das Schwein ist ein Glückstier. Warum ist das Schwein ein Symbol für Glück? Man weiß es nicht genau. Den Ausdruck *Schwein haben* gibt es wahrscheinlich seit dem Mittelalter. Nach einem Wettbewerb bekommt der Verlierer ein Schwein. Alle lachen über den Mann mit dem Schwein. Der Verlierer ist aber nicht traurig. Warum? Ein Schwein ist sehr teuer und wertvoll. Er hat Glück gehabt.

Ein altes und bekanntes Sprichwort sagt: *Morgenstund´ hat Gold im Mund.* Der frühe Morgen ist wertvoll, aber stehst du gern früh auf?

Der Satz: *Das kommt mir spanisch vor* bedeutet: *Ich finde das komisch.* Warum? Im 16. Jahrhundert ist Karl V deutscher Kaiser. Karl kommt aus Spanien. Er bringt die spanische Sprache und spanische Regeln nach Deutschland. Die Deutschen finden die Sprache und die neuen Regeln komisch. Die neuen Regeln *kommen* ihnen einfach *spanisch vor.*

**die Redensart**
la tournure de phrase
**die Maus, Pl. Mäuse**
la souris
**das Gold**
l'or
**der Ausdruck, Pl. Ausdrücke**
l'expression
**die Fremdsprache**
la langue étrangère
**stell dir vor**
imagine un peu
**wertvoll**
précieux
**komisch vorkommen**
paraître bizarre

- Gibt es diese Redensarten auch auf Französisch?
- Natürlich gibt es noch viel mehr Redensarten.

Schau einfach mal bei www.redensarten-index.de nach, dort findest du viele typische Ausdrücke.

# Glücksbringer

Glückssymbole gibt es auf der ganzen Welt und jede Kultur hat andere. Glücksymbole sind oft Dinge, die es selten gibt. Nur Menschen mit Glück finden ein vierblättriges Kleeblatt, und Hufeisen liegen auch nicht immer auf der Straße. In Deutschland, Österreich und der Schweiz sind diese Glücksbringer bekannt:

**das Blatt** la feuille
**giftig** toxique
**der Teufel** le diable
**die Fee** la fée

Das vierblättrige Kleeblatt: Ein Kleeblatt mit vier Blättern gibt es in der Natur nur selten. Wer eines findet, der hat Glück. Der Finder besitzt ein Stück vom Paradies, sagt man.

Das Hufeisen: Pferde sind stark, schön und sehr wertvoll. Ein ganzes Pferd ist zu groß, zu schwer und zu teuer. Aber der „Pferdeschuh" ist ein ideales Glücksymbol. Das Hufeisen bringt in vielen Kulturen Glück.

Der Glückspilz: Ein Glücksbringer ist auch der Fliegenpilz. Der Fliegenpilz ist rot und hat weiße Punkte und er ist giftig. Warum ist der Fliegenpilz dann ein Glücksbringer? Man weiß es nicht.

Der Marienkäfer: Er ist rot, klein und sehr dekorativ. Der Marienkäfer ist der perfekte Glücksbringer. Die Bauern mögen den Marienkäfer schon lange, weil er nützlich ist.

13 Manche Dinge bringen Unglück, zum Beispiel die schwarze Katze und die Zahl 13. Abergläubische Menschen sagen, dass die schwarze Katze ein Symbol für den Teufel ist. Die Zahl 13 bringt Unglück, weil sie nicht die 12 ist. Die 12 ist die perfekte Zahl. Es gibt 12 Stunden und 12 Monate. 13 Dinge sind immer ein Ding zu viel. Die 13. Fee im Märchen ist böse. Am Freitag den 13. hat man Unglück. Ist das wahr?

**IM TEAM**

Nous allons concevoir des cartes pour un test porte-bonheur.

**Dazu brauchen wir ...**

- Papier und Stifte
- festes farbiges Papier für die Karten
- Scheren und Klebstoff

**Der Glücksbringer-Typen-Test**

Nous concevons différentes cartes représentant des figures porte-bonheurs sur le recto et la description d'un genre de personnalité sur le verso).

**a** Formez des équipes de trois. Trouvez des symboles porte-bonheurs (par exemple : le cochon, le trèfle à quatre feuilles, une amulette ...) et concevez les cartes (taille, dessins ...).
**b** Écrivez sur le verso les descriptions amusantes des genres de personnalité.
**c** Faites tirer aux autres les cartes avec les porte-bonheurs qui leur plaisent et faites-les lire à haute-voix. Est-ce que la description leur correspond ?

# LEKTION 14

## Wo lebst du?

Insel Amrum in der Nordsee

Frankfurt am Main

Markgröningen bei Stuttgart

Zermatt am Matterhorn

Meersburg am Bodensee

Bregenzerwald

## 1 Lebens(t)räume

Wo möchtest du leben? Warum?

auf dem Land ○ in einem Dorf ○
in einer Kleinstadt ○ in einer Großstadt ○
in der Hauptstadt ○ auf einer Insel ○
am Meer ○ an einem See ○
an einem Fluss ○ in den Bergen ○
im Wald

- Ich möchte in einer Großstadt leben, weil dort viel los ist.
- Ich möchte am Meer leben. Da kann man oft …
- Ich möchte auf einer Insel wohnen und mit dem Schiff zur Schule fahren.

**IM TEAM**

À la fin de cette leçon, nous allons imaginer un lieu qui sort de l'ordinaire.

**Nous allons apprendre à :**

- déchiffrer des textes
- nommer les bâtiments de la ville
- décrire le chemin
- justifier quelque chose
- décrire le lieu d'habitation
- lire un texte long
- exprimer ses sentiments

**Et nous allons utiliser :**

- les prépositions de lieu suivies du datif ou de l'accusatif
- les phrases avec *deshalb*

# In der Stadt

das Kino

die Bank

die Bücherei

## 2 Gebäude in der Stadt

Was kann man in diesen Gebäuden machen? Formuliere Sätze.

das Jugendzentrum

die Schule

die Kirche

das Museum

die Pizzeria

der Bahnhof

die Post

das Rathaus

das Theater

der Sportplatz

der Supermarkt

das Schwimmbad

lernen ○ Pizza essen ○ schwimmen ○ Briefmarken kaufen ○ Sport machen ○ telefonieren ○ Fahrkarten kaufen ○ Ausstellungen ansehen ○ einkaufen ○ heiraten ○ beten ○ lesen ○ Formulare ausfüllen ○ Freunde treffen ○ Geld wechseln ○ Filme / Theaterstücke sehen

- *Im Museum kann man Ausstellungen ansehen.*
- *Auf dem Bahnhof …*
- *In der Bücherei kann man …*
- *Auf der Post …*

## 3 Wo ist das?

Welche Gebäude findest du auf der Karte?

… ist neben dem / der …

Das Theater ist in der …straße.

… ist am …platz.

… ist zwischen dem / der … und …

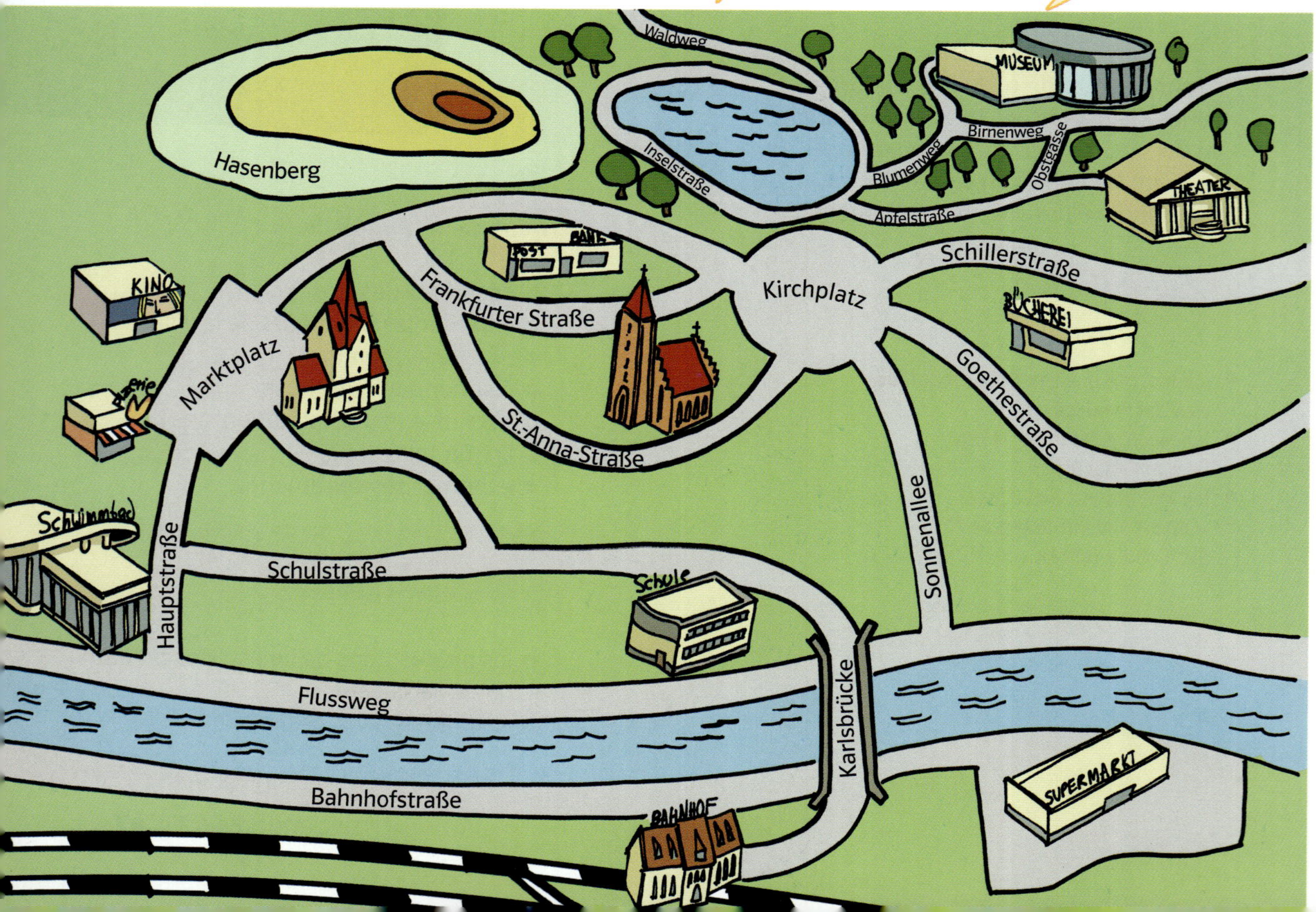

## 4 Wohin gehst du?

Spielt Dialoge. Verwendet dazu die Wörter aus Aufgabe 2.

- ● *Ich brauche Briefmarken.*
- ○ *Geh zur Post.*
- ● *Ich möchte etwas essen.*
- ○ *Geh in die Pizzeria.*
- ● *...*
- ○ *...*

## 5 Dialoge auf der Straße

22

**a** Hör die drei Dialoge. Welche Informationen sind richtig?

1. Die Straßenbahn fährt zum Bahnhof. ?
2. Zum Bahnhof fährt man drei Haltestellen. ?
3. Die Karlsbrücke ist in der Nähe. ?
4. Zur Karlsbrücke kommt man zu Fuß. ?
5. Das Nationalmuseum liegt im Stadtzentrum. ?
6. Das Nationalmuseum ist mitten im Park. ?

**b** Hör noch einmal. In welchem Dialog hörst du folgende Ausdrücke?

| Dialog | 1 | 2 | 3 |
|---|---|---|---|
| geradeaus | ? | ? | ? |
| die zweite Straße links | ? | ? | ? |
| nehmen Sie den Bus | ? | ? | ? |
| durch den Park | ? | ? | ? |
| an der Post vorbei | ? | ? | ? |
| an der nächsten Kreuzung | ? | ? | ? |

## 6 Wie komme ich zum ...?

Nehmt den Stadtplan von Aufgabe 3 und spielt Dialoge.

- ● *Wie komme ich zum ...?*
- ● *Entschuldigung, wo ist ...?*
- ● *Ich suche ...*

- ○ *Das ist in der Nähe / nicht weit / gleich an der Ecke.*
- ○ *Gehen Sie links / rechts / geradeaus / die zweite Straße rechts.*
- ○ *Nehmen Sie den Bus. Fahren Sie ... Steigen Sie an ... aus.*

### Lokalangaben mit Dativ und Akkusativ
**Prépositions de lieu suivies du datif et de l'accusatif**

**Wo?**
im Supermarkt
im Kino
in der Bücherei
auf dem Bahnhof
auf der Post
auf der Bank
auf dem Rathaus

**Wohin?**
in den / zum Supermarkt
ins Kino
in die / zur Bücherei
auf den / zum Bahnhof
auf die / zur Post
auf die / zur Bank
auf das / zum Rathaus

**AB**: 3, 4, 5, 6

### Orientierung in der Stadt
**S'orienter en ville**

- ● Wie komme ich zum / zur ...?
- ○ Geh / Gehen Sie
  - geradeaus / rechts / links.
  - die erste Straße links.
  - an der Ecke rechts.
  - an der Post vorbei.
  - durch den Park.
  - bis zur Kreuzung.
  - zu Fuß.
- ○ Nimm / Nehmen Sie
  - den Bus.
  - die Straßenbahn.
  - die U-Bahn / die S-Bahn.
- ○ Fahr / Fahren Sie
  - zwei Haltestellen.
  - bis zur Apfelstraße.
- ○ Steig / Steigen Sie
  - in den Bus ein.
  - in die Straßenbahn um.
  - am Bahnhof aus.

**AB**: 7, 8, 9, 10

# Stadtansichten

## 7 Eine Stadt – viele Eindrücke

**a** Lies die Meinungen über die Stadt Essen. Wer lebt dort gern und wer nicht?

Bernd Orzowski, 15 Jahre

***Hier möchte ich immer wohnen!***
Mein Name ist Bernd Orzowski und ich bin 1992 in Essen-Werden geboren. Ich wohne jetzt immer noch in Werden und liebe meinen Stadtteil. Hier ist es ziemlich grün und idyllisch. Ich kenne hier jede Ecke und meine Freunde kenne ich schon aus dem Kindergarten. Das finde ich gut und deshalb möchte ich auch nie von hier weg.

Silvia Naader, 14 Jahre

***Ich finde Essen nicht schön ...***
... aber ich fühle mich hier wohl, weil meine Familie und meine Freunde hier sind. Aber die Stadt ist zu schmutzig, überall liegt Müll. Das finde ich hässlich. Und ich finde es auch nicht schön, dass am Bahnhof so viele Leute mit Zigaretten und Alkohol stehen. Manchmal habe ich da ein wenig Angst ...

Sascha Matwejew, 17 Jahre

***Essen ist international ...***
... weil hier Leute aus der ganzen Welt leben: Türken, Chinesen, Mexikaner ... Das finde ich gut. Ich selbst komme aus der Ukraine und lebe schon seit 7 Jahren in der Stadt. Die Leute hier sind auch meistens freundlich und hilfsbereit, aber ich habe auch schon schlechte Erfahrungen gemacht.

Gregor Kemm, 16 Jahre

***In Essen ist immer was los ...***
... deshalb mag ich die Stadt. In der Freizeit kann man hier viel machen, zum Beispiel ins Kino gehen, schwimmen gehen, im Park Inliner fahren, Theaterstücke ansehen und so weiter. Ich möchte nicht in einer Kleinstadt leben, da ist es bestimmt für Jugendliche ziemlich langweilig.

***Ich wohne leider in Essen ...***
... die Stadt ist sehr hektisch und laut. Überall dichter Verkehr, Lärm, Autos ... schrecklich. Es riecht nach Abgasen, manchmal bekomme ich fast keine Luft. Deshalb möchte ich auch lieber auf dem Land leben. Dort ist die Luft sauber und man kann ohne Probleme überall draußen spielen, Fahrrad fahren oder sogar Baumhäuser bauen. Ich weiß das, weil wir manchmal meine Großeltern auf dem Land besuchen und da spielen immer viele Kinder auf den Straßen und auf den Wiesen.

Janina Wirth, 13 Jahre

**b** Wie begründen die Jugendlichen ihre Meinung? Such die entsprechenden Sätze in den Texten.

*In Essen ist immer was los, deshalb mag ich die Stadt.*

**c** Kannst du noch weitere Begründungen formulieren?

*Alle meine Freunde leben hier, ...*

## 8 Spaziergang durch Essen

**a** Hör zu. Welchen Weg geht der Spaziergänger? Bring die Fotos in die richtige Reihenfolge.

**b** Arbeitet in Teams. Jeder wählt ein Foto und beschreibt den Ort sehr genau. Was kann man hören, sehen, riechen, fühlen?

*Im Park ist alles grün. Man hört …, es riecht nach … Es ist sehr …*
*Das Rathaus ist sehr … Man sieht viele … Überall …*

**c** Tauscht eure Texte im Team, korrigiert und ergänzt sie. Hängt zum Schluss die fertigen Texte im Klassenzimmer auf.

## 9 Deine Eindrücke

Mach die Augen zu und denk an einen Ort, den du sehr gut kennst (dein Haus, deine Straße, ein Platz im Park …). Notiere, was du siehst, hörst, riechst, fühlst. Schreib dann einen Text.

## 10 Sprechtraining: das schwache *E* am Ende

**a** Hör bitte zu. Achte auf die Endung *-en*. Was stellst du fest?

Das mach ich alles in der Stadt:
fühl**en** ○ hör**en** ○ seh**en** ○ spiel**en** ○ träum**en** ○ fahr**en** ○ geh**en** ○ leb**en** ○ bad**en** ○ riech**en**

**b** Hör noch einmal und sprich nach. Sprich das *E* ganz schwach.

### Sätze mit *deshalb*
**Les phrases avec *deshalb***

Meine Stadt ist schön. Ich lebe gern hier.

Meine Stadt ist schön, **deshalb** lebe ich gern hier.

Ich habe hier viele Freunde. Ich möchte nicht wegziehen.

Ich habe hier viele Freunde, **deshalb** möchte ich nicht wegziehen.

**AB**: 11, 12, 13

### Einen Ort beschreiben
**Décrire un endroit**

ruhig ○○ hektisch
sauber ○○ schmutzig
laut ○○ leise
voll ○○ leer
grün ○○ grau
idyllisch ○○ gefährlich
schön ○○ hässlich
alt ○○ neu
modern ○○ unmodern

der Verkehr
der Lärm
der Müll
die Luft
die Leute

es ist …
es riecht gut / schlecht / nach Autos
… sieht schön / hässlich aus

**AB**: 11

# Mitten im Meer

## 11 Das Leben auf einer Hallig

Lies den Text. Was ist eine Hallig? Nenn bitte drei Merkmale.

Im Nordfriesischen Wattenmeer befinden sich heute noch 10 Halligen. Früher waren es 50. Eine Hallig ist keine Insel, bei Hochwasser steht das ganze Land unter Wasser. Erst seit 1954 haben die Halligen Strom und Wasser. Die größte Hallig ist Langeneß mit 110 Einwohnern. Sie ist 10 km lang und nur 1 km breit. Auf Langeneß gibt es ein Restaurant, ein Café und einen Laden. Es gibt auch kleinere Halligen wie Hallig Gröde (19 Einwohner) und auch Mini-Halligen – da leben nur Vögel.

## 12 Tade erzählt

**a** Lies die Einleitung des Artikels. Wo lebt Tade?

### Mein Leben ohne Freunde, Flirts & Feten

Tade (14) lebt in Deutschlands kleinster Gemeinde – auf der Hallig Gröde mitten in der Nordsee. Hier gibt es 19 Einwohner, sehr viele Schafe und noch mehr Seevögel. Trotzdem hat Gröde einen Bürgermeister, eine Post, eine Kirche, einen Getränkekiosk – und eine Schule!

**b** Was meint ihr: Wie ist das Leben für Jugendliche auf der Hallig? Ihr habt bestimmt viele Ideen. Sammelt sie. Das hilft beim Weiterlesen.

auf einer Hallig leben

**c** Lies weiter. Was erzählt Tade? Sammle Informationen zu den Schlüsselwörtern.

Schule | Freunde | Mädchen | Winter

Weil es keine tägliche Schiffsverbindung gibt, ist ein Schulbesuch auf dem Festland unmöglich. Tade ist im neunten Schuljahr und lernt mit seinem zehnjährigen Bruder Erik zusammen. Mit ihrer Lehrerin Christiane Fleeth sind Tade und Erik sogar per du. Doch für Tade ist das alles ganz

normal: „Ich mache das, was alle anderen Jugendlichen auch machen. Ich gehe morgens zur Schule, esse danach zu Mittag, mache meine Hausaufgaben, spiele Playstation oder Fußball." Mit einem großen Unterschied: Tade hat auf der Hallig keinen Freund. Er ist der einzige Jugendliche unter den Bewohnern, sieben davon sind Kinder.
Auch auf den anderen Halligen gibt es keine Gleichaltrigen. Wenn er Freunde treffen möchte oder ins Kino gehen will, muss er fünf Kilometer bis zum Festland fahren – das ist immer mit viel Organisation verbunden. „Höchstens einmal im Monat an einem Wochenende geht das. Meine Eltern müssen mich mit unserem Motorboot zum Festland bringen und dann mit dem Auto in den nächstgrößeren Ort fahren – und von dort wieder abholen und zurückfahren", erzählt er.
Mädchen kennen lernen, flirten und sich verlieben? Unmöglich! Nur im Sommer kommen Feriengäste nach Gröde. „Doch hübsche Mädchen in meinem Alter sind da nicht dabei", sagt Tade ein wenig enttäuscht.
Im Winter sind die Bewohner vom Festland völlig abgeschnitten. „In diesem Jahr konnte drei Monate lang kein Schiff anlegen, alles war zugefroren. Da mussten wir von unseren Vorräten leben", erzählt Tade. Das Halligleben ist nicht nur idyllisch und ruhig – es kann auch gefährlich werden. Zum Beispiel, wenn jemand krank wird. Tade: „Mit neun Jahren habe ich mein Bein gebrochen. Ein Hubschrauber hat mich schließlich ins Krankenhaus geflogen!"
Ungemütlich wird es auf der Hallig, wenn das ganze Land unter Wasser ist. Das passiert ungefähr 20 bis 30-mal im Jahr. Dann muss man alle Tiere in Sicherheit bringen.

**BAUKASTEN**

**Gefühle**
**L'expression des sentiments**

er freut sich auf die Ferien
er fühlt sich allein
er ist verliebt
er ist glücklich
er ist enttäuscht
er ist traurig
er vermisst seine Freunde

**AB**: 15

**d** Lies den Schluss. Welche Pläne hat Tade für die Zukunft?

**Pläne**

Doch bald heißt es für Tade Abschied nehmen. „In einem Jahr gehe ich von hier weg", erzählt er. Er kommt auf ein deutsches Internat nach Dänemark und macht dort das Abitur. Dann ist Tade nur am Wochenende zu Besuch auf Hallig Gröde. Er freut sich schon auf ein Leben auf dem Festland: „Endlich was erleben. Vielleicht verliebe ich mich dann auch zum ersten Mal!"

Tanja Gebru *Yam!*

## 13 Deine Meinung

Möchtest du auf Hallig Gröde leben? Warum (nicht)?

- *Ich finde das Leben auf der Hallig ..., weil man ... kann.*
- *Es gefällt mir, weil ...*
- *Auf der Hallig gibt es (kein/e/n) ..., deshalb ...*

## 14 Ein Interview mit Tade

Tade lebt schon seit einem Jahr auf dem Festland. Was hat er erlebt? Wie gefällt es ihm? Macht für die Schülerzeitung ein Interview mit Tade. Sammelt Ideen in Teams und spielt ein Interview.

## LEVEL 4. DIE STADT DER KINDER von Andreas Schlüter

In der Literatur und im Film gibt es viele Fantasiestädte – Zukunftsstädte, Städte auf dem Mond, Märchenstädte und viele mehr. Sicherlich kennst du einige davon. Auch der Kinderbuchautor Andreas Schlüter baut eine Fantasiestadt. Die Stadt in seinem Buch *Level 4. Die Stadt der Kinder* existiert nur in einem Computerspiel. Der Computerfan Ben spielt das Computerspiel *Die Stadt der Kinder*. Etwas ist komisch. Ohne Probleme spielt er die Level 1–3, aber er kommt nicht ins vierte Level. Nach einer Weile ist er wütend und beendet das Spiel. Das jedenfalls denkt Ben. Aber das Spiel ist nicht zu Ende, es ist Wirklichkeit. Und Ben und seine Freunde sind mitten im Computerspiel. Sie leben plötzlich in der Stadt der Kinder. Toll, es gibt keine Erwachsenen. Aber die Kinder müssen das Leben in der Stadt allein organisieren. Das ist ganz schön kompliziert …

- Kannst du dir ein Leben in der Stadt der Kinder vorstellen? Was ist gut? Was ist schlecht? Erfinde eine Situation in einer Stadt ohne Erwachsene!

- Der Kinderbuchautor Andreas Schlüter ist bekannt für seine Computerkrimis. Auf seiner Homepage: www.aschlueter.de findest du seinen Lebenslauf, seine Bücher und Interviews.

## DAS LABYRINTH – WIE KOMME ICH ANS ZIEL?

**das Labyrinth**
le labyrinthe
**die Richtung**
la direction

Viele Wege und Kreuzungen aber nur ein Ziel – das ist ein Labyrinth. Es gibt Labyrinthe aus Stein und Labyrinthe aus Bäumen. Manche Labyrinthe sind groß, manche klein. Alle Labyrinthe haben einen Mittelpunkt und diesen Mittelpunkt muss man suchen. Man findet den richtigen Weg nur schwer, aber das Suchen macht Spaß. Ein kleiner Trick hilft: Wer immer in eine Richtung abbiegt, der findet auf jeden Fall das Ziel. Labyrinthe gibt es in vielen Ländern. Warum? Das Labyrinth ist ein Symbol für das Leben und das Suchen nach Glück, Erfolg oder anderen Zielen.

Das größte Labyrinth Deutschlands befindet sich übrigens in Kleinwelka in Sachsen. In diesem Labyrinth ist der perfekte Weg zum Ziel 350 Meter lang.

# Bei grün kannst du gehen – Das Ampelmännchen

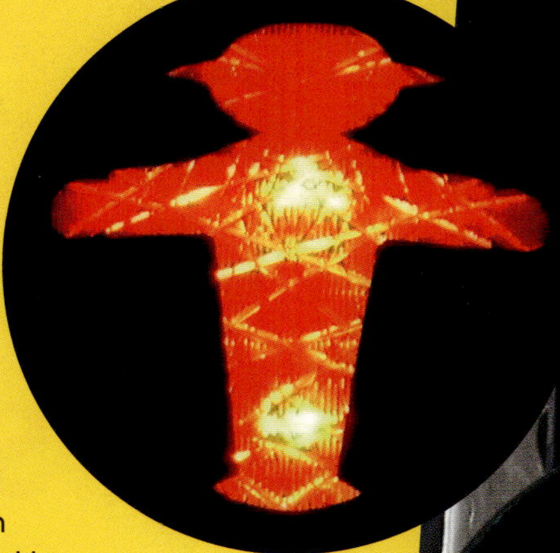

Seit 1868 gibt es die Ampel. Ihr Geburtsort ist London. Heute findest du sie an jeder Kreuzung. Du bleibst an der Straßenseite stehen, weil die Ampel ist rot ist. Bei rot bleibe stehen, bei grün kannst du gehen oder fahren. Diese Regel kennt man auf der ganzen Welt.
Auf den Ampeln für Fußgänger ist oft eine Figur zu sehen – das Ampelmännchen. Diese Figur sieht in jedem Land anders aus. Deutschland hat sogar zwei offizielle Ampelmännchen. So findest du im Osten von Deutschland ein Männchen mit Hut. Im Westen ist der Ampelmann groß, schlank und erwachsen. Viele mögen das Männchen mit Hut aus dem Osten, weil es aussieht wie eine Comicfigur. Deshalb ist es heute ein kleiner Star. Man kann T-Shirts, Tassen, Postkarten und andere Souvenirs vom Ampelmännchen kaufen. Manche Städte im Westen benutzen es jetzt auch. Hast du es schon einmal gesehen?

- Ist das Ampelmännchen auf dem Foto aus dem Westen oder aus dem Osten?
- Wie sieht das Ampelmännchen in deiner Stadt aus?

**das Ampelmännchen**
le signal pour piéton
**die Ampel**
le feu de signalisation
**die Figur**
la silhouette

**IM TEAM**

Nous allons imaginer un lieu qui sort de l'ordinaire.

**Dazu brauchen wir …**

- Papier und Stifte
- Broschüren, Fotos, Zeitschriften
- festes Papier für ein Plakat
- Schere und Klebstoff
- einen PC und Internet

### Ein ganz besonderer Ort

Nous concevons une affiche avec des informations sur un lieu qui sort de l'ordinaire et nous la présentons à la classe.

**a** Formez des équipes de trois. Décidez entre vous d'un lieu. Il ne doit pas être trop connu.
**b** Mettez une liste au point avec les informations les plus importantes et recherchez du matériel (pages Internet, brochures, photos …).
**c** Décidez des informations visuelles que vous voulez montrer sur l'affiche. Écrivez des petits textes s'y rapportant.
**d** Réalisez votre affiche et montrez-la à la classe. Qui a envie de visiter cet endroit ?

# LEKTION 15

# Sport – Spiel – Spaß

**1 Klingeltöne von Sportlern**

27 **a** Hör bitte zu. Welcher Handyklingelton passt zu wem?

| Klingelton | 1 | 2 | 3 | 4 | 5 |
|---|---|---|---|---|---|
| Name | ? | ? | ? | ? | ? |

**b** Hör die Jugendlichen. Ist deine Lösung richtig?

**c** Hör bitte noch einmal. Was erzählen die Jugendlichen über ihre Klingeltöne?
Wähl die passenden Begriffe und erzähl kurz.

Wasser ○ beim Fußballspiel ○ Reiten ○
Basketball ○ am Meer ○ Formel 1 ○
beim Basketballtraining ○ im Pferdestall ○
Fußball ○ beim Autorennen

- *... interessiert sich für / mag / liebt / trainiert ...*
*Seinen / Ihren Klingelton hat er / sie ... aufgenommen.*

**IM TEAM**

À la fin de cette leçon, nous allons réaliser une affiche sur notre sport préféré.

**Nous allons apprendre à :**

- nommer les sports
- commenter des statistiques
- exprimer notre avis
- comparer
- parler avec un médecin

**Et nous allons utiliser :**

- le comparatif et le superlatif
- les verbes de modalité au prétérit

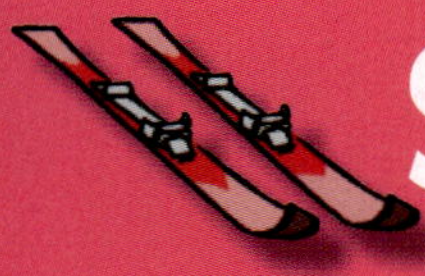

# Sportarten

Fahrradfahren Snowboarden Joggen Schwimmen Schach

## 2 Für jeden eine Sportart

Welche Sportart passt zu welchem Oberbegriff? Sucht Beispiele.

Turnen Schifahren Volleyball Fußball Billard Basketball Handball Eishockey Skateboarden Reiten

Tauchen Wasserball Rudern Tennis Surfen Eislaufen Klettern Tanzen

Boxen

Judo

Wassersport

Ballsport

Mannschaftssport

Wintersport

Einzelsport

Kampfsport

## 3 Jugendliche und ihr Lieblingssport

**a** Hör den Radiobeitrag zweimal. Ergänze dann die Statistik.

| Mädchen | | Jungen | |
|---|---|---|---|
| 1. Ballspiele | 45 % | 1. Ballspiele | 53 % |
| 2. Turnen | ? % | 2. Tennis | 15% |
| 3. Tanzen | ? % | 3. Skateboarden | ? % |
| 4. ? | 6 % | 4. ? | 8% |
| 5. Anderes | 16 % | 5. Anderes | 10 % |

**b** Erkläre die Statistik mit eigenen Worten.

- *An erster Stelle steht bei den Mädchen / bei den Jungen … mit … Prozent.*
- *An zweiter Stelle folgt …*
- *Bei den Jungen kommt an dritter Stelle …*

## 4 Meinungen über Sportarten

**a** Welche Adjektive passen zu den Sportarten? Diskutiert darüber.

lustig • gefährlich • cool • langweilig • intelligent • kompliziert • schwierig • anstrengend • öde • interessant • spannend • teuer • unterhaltsam • fantasievoll • stressig • billig • originell • erholsam

- *Ich finde Klettern gefährlich!*
- *Nein, ich nicht. Ich finde es lustig und cool!*
- *Meiner Meinung nach ist Schach total öde. Das ist doch kein Sport!*
- *Das finde ich nicht. Schach ist intelligent und fantasievoll.*

30 **b** Lies die Aussagen und hör die Meinungen der Eltern zu den Sportarten. Was sagen sie? Wähl die richtige Aussage aus.

**1**

Skateboarden ist gefährlicher als Fahrradfahren. ?

Zum Skateboarden muss man jünger als elf Jahre alt sein. ?

Beim Skateboarden haben auch Jungs manchmal Angst. ?

**2**

Der Mutter gefällt Billard genauso gut wie Rudern. ?

Beim Billard braucht man mehr Ausdauer als beim Rudern. ?

Rudern ist erholsamer als Billard. ?

**3**

Reiten ist viel teurer und auch gefährlicher als Fahrradfahren. ?

Die Tochter liebt ihr Fahrrad mehr als alles andere. ?

Der Vater findet Reiten schöner als Fahrradfahren. ?

### Die Meinung ausdrücken
**Exprimer ses idées**

Ich finde … gut / zu teuer.
Ich glaube, dass …
Ich denke, dass …
Meiner Meinung nach ist …
Ich bin der Meinung, dass …

➔ **AB**: 3

### Vergleiche
**Comparer**

Reiten ist **schöner als** Radfahren.
Schach ist **interessanter als** Billard.

Schifahren ist **(genau)so gefährlich wie** Skateboarden.

### Komparativ
**Le comparatif**

schön • schön**er**
interessant • interessant**er**
teuer • teu**rer**
alt • **älter**
kurz • **kürzer**
viel • **mehr**
gut • **besser**
gern • **lieber**

➔ **AB**: 3, 4, 5, 6, 8

### Nomen aus Verben
**Le verbe utilisé comme un nom**

Ich reite gern, aber **(das) Reiten** ist leider teuer.
**Beim Rudern** kann man sich gut erholen.
**Zum Eislaufen** gehe ich in den Park.

➔ **AB**: 7

## 5 Hobbys im Vergleich

Vergleicht verschiedene Freizeitaktivitäten.

*Also, ich finde Tauchen spannender als …*

*Ich finde Lesen viel interessanter als …*

*Und ich denke, dass Musikhören viel erholsamer als … ist.*

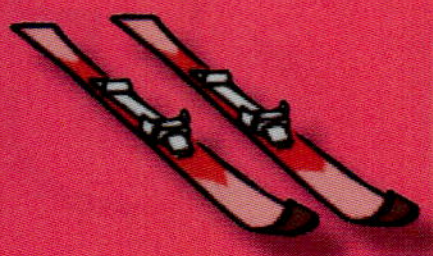

# Rund um den Sport

## 6 Sport für Mädchen – Sport für Jungen?

**a** Welcher Meinung sind die Jugendlichen? Fass ihre Aussagen kurz zusammen.

Meiner Meinung nach gibt es typische Sportarten für Mädchen: Tanzen, Reiten, Eislaufen. Da sind sie besser, weil sie mehr Gefühl für Rhythmus haben und weil sie leichter sind. Wir sind stärker und lieben Sportarten wie Boxen, Eishockey, Fußball. Das ist nichts für Mädchen …

Ich glaube, dass das totaler Quatsch ist! Mädchen wie Jungen können alle Sportarten treiben. Die Vorurteile, Mädchen sind musikalischer, schwächer, kleiner, sind aus dem 17. Jahrhundert! Viele Jungs tanzen lieber und besser als Mädchen. Und auch Mädchen spielen Fußball: Oft rennen sie schneller und spielen fantasievoller als viele Jungen!

Ich spiele seit ein paar Jahren in einer gemischten Volleyballmannschaft. Das macht Spaß und ich lerne die Mädchen auch besser kennen. Meiner Meinung nach sind die Mädchen meistens geschickter und reagieren schneller. Wir Jungs sind stärker beim Aufschlag und reagieren etwas langsamer. Aber wir sind ausdauernder und trainieren viel lieber als die Damen ;-)

*Rudi denkt, dass …* *Melanie findet, dass …* *Simon ist der Meinung, dass …*

**b** Bildet Jungen- und Mädchenteams. Sammelt zuerst eure Gedanke zum Thema und schreibt dann eine kurze Stellungnahme.

| Sportart | Mädchen | Jungen |
|---|---|---|
| *Surfen* | *geschickter* | *stärker* |
| *Jazztanz* | | |
| … | | |

*Wir finden, dass … besser … als*
*Sie sind … und …*
*Es stimmt nicht, dass …*
*… können genauso gut … wie …*

## 7 Die Handballmannschaft

31 Was erzählt Ella über ihr Team? Hör zu und ordne ihre Aussagen den Spielerinnen zu.

1. ? rennt am schnellsten
2. ? schießt viele Tore
3. ? wirft am genauesten
4. ? denkt am logischsten
5. ? bleibt ruhig
6. ? rennt am langsamsten
7. ? spielt fantasievoll
8. ? springt am höchsten
9. ? ist 1,75 m groß
10. ? ist am wichtigsten
11. ? reagiert schnell

## 8 Klassenbeste

Wer kann etwas besonders gut in eurer Klasse? Schreibt Zettel, tauscht sie aus und ratet, wer das ist.

Sie rennt am schnellsten.

Er rechnet am besten.

Er wirft am weitesten.

Ich glaube, das ist Franky!

Nein, ich denke, das ist …

### Superlativ
**Le superlatif**

Eva rennt **am** schnell**sten**.
Oli rechnet **am** langsam**sten**.
Ute und Karin zeichnen **am** schön**sten**.

schnell ○ schneller ○ am schnellsten

schlecht ○ schlechter ○ am schlechtesten

weit ○ weiter ○ am weitesten

groß ○ größer ○ am größten

viel ○ **mehr** ○ am **meisten**

gut ○ **besser** ○ am **besten**

gern ○ **lieber** ○ am **liebsten**

➲ **AB**: 10, 11

## 9 Sportfest

**a** Lies den Artikel aus der Schülerzeitung und beantworte die Fragen.

1. Wann und wo war das Fest?
2. Wer war beim Fest?
3. Was war das Programm?

### Wintersportfest

Am 2. Dezember hat am Sportplatz des Bundesgymnasiums Ungergasse in Wien unser wirklich gelungenes Sportfest stattgefunden. Eltern, Lehrer und Schüler konnten gemütlich beisammen sein, etwas Warmes trinken, plaudern und auch an mehreren lustigen und spannenden Spielen teilnehmen. Die Ergebnisse der Winterpiele wollen wir hier veröffentlichen:

**Schneevolleyball:**
Schüler: Lehrer – 3:2
Lehrer: Eltern – 3:1
Schüler: Eltern – 3:2

**Schneeballwurf:**
Kategorie Eltern:
Hr. Walter Schneider: 23,4 m
Fr. Luise Pichler: 22,1 m
Kategorie Lehrer:
Prof. Josef Wieltsch: 26,7 m
Prof. Gunhild Errath: 22,7 m

Kategorie Schüler:
Frank Oberhauser: 20,9 m
Emma Winkler: 18,3 m

**250-m-Schneeschuhlauf:**
1. Platz: Fr. Elisa Krammer (Eltern)
2. Platz: Benno Staton (Schüler)
3. Platz: Hera Völler (Schülerin)

Ganz herzlich wollen wir uns nochmals für die zahlreiche Teilnahme bedanken und erwarten euch zu unserem Sommersportfest im Juni! (Ursi E., 12c)

**b** Sprich über die einzelnen Leistungen.

- Die Eltern haben am … Volleyball gespielt.
- Die Lehrer haben … als … gespielt.
- Beim Schneeschuhlauf ist … am … gelaufen.
- Beim Schneeballwurf hat … am … geworfen.

## 10 Deine Rekorde

Hast du auch schon Rekorde aufgestellt oder kennst du eine Rekordfrau / einen Rekordmann? Erzähl davon.

Mein absoluter Rekord ist …

Ich kenne einen Sportler. Der heißt … und …

Ich habe einmal …

# Im Schikurs

## 11 Schikursszenen

Daniel hält seine Eindrücke vom Schikurs in einer Karikatur fest. Ordne seine Gedanken der Zeichnung zu.

A Das ist unsere Unterkunft: Die Pension Sonnenschein!
B Sabi gleitet elegant über die Piste, der Schnee fliegt!
C Herr Feldner hat die erste Gruppe, die Superschiläufer ;-)
D Es schneit schon wieder!
E Alex und Hans, unsere Chaoten, fahren mit dem Schilift.
F Hanne stürzt jeden Tag mindestens fünfmal!
G Jo fährt immer am schnellsten.

## 12 Schikursalltag

**a** Was ist noch im Schikurs los? Ordne die SMS den Fotos zu.

A

B

C

E

D

F

**1**
Hi! Warum wolltest du heute nicht mit mir Lift fahren? Bist du sauer auf mich?

**2**
Hi Betty! Wir mussten gestern um 22.30 ins Bett :-(( Keine Partys, kein TV – nicht mal lesen ...

**3**
Hi Luky! Durftet ihr die Mädls auch nicht in den Zimmern treffen? Das ist ja voll öde!!

**4**
Heute mussten wir wieder um 6.00 raus. Ein Wahnsinn ... Ich bin total müde!!

**5**
Durftet ihr auch keine Handys auf die Piste mitnehmen? Mir ist sooo langweilig am Lift. Ich kann dir nur abends simsen! Bussi!

**6**
Ach Mama! Heute mussten wir unsere Zimmer aufräumen. Hier ist's schlimmer als zu Hause ...

**b** Erzählt von euren Erlebnissen auf Schulausflügen.

*Wir waren in ... Es war ... Dort konnten wir ...*
*Wir mussten jeden Tag ...*
*Wir durften (nicht) ...*
*Wir wollten ..., aber ...*

## 13 Alex ist krank

Hör bitte zu. Welches Foto passt?

## 14 Alex beim Arzt

**a** Hör den ersten Abschnitt. Welcher Satz passt?

- Alex wollte nicht Schi fahren und durfte in der Pension bleiben. ?
- Alex konnte nicht Schi fahren, weil er Schmerzen hatte. ?
- Alex musste auf die Piste, weil niemand allein in der Pension bleiben darf. ?

**b** Hör den zweiten Abschnitt. Was sagt der Arzt?

- Alex darf drei Tage lang nicht Schi fahren. ?
- Das Bein von Alex ist in Ordnung und er kann morgen auf die Piste. ?
- Alex' Eltern müssen kommen und ihn ins Krankenhaus bringen. ?

## 15 Was fehlt dir?

Wählt ein Foto in Aufgabe 13 und spielt eine Szene beim Arzt.

## 16 Sprechtraining: Emotionen ausdrücken

**a** Hör zu. Klingt es freundlich, neutral oder unfreundlich? Sprich die Sätze nach.

**b** Sprich jetzt alle Sätze freundlich.

**c** Sag einen Satz – die anderen zeigen ein Schild mit ☺ oder mit ☹.

Du musst …

Du darfst …

| | ☺ | 😐 | ☹ |
|---|---|---|---|
| 1. Du darfst nicht Schi fahren. | | | |
| 2. Du musst aufräumen. | | | |
| 3. Du kannst das Handy mitnehmen. | | | |
| 4. Du sollst den Mund aufmachen. | | | |
| 5. Du darfst ein Eis essen. | | | |
| 6. Du sollst mir eine SMS schreiben. | | | |

### Modalverben im Präteritum
Le prétérit des verbes de modalité

***wollen***

| | |
|---|---|
| ich wollte | wir wollten |
| du wolltest | ihr wolltet |
| er / sie wollte | sie wollten |

auch:
müssen: ich musste, …
können: ich konnte, …
dürfen: ich durfte, …
sollen: ich sollte, …

➔ **AB**: 12, 13

### Beim Arzt
Chez le médecin

**Arzt**
Was fehlt dir denn?
Wo tut es weh?
Mach bitte den Mund auf!
Zieh bitte dein Hemd aus.
Ich verschreibe dir ein Medikament.
Nimm diese Tabletten.
Komm am … wieder.

**Patient**
Mir tut … weh.
Ich habe Kopfschmerzen / Halsschmerzen / Bauchschmerzen / Fieber.
Ich fühle mich schlecht / schwach / krank.

➔ **AB**: 14

# IM TEAM -Magazin

## Schneller – weiter – höher: Leistungssportler

**der Leistungssportler, die Leistungssportlerin** sportif/sportive de compétition
**der Skispringer, die Skispringerin** skieur/skieuse qui pratique le saut à ski
**die Goldmedaille** la médaille d'or
**die Olympischen Winterspiele** *(Pl.)* les jeux olympiques d'hiver
**der Schirennläufer, die Schirennläuferin** skieur/skieuse qui pratique le slalom
**die Weltmeisterschaft** les championnats du monde
**der Riesenslalom** le slalom géant
**die Bezahlung** la rémunération
**der Siebenkampf** l'heptathlon *(sept épreuves)*
**das Kugelstoßen** le lancer de poids
**das Speerwerfen** le lancer de javelot
**der Hürdenlauf** la course de haies

Sport ist gesund und Sport macht Spaß. Im Sport kann man sich mit anderen vergleichen. Leistungssportler leben für den Sport. Sie sind schneller als alle anderen, springen weiter oder höher, kurz: Sie sind einfach besser. Und sie sind Stars. Jede Sportart und jede Generation hat ihre Stars. Die jungen Stars der DACH-Länder sind zum Beispiel:

### Weiter ...

**Simon Amman:** Der Schispringer aus der Schweiz ist am 25. Juni 1981 in Grabs geboren. Er springt weiter als die meisten Schispringer. 2006 fliegt er 219 Meter weit – das ist bis jetzt sein persönlicher Rekord. Seinen größten Erfolg hat er schon mit 16 Jahren: zwei Goldmedaillen bei den Olympischen Winterspielen 2002 in Salt Lake City.

### Schneller ...

**Nicole Hosp:** Die Schirennläuferin aus Österreich hat am 6. November 1983 ihren Geburtstag. Sie kommt aus dem kleinen Ort Ehenbichel. 2007 ist ihr Glücksjahr: Sie gewinnt die Weltmeisterschaft im Riesenslalom und ist österreichische Sportlerin des Jahres.

### Alleskönnerin ...

**Lilli Schwarzkopf.** Lilli Schwarzkopf, geboren 1983, kann alles. Sie ist die beste Deutsche im Siebenkampf. Das heißt: Sie kann besser Kugelstoßen und Speerwerfen als die meisten Sportler, ist schneller auf 200m und 800m und im Hürdenlauf (siehe Foto), und sie springt weiter und höher.

### Höher ...

**Dirk Nowitzki:** Der Basketballspieler ist 1978 in Würzburg in Deutschland geboren. Er ist größer – Dirk Nowitzki ist 2,13 groß – und spielt besser Basketball als die meisten Menschen in der Welt. Dirk Nowitzki ist in der NBA, der amerikanischen Profiliga und in der deutschen Nationalmannschaft. Er ist derzeit der deutsche Sportler mit der besten Bezahlung. Ein echter Star.

▸ Wer ist dein/e Lieblingssportler/in? Stell ihn/sie vor!

## Ein Gedicht

- Was erzählt der Junge über den Schikurs? Seht euch die Bilder an und ordnet das Gedicht.
- Jeder schreibt eine Strophe auf. Stellt euch auf und tragt das Gedicht vor.

Christine Nöstlinger

# Kleines Glückwunschgedicht

(Am Bahnhof, bei der Heimkehr vom Skikurs aufzusagen)

1

**Und den Fotoapparat,**
**den find ich nicht mehr.**
**Herzlichen Glückwunsch**
**zu meiner Wiederkehr!**

2

**Was von den Skiern**
**noch übrig ist,**
**liegt teils auf der Piste,**
**teils auf dem Mist.**

3

**Walters Vater**
**wird dich verklagen,**
**denn ich habe dem Walter**
**die Brille zerschlagen.**

5

4

**Wegen der Rechnung**
**für die Fensterscheiben**
**wird dir der Wirt**
**persönlich schreiben.**

**Vater, hier bin ich!**
**Das Bein ist gebrochen.**
**Den Gips, den behalt ich**
**für sieben Wochen.**

36 Danach hört das ganze Gedicht.

Christine Nöstlinger & Jutta Bauer: Ein und alles. Ein Jahresbuch mit Geschichten, Bildern, Texten, Sprüchen, Märchen und einem Tagebuch-Roman (Beltz & Gelberg in der Verlagsgruppe Beltz, Weinheim & Basel, 1992)

**IM TEAM**

Nous réalisons une affiche sur notre sport préféré.

**Dazu brauchen wir …**

- Papier und Stifte
- Broschüren, Fotos, Zeitschriften, Internet
- festes Papier für ein Plakat
- Schere und Klebstoff

### Unsere Lieblingssportarten

Nous rassemblons des informations et des statistiques sur nos sports préférés et les présentons sous forme d'affiche à la classe.

**a** Formez des groupes par rapport aux sports préférés.
**b** Faites une liste avec les informations importantes et recherchez du matériel (pages Internet, brochures, photos, statistiques …).
**c** Décidez des informations visuelles que vous voulez faire paraitre sur l'affiche et écrivez de petits textes pour chacune. N'oubliez pas de mentionner les statistiques et le meilleur sportif de la discipline.
**d** Réalisez votre affiche et présentez-la à la classe.

LEKTION 16

# Meine Medienwelt

## 1 Schöne, bunte Medienwelt

**a** Welche Medien nutzen die Leute? Ordne bitte zu.

das Fernsehen • das Handy • die Zeitung / die Zeitschrift • das Internet • das Radio

IM TEAM

À la fin de cette leçon, nous allons concevoir la page d'accueil de notre classe.

37 **b** Hör bitte zu und ordne die Geräusche den Fotos zu.

Das ist bestimmt ein …

Da hört man …

| Geräusch | 1 | 2 | 3 | 4 | 5 |
|---|---|---|---|---|---|
| Foto | ? | ? | ? | ? | ? |

**c** Welche Medien sind für dich wichtig? Wofür brauchst du sie? Sprecht in der Klasse.

- Ich mag … am liebsten / am wenigsten.
- Für mich ist … sehr / nicht so wichtig.
- Ich benutze … jeden Tag / oft / nicht so oft / nie.
- Mit dem Handy verschicke ich …
- Im Internet …
- …

**Nous allons apprendre à :**

- décrire les médias et leurs fonctions
- discuter du programme télé
- exprimer ses sympathies et ses antipathies
- décrire des stars
- comprendre une page d'accueil

**Et nous allons utiliser :**

- les questions avec *was für ein(e)*
- la déclinaison de l'adjectif avec l'article indéfini
- les noms issus de verbes (la substantivation)

# Mein Fernsehprogramm

Sport • Serien • Shows • Spielfilme • Nachrichten • Magazine

## 2 Tipps für den Fernsehabend

**a** Überflieg das Programm und wähl die richtige Überschrift für die Tipps aus.

### Unsere Programmtipps für den Freitag

**A** ?

**20.15 S-RTL** **Chihiros Reise ins Zauberland**
Animationsfilm, Japan 2001. Das Mädchen Chihiro will seine Eltern von einem Fluch befreien und landet in einer Zauberstadt. Gute Animation. ______

**20.15 ZDF** **Harry Potter und der Feuerkelch**
Abenteuerfilm, USA 2004. Für Harry Potter (Daniel Radcliffe) beginnt das vierte Jahr auf Hogwarts. Große Herausforderungen wie die Quidditch-Weltmeisterschaft stehen dem Zauberschüler bevor. ______

**22.15 ARD** **Nirgendwo in Afrika**
Drama, D 2001. Regisseurin Caroline Link erzählt die Geschichte einer jüdischen Familie, die 1938 nach Afrika flieht. Der Film bekam 2003 den Oscar. ______

**B** ?

**17.00 3Sat** **NEUES**
Technikmagazin. PCs von morgen. Die neuen Computerspiele werden immer realistischer, neue Prozessoren machen das möglich. ______

**19.00 ARTE** **absolut**
Jugendmagazin. Geplantes Thema: Die Geschichte der Videoclips von den Anfängen bis heute. ______

**20.15 ORF 2** **Universum**
Natur-Dokumentation. Special: Essen ohne Gentechnik. – Gibt es heute noch gentechfreie Produkte? ______

**C** ?

**20.15 ORF 1** **Die Millionenshow**
Quizshow. Schüler und Schülerinnen einer Maturaklasse stellen sich den Fragen von Moderator Armin Assinger und haben die Chance auf 100 000 Euro. ______

**22.15 PRO 7** **COMET**
Musikshow. Die deutsche Musikszene boomt. Wer gewinnt den diesjährigen Musikpreis? ______

**23.00 SWR** **Nachtcafé**
Talkshow. Thema: Gibt es Liebe auf den ersten Blick? ______

**D** ?

**18.00 VOX** **Die Tier-Nanny**
Doku-Soap. Hund Benny muss sein neues Frauchen akzeptieren. Wie kann Tierpsychologin Katja helfen? ______

**18.15 PRO 7** **18 – Allein unter Mädchen**
Comedyserie. 10 neue Folgen rund um die vier Jungs und ihr Leben im Mädcheninternat. ______

**19.15 Sat 1** **Verliebt in Berlin**
Telenovela. Nun ist Lisa der Boss – doch sie fühlt sich allein. ______

**b** Lies das Programm genauer. Was für Sendungen gibt es unter den Überschriften?

*Shows: Talkshow, …*

**c** Was möchtet ihr sehen? Diskutiert und entscheidet euch für zwei Sendungen.

- *Ich möchte um … … sehen. Das finde ich toll / interessant / spannend.*
- *Das finde ich nicht so gut / langweilig / öde. Ich möchte lieber … gucken.*
- *… ist bestimmt interessanter / lustiger / spannender!*
- *Ich mag aber (keine) Shows / Liebesfilme / Magazine / …*
- *Na gut, dann gucken wir zuerst … und dann … / Du hast Recht.*

## 3 Was für ein toller Fernsehabend!

**a** Was für eine Sendung läuft heute? Sieh dir die Fotos an.

Natur-Doku • Nachrichtensendung • Castingshow • Werbung • Actionfilm • Sportreportage

### Fragen mit *was für ein(e)*?
La question avec *was für ein(e)*?

**Fragen mit *was für ein(e)*?**

- **Was für ein** Film ist das?
- Ein Actionfilm.
- **Was für einen** Film siehst du?
- Einen Tierfilm.
- **Was für ein** Magazin beginnt um 20 Uhr?
- Ein Jugendmagazin.
- **Was für eine** Serie ist …?
- Eine Comedyserie.
- **Was für** Sendungen magst du?
- Natur-Dokus.

**AB**: 5, 6, 7

39 **b** Hör bitte zu. Welche Sendung hörst du?
Achte auf die Sprechweise, die Effekte oder die Musik. Das hilft beim Erkennen.

| Situation | 1 | 2 | 3 | 4 | 5 | 6 |
|---|---|---|---|---|---|---|
| Sendung | ? | ? | ? | ? | ? | ? |

## 4 Was guckst du gern?

Sprich über deine Interessen. Die Fragen helfen dir.

- *Was für Sendungen siehst du am liebsten?*
- *Was für einen Film hast du zuletzt gesehen?*
- *Was für eine Musik findest du gut?*
- *Was für ein Thema interessiert dich?*
- *…*

## 5 Sprechtraining: lange und kurze Vokale

**a** Zapp dich schnell durchs Programm. Such und sprich zuerst alle Wörter mit kurzem Vokal und dann alle Wörter mit langem Vokal.

Film • Musik • Sport • Natur • Nachrichten • Serie • Technik • Spielfilm • Werbung • Magazin

40 **b** Ist deine Lösung richtig? Hör bitte zu und sprich nach.

**c** Kombiniere die Nomen mit den folgenden Verben.

sehen • hören • machen • finden • mögen

*Ich sehe viele Serien.*

*Ich höre meine Lieblingsmusik.*

# Stargeschichten

## 6 Das Autogramm

**a** Lies die Fotogeschichte und die Texte unten. Welcher Text passt zu welchem Foto? Ordne bitte zu.

**A** Maja und ihr Bruder stehen in der Warteschlange. Maja ist sehr nervös und Ralf gibt auch noch blöde Tipps!

**B** Plötzlich steht Robin Eisner, der Schauspieler vor Maja. Er ist total nett. Maja bekommt doch noch ein Autogramm und sogar ein gemeinsames Foto!

**C** Maja sieht gerade ihre Lieblingsserie. Ihr Bruder Ralf findet die total kitschig und möchte umschalten.

**D** Maja wird rot und läuft weg. Warum war Ralf so gemein?

**E** In der Zeitung steht, dass die Stars aus Majas Lieblingsserie eine Autogrammstunde im Park geben. Maja möchte unbedingt ein Autogramm.

**F** Endlich stehen sie vor Majas Superstar, aber was sagt ihm Ralf da bloß?

**b** Welche Eigenschaften passen zu Maja, Ralf und dem Star? Ordnet sie zu.

ängstlich ○ freundlich ○ gemein ○ cool ○ hilfsbereit ○ glücklich ○ verliebt ○ erschrocken ○ doof ○ traurig ○ eifersüchtig ○ nervös ○ berühmt ○ (un)sympathisch ○ erfolgreich ○ begeistert ○ kitschig ○ nett ○ …

**c** Sprecht über die Geschichte.

- *Ich finde, dass Ralf / Maja / der Star … ist.*
- *Meiner Meinung nach ist …*
- *Ich denke, dass … nicht gleich so … sein muss.*
- *Ich kann nicht verstehen / gut verstehen, dass …*

## 7 Fans

**a** Welche Angaben in der Tabelle passen zu welcher Person?

Seal und Heidi Klum

Hermann Maier

| | maskulin: der / den | neutral: das | feminin: die | Plural: die |
|---|---|---|---|---|
| Nom. | … ist ein österreichischer Sportler / ein englischer Sänger | … ist ein deutsches Supermodel | … ist eine wunderschöne Frau … | sind sympathische Stars |
| Akk. | … hatte einen schweren Unfall | … hatte ein großes Ziel … hat ein freundliches Lächeln | … hat eine ruhige Stimme | … hatte viele wichtige Schirennen … hat drei kleine Kinder |

### Adjektivdeklination (1)
**La déclinaison de l'adjectif (1)**

**maskulin**
Nom.
der Fan
ein großer Fan
Akk.
den Fan
einen großen Fan

**neutral**
Nom. / Akk.
das Programm
ein tolles Programm

**feminin**
Nom. / Akk.
die Serie
eine coole Serie

**Plural**
Nom. / Akk.
die Stars
internationale Stars

➔ **AB**: 8, 9, 10, 11

41 **b** Hör zu und vergleich deine Lösung mit den Aussagen der zwei Jugendlichen.

**c** Fass noch einmal zusammen. Die Angaben in der Tabelle helfen dir.

*Sebastians / Petras Lieblingsstar ist …*
*Er / Sie bewundert / mag … / findet … toll, weil …*
*Sein / Ihr Star ist / möchte / hat …*

## 8 Du und dein Star

Hast du auch einen Lieblingsstar? Erzähl bitte.

*Ich sammle alles von …*

*Ich bin ein großer Fan von …*

# Bist du online?

## 9 Meine Homepage

**a** Lies Fabians Homepage. Was erfährst du über ihn? Stell ihn kurz vor.

Adresse: www.fabianswelt.com

Hi! Willkommen auf meiner Homepage!!

- HOME
- FOTOGALERIE
- MEINE FREUNDE
- FANSEITE
- GÄSTEBUCH
- LINKS
- HUMOR
- FRAGEN & ANTWORTEN

**Das bin ich:**

**Fabian Wallner**

*17 Jahre*
*2 Schwestern*
*1 Hund*
*geboren in Hannover*

*Wohnort: Köln*
*Schule: Erich-Kästner-Gymnasium*
*Fanclub: Hannover Scorpions (Eishockey)*
*Musik: Die Toten Hosen*
*E-Mail: fab.waldo@aol.com*

**b** Welchen Button klickst du an, damit du die Textausschnitte findest? Ordne bitte zu.

**A** **Hi, Fabian,** deine Homepage ist echt cool! Am besten gefällt mir dein Eishockeyhelm ;-)) Lisa

**B** Das Konzert am Mittwoch war total super. Wir haben gesungen und gerockt, so laut wir nur konnten. Aber seht euch die Fotos selbst an.

**C** **Ricky:** Habe auf meinem PC das Programm „Cool-DVD" installiert. Ich kann den Film starten, höre die Musik, sehe aber kein Bild. Was ist los??
**Der Boss:** Du musst noch das Programm „Multi-X" aus dem Internet downloaden. Bei mir hat's dann funktioniert.

**D** Fünf Spiele – fünf Siege – die Scorpions sind einfach super. Wir sind auf dem Weg zum Meistertitel!!!

**E** ***Wie erkennst du, dass dein Computer zu alt ist?***
Deine E-Mails brauchen 10 Tage und eine Briefmarke.

## 10 Rund um den Computer

Ordne die Wörter dem Foto zu.

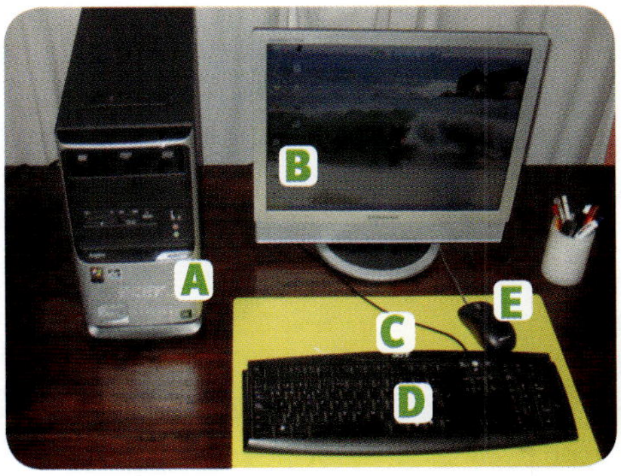


der Bildschirm ○ die Tastatur ○ die Taste ○ die Maus ○ der Startknopf

### Verben und Nomen
**Les verbes et les noms**

fragen ○ die Frage
antworten ○ die Antwort
lösen ○ die Lösung
helfen ○ die Hilfe
reparieren ○ die Reparatur
anrufen ○ der Anruf
downloaden ○ der Download

AB: 13

## 11 Hier ist die Computer-Hotline

42

**a** Hör die Telefongespräche. Wer hat welches Problem?

| Roman | Silke | Oma | |
|---|---|---|---|
| ? | ? | ? | muss den Computer immer neu starten. |
| ? | ? | ? | möchte Fotos verschicken. |
| ? | ? | ? | möchte schneller etwas aus dem Internet downloaden. |
| ? | ? | ? | muss mit der Maus auf ein Foto klicken. |
| ? | ? | ? | möchte telefonieren und im Internet surfen. |
| ? | ? | ? | möchte den Computer wegwerfen. |

**b** Hör noch einmal. Zu welchem Gespräch gehören die Textausschnitte?

1. *Ich brauche deine Hilfe.* ○ *Wie kann ich dir helfen?*
2. *Es kann mich niemand anrufen.* ○ *Die Leitung bleibt auch frei für Anrufe.*
3. *Kann man dieses Problem lösen?* ○ *Wir finden sicher eine Lösung.*
4. *Kann man den noch reparieren?* ○ *Ich glaube nicht, dass die Reparatur schwierig ist.*
5. *Downloads dauern sehr lange.* ○ *Du kannst schneller downloaden.*

## 12 Wofür nutzt du den Computer?

Sprich mit deinem Partner/deiner Partnerin.

*Ich nutze den Computer …*

zum Suchen von Infos im Internet

zum Lernen mit Lernprogrammen auf CD-ROM

zum Surfen, Chatten und Mailen

zum Malen und Zeichnen

zum Spielen

zum Rechnen

zum Schreiben von Texten und Briefen

# IM TEAM-Magazin

**der Erfinder, die Erfinderin**
l'inventeur
**aus Metall gießen**
couler en métal
**die Letter**
la lettre d'imprimerie
**zusammen setzen**
mettre ensemble
**drucken**
imprimer
**die Erfindung**
l'invention
**wahrscheinlich**
vraisemblablement
**das vollelektronische Fernseh-Signal**
le signal de télévision entièrement électronique

## Eine kleine deutsche Mediengeschichte

Beim Frühstück hörst du Frühstücksradio. Auf dem Weg zur Schule kaufst du dir eine aktuelle Zeitschrift am Kiosk. Im Bus klingeln Handys. In der Schule hast du Informatikunterricht im Computerlabor. Am Nachmittag chattest du mit Freunden. Deine Großmutter hat dir eine E-Mail geschrieben. Du suchst Informationen für deine Hausaufgaben im Internet. Am Abend siehst du dir eine englische Serie im Fernsehen an. Um 20:00 Uhr bekommst du eine SMS von deinen besten Freunden, sie warten im Café. Ein normaler Freitag. Noch vor 100 Jahren war das nicht normal. Die Menschen hatten kein Radio, keinen Fernseher, keinen Computer und keine Handys. Die modernen Medien haben viele Väter. Medien-Erfinder aus Deutschland sind zum Beispiel Johannes Gutenberg (1400–1468), Manfred von Ardenne (1907–1997) und Konrad Zuse (1910–1995).

**15. Jahrhundert**

### Johannes Gutenberg - Bücher für alle

Bis zum 15. Jahrhundert braucht man für jedes Buch viel Zeit, viel Geduld und viel Geld. Bücher sind für die Elite. Dann hat Johannes Gutenberg, ein junger Mann aus Mainz, seine Idee: Man gießt für jeden Buchstaben viele Buchstaben aus Metall. Man nimmt die Buchstaben aus Metall – die Lettern – und setzt sie zu einem Text zusammen. Man druckt viele Seiten. Ist man fertig, benutzt man die Lettern für einen neuen Text. Das ist billiger und einfacher. Man kann jetzt ohne Probleme viele Bücher drucken. Nun heißt es: Bücher für alle. Die Massenmedien sind geboren.

**20. Jahrhundert**

### Manfred von Ardenne – Kino zu Hause

Manfred von Ardenne aus Hamburg war ein deutscher Erfinder. Manfred von Ardenne hat nie sein Abitur gemacht, aber 600 Erfindungen. Weihnachten 1930 schickt er das erste vollelektronische Fernseh-Signal in die Welt. Das Fernsehen ist geboren. Kannst du dir heute ein Leben ohne Fernseher vorstellen?

### Konrad Zuse – der Vater des Computers

Habt ihr einen Computer zu Hause? Wahrscheinlich. Computer sind jedes Jahr kleiner, schneller, besser. Der erste Computer, der Z3 war 1000 Kilo schwer und konnte sich 64 Zahlen merken. Sein Vater Konrad Zuse hat den Z3 am 12. Mai 1941 vorgestellt und Geschichte gemacht.

▸ Was für Erfindungen gibt es noch? Kennst du die Erfinder? Kennst du andere Erfinder?

## Die Chatsprache: hdl gn8 bb *wink* :-*

Im Internet kannst du mit Freunden aus aller Welt kommunizieren. Du kannst dich auf einer eigenen Website vorstellen. Du kannst E-Mails schreiben. Es gibt elektronische Tagebücher – die Blogs. Und im Chatroom kannst du dich wie im Café unterhalten. Im Chatroom redet man nicht, man chattet. Die Chatsprache hat ein paar eigene Regeln.

REGEL Nr. 1: Kurz ist gut.
Du möchtest viel erzählen, aber du musst alles tippen. Das ist schwierig. Deshalb ist im Chat alles erlaubt, was die Schreibzeit kürzer macht: Abkürzungen, Emoticons, Verben im Infinitiv ... Sogar Fehler darfst du machen.

REGEL Nr. 2: Erlaubt ist, was wir verstehen.
Es gibt im Chat keine Rechtschreibregeln. Aber: Du siehst die anderen Chatter nicht und sie sehen dich nicht. Denk an deinen Chatpartner: „csguyfa32458r i2" bedeutet auch für Chatter nichts. ;-)

Es gibt praktische Abkürzungen. Hier eine kleine Liste.

sry = sorry, Entschuldigung
ok = einverstanden
RUMIA = Ruf mich an
vllt = vielleicht
*g* = grins
mMn = meiner Meinung nach
hdl = hab dich lieb
gn8 = Gute Nacht
eig. = eigentlich

8UNG = Achtung
bb = bis bald
ds = danke schön
kA = keine Ahnung, Ich weiß nicht
kP = kein Problem
mom = Moment
N& = na und?
*wink = auf Wiedersehen
:-* = Küsschen

**tippen**
tapper
**grinsen**
ricaner
**das Küsschen,**
***Pl.* Küsschen**
le bisou

IM TEAM

Nous concevons la page d'accueil de notre classe.

**Dazu brauchen wir ...**

- einen PC und Internet
- Fotos von der Klasse und von euch
- Papier und Stifte

### Unsere Homepage

Nous créons en groupe une page d'accueil et sélectionnons le plus beau projet.

**a** Formez des groupes de quatre. Regardez des sites d'acteurs ou de groupes pour rassembler des idées.
**b** Décidez des sujets que vous voulez aborder sur le site : la personnalité de chaque élève, les loisirs, votre école, votre ville ...
**c** Faites un schéma de la construction du site et écrivez des ébauches de textes.
**d** Réfléchissez aussi aux symboles et aux couleurs que vous voulez utiliser.
**e** Présentez votre projet aux autres. Lequel trouvez-vous le plus beau ?

# Tu was für die Umwelt!

**1 Umweltprojekte**

**a** Welche Überschrift aus der Schülerzeitung passt zu welchem Foto? Ordne bitte zu.

| Überschrift | A | B | C | D |
|---|---|---|---|---|
| Foto | ? | ? | ? | ? |

1

**A** *Die 9b verbringt eine Nacht in der Natur*

2

**B** **Jugendliche engagieren sich für einen sauberen See**

**C** Beim Wettbewerb „Kunst aus Müll“ 98 Teilnehmer!

**D** Schüler demonstrieren für aktiven Umweltschutz

**b** Was fällt euch zu den Fotos ein? Sammelt Wörter und Ausdrücke.

**IM TEAM**

À la fin de cette leçon, nous allons élaborer la liste des objets que nous jetons le plus souvent à la poubelle.

**Nous allons apprendre à :**

- nommer les matériaux et emballages
- parler des projets pour l'environnement
- comprendre un bulletin météo
- parler du temps

**Et nous allons utiliser :**

- la déclinaison de l'adjectif avec l'article défini
- les verbes impersonnels avec *es*
- le verbe *werden*

# Aktion sauberer See

## 2 Engagement für einen sauberen See

**a** Lies die Überschrift. Sieh dir das Foto an. Was glaubst du: Worum geht es in dem Zeitungsartikel?

**b** Lies jetzt den Text. Stimmen deine Hypothesen? Welche Informationen findest du noch im Text?

### *Jugendliche Taucher holen Müll aus dem See*

**Die Gemeinde Kuchl, besonders Bürgermeister Andreas Wimmer und der Jugendbeauftragte Gerhard Brandauer, ist mit dem Engagement der Kuchler Jugendlichen sehr zufrieden:**

In diesem Sommer haben die fleißigen Jugendlichen eine große Menge teilweise gefährlichen Müll aus unserem Badesee gefischt. Auf dem Bild rechts sieht man die jungen Umweltschützer mit ihrem Tauchfund.

Die leeren Glasflaschen, die verrosteten Dosen, der alte Eimer aus Plastik, das kaputte Paddel aus Holz, der löchrige Wasserball, das dicke Sparschwein aus Porzellan, die alten Geldstücke, die lange Silberkette, der rote Ohrring, das grüne Handtuch, die schwarze Sonnenbrille waren alle nah am Ufer. Sie waren für die Badegäste eine echte Gefahr! Wir danken Wolfgang Brandauer, Laurenz Ramsl, Lukas Seiwald und Thomas Steinwender ganz herzlich für ihr Engagement!

**c** Fasst den Inhalt für eine kurze Radiomeldung zusammen und lest sie vor.

```
Sehr geehrte
Hörerinnen und Hörer!
In Kuchl haben vier
Jugendliche ...
```

## 3 Der Tauchfund

Was war im See? Such die zusammenpassenden Wörter und zähl die Gegenstände noch einmal auf.

*die lange Silberkette, …*

Was?
die Silberkette • das Handtuch • das Paddel • der Ohrring • der Wasserball • der Eimer • die Sonnenbrille • das Sparschwein • die Dosen • die Geldstücke • die Flaschen

Wie?
leer • grün • alt • dick • rot • lang • schwarz • kaputt • löchrig • verrostet

## 4 Die Umweltschützer erzählen

46

**a** Hör das Interview mit den Jugendlichen. Wer hat was gefunden? Notiere bitte.

*Wolfgang: den löchrigen Wasserball, …*
*Laurenz:*
*Lukas:*
*Thomas:*

**b** Vergleicht eure Lösung.

*Wolfgang hat den löchrigen Wasserball gefunden.*

## 5 Der saubere See

Die Jugendlichen haben eine Fotoshow zusammengestellt. Was gehört deiner Meinung nach in den See, was nicht?

*… gehört / gehören nicht in den See.*

### Adjektivdeklination (2)
**La déclinaison de l'adjectif (2)**

**maskulin**
Nom.
der Ohrring
der rote Ohrring
Akk.
den Ohrring
den roten Ohrring

**neutral**
Nom. / Akk.
das Handtuch
das grüne Handtuch

**feminin**
Nom. / Akk.
die Kette
die lange Kette

**Plural**
Nom. / Akk.
die Flaschen
die bunten Flaschen

➔ **AB**: 7, 8, 9, 10

### Materialien
**Les matières et les matériaux**

die Flaschen **aus** Glas
der Eimer **aus** Plastik
das Sparschwein **aus** Porzellan
das Paddel **aus** Holz
die Kette **aus** Silber

die Glasflaschen
der Plastikeimer
das Porzellanschwein
das Holzpaddel
die Silberkette

➔ **AB**: 3

# Natur erleben

## 6 Umweltaktionen in der Schule

Welche Aktion kann man in welcher Jahreszeit machen? Ordne bitte die Zettel zu.

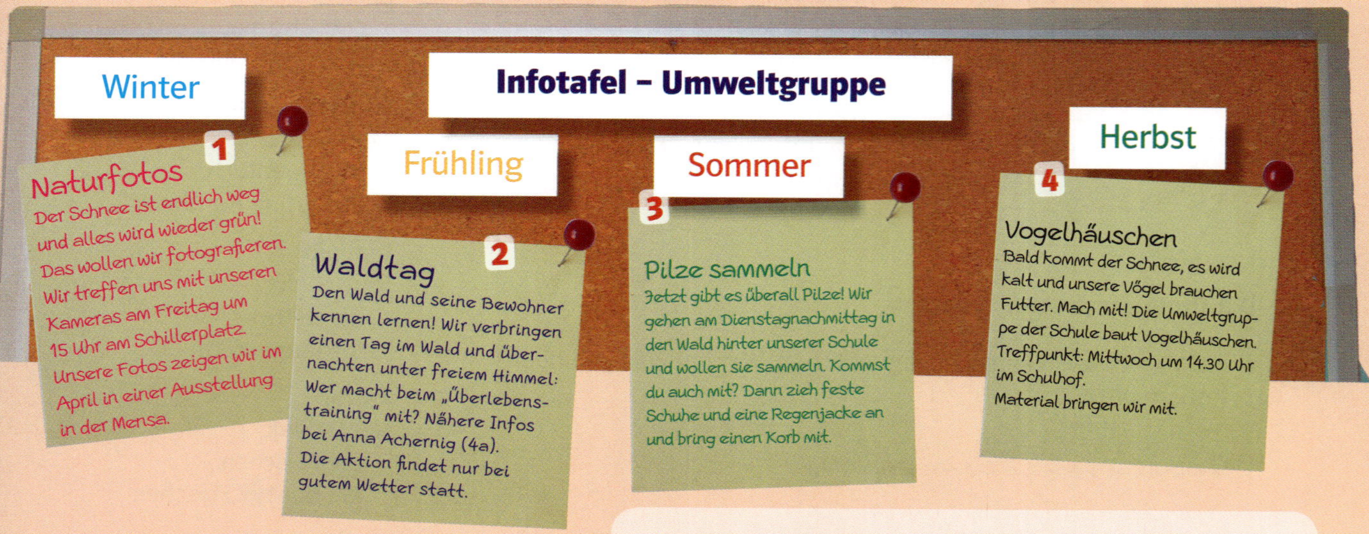


- *Den Waldtag organisiert die Umweltgruppe im Sommer, weil …*
- *Vogelhäuschen kann man …*

## 7 Natur bei jedem Wetter

Welchen Gegenstand brauchst du bei welchem Wetter? Formuliere Sätze.

- *Bei Regen brauche ich …*

## 8 Wetterbericht in der Zeitung

**a** Lies die Wetterberichte und ordne die Symbole zu.

A

B

C

**1**
Morgens ist es stark bewölkt. Nachmittags regnet oder schneit es. Der Wind weht schwach bis mäßig. Die Tiefsttemperaturen in der Nacht liegen bei minus 3 und plus 2 Grad. Tagsüber steigen die Temperaturen dann auf 5 Grad.

**2**
Am frühen Morgen ist es noch kühl, stellenweise auch neblig. Tagsüber wird es dann wärmer und die Sonne scheint. Nur in den Abendstunden kann es regnen. Frühtemperaturen 3 bis 5 Grad, Tageshöchsttemperaturen 4 bis 9 Grad.

**3**
Morgen ist es wieder sonnig und warm. Es ist windstill und die Temperaturen steigen auf 24 bis 26 Grad. Auch in der Nacht bleibt es mild. Die Temperaturen sinken auf maximal 15 Grad.

**b** Welcher Wetterbericht ist für den Waldtag ideal? Begründe bitte deine Entscheidung.

**Wetter**
**Le temps, la météo**

**Es** ist
sonnig ↔ bewölkt
mild ↔ kühl
warm ↔ kalt
neblig ↔ klar
windig ↔ windstill
wechselhaft

**Es** wird wärmer / kühler.

**Es** regnet.
**Es** schneit.
Die Sonne scheint.
Der Wind weht.

**Es** sind … Grad.
Die Temperatur
sinkt ↔ steigt.

➔ **AB**: 11, 12, 13, 14, 15, 16

## 9 Wetterbericht im Radio

47

Was sagt das Radio? Hör den Wetterbericht für den Waldtag. Vergleiche und ergänze die Informationen.

Es wird …
Die Tagestemperaturen:
Die Nachttemperaturen:

## 10 Aprilwetter

**a** Spielt kleine Dialoge passend zu den Symbolen.

1

2

3

4

- Guck mal, die Sonne scheint! Wollen wir …?
- Aber es ist doch so …! / Bei dem Wetter?
- Zieh doch … an! / Nimm doch … mit!

**b** Erfindet selbst Wetterprognosen.

# Müll und Kunst

## 11 Kunst aus Müll

**a** Lies den Artikel und such alle Wörter zum Thema Müll und Kunst. Damit sortierst du alle wichtigen Wörter zu den zentralen Begriffen.

### In Chemnitz machen Künstler Kunst aus Müll

(Chemnitz) – Müllkünstler Leon Schmidt (27) konstruiert aus altem Spielzeug und anderen Abfallprodukten neue, interessante Kunstwerke. Dafür hat er von der Stadt ein Stipendium bekommen: Bei dem Projekt „Kunst aus Müll“ können Künstler drei Monate lang auf der Chemnitzer Müllhalde Material für ihre Kunstwerke suchen. Sie bekommen 1500 Euro pro Monat und ein großes Atelier im Stadtzentrum. Am Ende der Müllsammelaktion zeigt die Stadt die Kunstwerke in einer großen Ausstellung.

Der junge Künstler beschreibt das aufregende Erlebnis so: „Man muss genau hingucken, das richtige Material schnell finden und sich sofort entscheiden. An heißen Tagen stinkt es hier ziemlich! Dicke Arbeitshandschuhe, ein Helm und feste Schuhe gehören zu meiner Ausrüstung.“

„Auf diese Art wollen wir die Menschen zum Recyceln motivieren und so den Müllberg verkleinern“, erklärt Dorothea Schrittesser, die engagierte Projektleiterin. „Vor allem Kinder und Jugendliche finden die Kunstwerke aus den alten Sachen originell“, sagt Frau Schrittesser. Regelmäßig führt sie Schulklassen und auch Erwachsene durch die Ausstellung.

Seit dem Beginn der Aktion in den 90er Jahren haben über 25 Künstler, darunter Bildhauer, Maler und Videokünstler, Müll zu Kunst gemacht.

„Es ist einfach unglaublich, was die Leute alles wegwerfen! Computer, Fernseher, Waschmaschinen ... und vieles funktioniert noch!“, berichtet Schmidt. Der Künstler erklärt, dass er von der Aktion doppelt profitiert hat: „Ich habe bei der Aktion richtig gute Möbel für meine neue Wohnung gefunden: ein rotes Ledersofa, einen alten Holzspiegel und eine elegante Wohnzimmerlampe.“

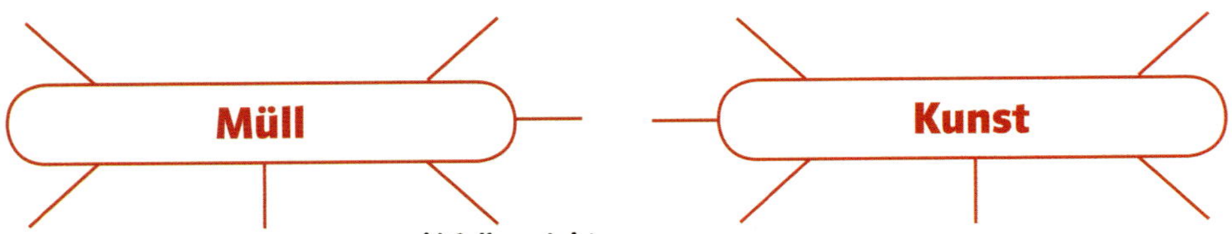


**b** Lies den Text Absatz für Absatz. Welcher Satz passt zu welchem Absatz? Gib die Zeilen an.

| | |
|---|---|
| 1. Auf der Müllhalde kann man viele Sachen finden. | Zeile ... – .... |
| 2. Die Stadt hilft Künstlern bei dem Projekt „Kunst aus Müll“. | |
| 3. Viele Künstler machen aus Abfallprodukten Kunstwerke. | |
| 4. Jugendliche und Erwachsene besuchen die originelle Ausstellung. | |
| 5. Die Suche auf der Müllhalde ist nicht leicht. | |

## 12 Wettbewerb: „Wir werden Müllkünstler"

49

**a** Hör bitte zu. Was haben die Schüler des Helene-Lange-Gymnasiums zum Thema „Müll" organisiert? Wähl aus.

**Workshop: Kunstwerke aus Müll**

1

2

**Müllmodenschau**

3

**Ausstellung: Umweltschutz und Recycling**

**Das Verb *werden***
**Le verbe *werden***

Ich **werde** Müllkünstler.
**Werdet** auch Müllkünstler!

Aus dem … **wird** ein …
Aus … **werden** …

ich werde
du **wirst**
er / es / sie **wird**
wir werden
ihr werdet
sie werden

➔ **AB**: 19

**b** Hör noch einmal. Was wird aus dem Müll? Ergänze bitte die Sätze.

Aus dem Müllsack wird ein ?
Aus den Milchtüten wird ein ?
Aus den Korken wird eine ?
Aus den Telefonkarten wird ein ?
Aus Alufolie und Zeitungspapier wird ein ?
Aus den Tomatendosen werden ?
Aus den Jogurtbechern wird ein ?

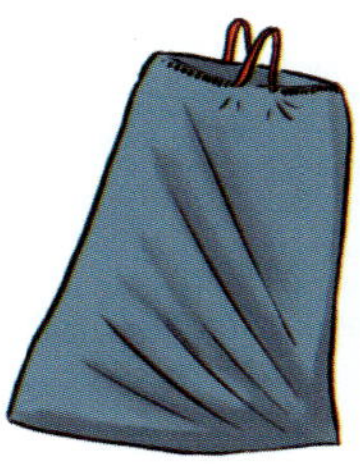

**c** Was kann man noch aus Müll machen? Sammelt Ideen.

## 13 Sprechtraining: lange und kurze Vokale

50

**a** Hör bitte zu und achte auf die markierten Vokale in den Adjektiven und Nomen.

das alte Sparschwein • das lange Paddel • die dicke Silberkette
der schöne Löffel • die leere Mehltüte • das schwarze Handtuch
die volle Dose • die schicken Stiefel • der grüne Schlüssel

**b** Hör noch einmal und sortiere die Wortgruppen in einer Tabelle. Lies alles vor und betone immer das Nomen. *das alte SPARSCHWEIN*

| Die Vokale klingen | |
|---|---|
| gleich | nicht gleich |

## Richtig Recyceln

In Deutschland gibt es keinen normalen Müll. Der Deutsche recycelt. Das alte Obst und Gemüse gehört in den Biomüll, Papier in die blaue Tonne, Plastik in den gelben Müllsack und Kleidung in die Altkleidersammlung ... Ganz schön kompliziert. Hier eine kleine Recyclinghilfe.

**die Tonne**, *Pl.* **Tonnen**
la tonne
**die Verpackung**, *Pl.* **Verpackungen**
l'emballage
**das Pfand**
la consigne

*Der blaue Engel* ist ein Symbol für den Umweltschutz. Schulhefte aus Altpapier zeigen den blauen Engel.

In *die blaue Tonne* wirft man das Altpapier, also Schulhefte, Zeitungen und Zeitschriften. Achtung: In manchen Städten ist die blaue Tonne grün.

In *den gelben Sack* gehören Verpackungen aus Metall und Plastik wie Alupapier, Dosen, Milchtüten und Joghurtbecher.

*Der grüne Punkt* ist ein bekanntes Recycling-Symbol. Alle Verpackungen mit dem grünen Punkt gehören in den gelben Sack.

Was heißt *Pfand nehmen*? Du kaufst eine Flasche Wasser, bezahlst aber 15 Cent mehr. Der Supermarkt nimmt ein Pfand für die Flasche. Bringst du die leere Flasche zurück in den Supermarkt, bekommst du die 15 Cent zurück. In Deutschland nimmt man Pfand für Flaschen, Gläser, Dosen und Plastikflaschen.

▸ Und wie ist es bei euch? Recyceln die Franzosen gerne? Diskutiert in der Klasse!

## Heiter bis bewölkt – Das Wetter in den DACH-Ländern

**heiter**
clair
**zeitweise**
par intermittence
**die Hitze**
la chaleur

*Heiter bis bewölkt, zeitweise Regen* ... diese Wetterprognose ist in Deutschland, in Österreich und in der Schweiz immer richtig. Das Wetter in den DACH-Ländern ist wechselhaft. Deshalb kann man auch immer über das Wetter reden. Das Lieblingsthema ist das schlechte Wetter. Und eigentlich gibt es nur schlechtes Wetter. Die Sonne scheint und die Temperaturen steigen auf 30 Grad: Es ist heiß, die Pflanzen werden gelb, wir sprechen von *Affenhitze* und können nicht schlafen. Es regnet: Wir sind müde und schicken nicht einmal unseren Hund vor die Tür – *Sauwetter*. Weihnachten ohne Schnee ist doof. Ostern mit Schnee ist nicht normal ... Gibt es auch schönes Wetter? Oma sagt: Es gibt kein schlechtes Wetter, es gibt nur die falsche Kleidung. Also rein in den Regenmantel und die Gummistiefel und raus in den Regen. Vielleicht scheint in zehn Minuten die Sonne wieder und es wird wärmer.

Gummistiefel

Hund mit Regenmantel

▸ Was bedeuten die Wörter *Affenhitze* und *Sauwetter*? Suche im Wörterbuch.
▸ Wähle einen deutschsprachigen Ort. Suche einen aktuellen Wetterbericht für den Ort (z.B. auf **www.wetter.de** oder **www.wetterbericht.de**).

# Aus alt mach neu: Die Freitag-Tasche

Zürich 1993: Die Brüder Markus und Daniel Freitag brauchen eine neue Tasche. Markus und Daniel sind Graphikdesigner. Sie fahren jeden Tag Fahrrad und in Zürich regnet es oft. Die Brüder wollen nicht, dass ihre Zeichnungen nass werden. Vor ihrer Wohnung gibt es einen großen LKW-Parkplatz. Dort liegt viel Material. LKW-Planen, Airbags, Gummischläuche, Sitzgurte. Aus diesem Material konstruieren die Freitag-Brüder eine Regentasche. Die FREITAG-Tasche ist geboren. Die Recycling-Tasche wird ein Hit. Man kann sie heute auf der ganzen Welt kaufen.

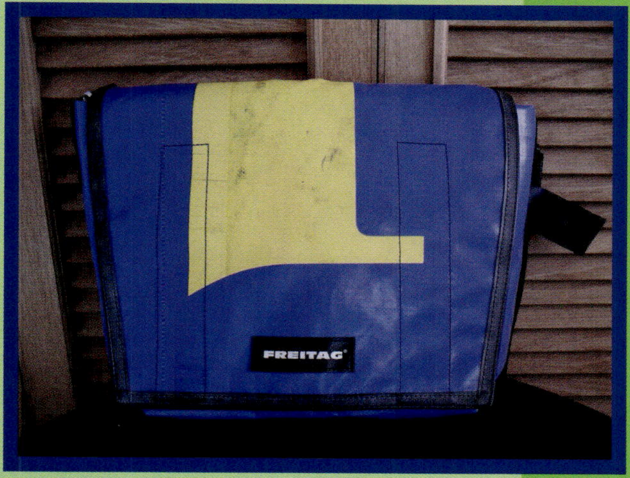


▸ Kennst du andere Recycling-Produkte? Hast du auch eine Idee für ein Recycling-Produkt?

**der LKW-Parkplatz**
le parking réservé aux poids-lourd
**die LKW-Plane**
la bâche de camion
**der Gummischlauch**
le tuyau en caoutchouc
**der Sitzgurt**
la ceinture de sécurité

**IM TEAM**

Nous élaborons la liste des objets que nous jetons le plus souvent à la poubelle.

**Dazu brauchen wir ...**

- Papier und Stifte
- Broschüren, Fotos, Zeitschriften
- festes Papier für Plakate
- Schere und Klebstoff
- Verpackungen, Dosen, Papiermüll ...

### Unsere Müll-Ranking-Liste

Chacun observe pendant une journée ce qu'il jette à la poubelle et fait sa liste personnelle. Puis, en classe vous faites une liste commune de objets que vous avez le plus jetés et vous la présentez.

**a** Formez des équipes et rassemblez vos informations, puis établissez une seule liste.
**b** Fabriquez une grande affiche sur laquelle vous pouvez aussi coller des photos, des emballages, des boites de conserve etc.
**c** Présentez en alternance la liste et réfléchissez ensemble comment on pourrait mettre moins de choses dans cette poubelle.

# LEKTION 18

# Familie – Feste – Feiern

**1 Heute feiern wir!**

**a** Welches Fest siehst du auf den Fotos?

Ostern • Silvester • Karneval • Geburtstag • Weihnachten • Hochzeit

A

B

C

D

**b** Welcher Text passt zu welchem Foto? Ordne bitte zu.

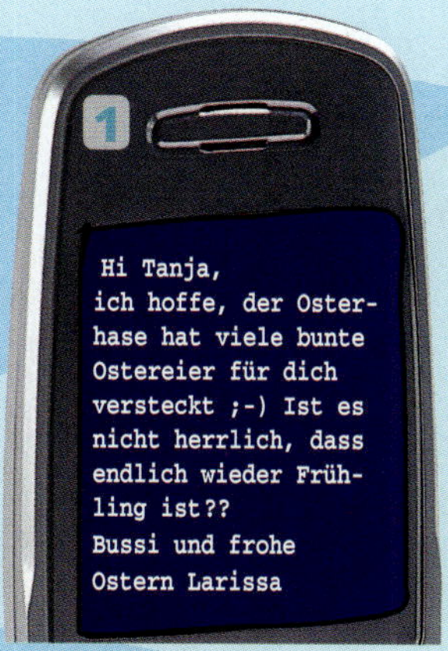

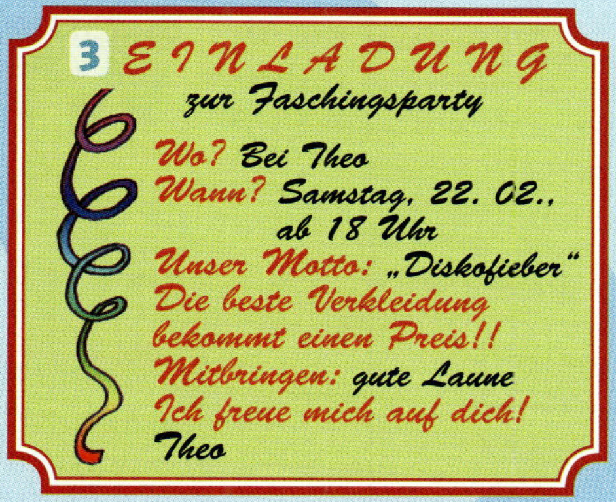


IM TEAM

À la fin de cette leçon, nous allons réaliser un roman-photo d'une fête de famille.

**Nous allons apprendre à :**

- décrire des fêtes
- prononcer des vœux de bonheur
- présenter les membres de la famille
- décrire la vie de famille
- écouter un texte plus long

**Et nous allons utiliser :**

- la proposition avec *wenn*
- *immer / nie ; jemand / niemand ; etwas, alles / nichts*

# Familienfeste

**2 Welches Fest magst du?**

Lies den Artikel aus der Schülerzeitung. Wer mag welches Fest?

- *... mag am liebsten / findet ... am schönsten.*
- *Sein / Ihr Lieblingsfest ist ..., weil ...*

## Familienfeste und andere Katastrophen?! Welches Fest findet ihr schön?

**Unsere große Umfrage**

Stella (15, 9c)

Ich liebe Weihnachten. Schon die Vorbereitungen finde ich so schön. Im Haus alles weihnachtlich schmücken und Plätzchen backen – so komme ich in Weihnachtsstimmung. Am Weihnachtsabend sitzen wir immer lange gemütlich zusammen. Und wenn am Weihnachtsbaum alle Kerzen brennen, dann bin ich echt glücklich. Natürlich freue ich mich auch über schöne Geschenke, aber das ist nicht so wichtig. Am 25. Dezember feiern wir dann mit allen Tanten, Onkeln und Cousins bei meinen Großeltern. Da ist vielleicht was los, wenn die ganze Familie zusammenkommt.

Kemal (17, 11a)

*Ich komme aus der Türkei und wir feiern Weihnachten und Ostern nicht. Aber die Stimmung hier in Stuttgart ist wirklich feierlich, wenn vor Weihnachten die ganze Stadt mit Lichterketten geschmückt ist. Auch der Weihnachtsmarkt gefällt mir sehr. Mein Lieblingsfest ist aber Silvester, das feiere ich meist zu Hause, aber ich darf auch Freunde einladen. Wir spielen, quatschen und haben Spaß. Wenn es um Mitternacht das große Feuerwerk gibt, stehen wir alle am Fenster und schauen zu. Wir wünschen uns dann ein gutes neues Jahr und verschenken Glücksbringer. Meine Eltern machen sich Sorgen, wenn ich mit meinen Freunden selbst ein Feuerwerk mache. Aber das macht ja gerade besonders viel Spaß!*

Ariane (16, 10b)

Ich mag diese großen Familienfeste nicht besonders. Man trifft sich doch nur, weil das eben so Tradition ist. Ich ärgere mich auch immer, wenn vor großen Festen alle von Geschäft zu Geschäft hetzen und möglichst viele Geschenke kaufen, – vor allem Weihnachten ist doch Stress pur! Ich finde es besser, wenn sich spontan etwas ergibt, mit Freunden Pizza essen oder ein gemütlicher Abend im Kino oder zu Hause. Aber meinen Geburtstag mag ich schon. Wir haben immer viel Spaß, wenn ich meine Freunde einlade und wir eine Party machen. Na ja, und der Geburtstagskuchen mit Kerzen darf dann auch nicht fehlen!

Kevin (14, 8d)

*Ich mag Karneval total gern. Na klar, ich komme ja auch aus Köln! Vor allem am letzten Wochenende im Karneval geht's rund, wenn die großen Umzüge stattfinden. Da muss man unbedingt dabei sein! Am Rosenmontag ist am meisten los. Wenn die „Narren" in ihren tollen Kostümen auf ihren super dekorierten Wagen durch die Stadt fahren, rufen sie „Alaaf" und werfen den Zuschauern Süßigkeiten zu. Das ist immer lustig. Natürlich sind auch die Zuschauer verkleidet. Meine Mutter hat immer ein wenig Angst, wenn so viele Leute unterwegs sind, aber für mich ist es nur ein einziger großer Spaß.*

## 3 Was ist typisch für dieses Fest?

**a** Lest die Texte in Aufgabe 1 und 2 noch einmal und notiert die passenden Wörter.

Weihnachten: schmücken, Weihnachtsmarkt …
Karneval:
Geburtstag:
Silvester:
Ostern:

**b** Feiert ihr diese Feste auch? Wie? Was fehlt in der Liste?

- Zu Weihnachten …
- An Silvester …
- Vor Ostern …

**c** Was ist für dich das schönste Fest? Warum?

## 4 Was ist schön an diesen Festen? Was magst du nicht?

**a** Zu welchem Fest passen die Sätze? Ordne bitte zu.

| Weihnachten | Silvester | Geburtstag | Karneval |
|---|---|---|---|
| ? | ? | ? | ? |

1. Meine Mutter hat immer ein wenig Angst, wenn so viele Leute unterwegs sind.
2. Da ist vielleicht was los, wenn die ganze Familie zusammenkommt.
3. Wir haben immer viel Spaß, wenn ich meine Freunde einlade und wir eine Party machen.
4. Vor allem am letzten Wochenende geht's rund, wenn die großen Umzüge stattfinden.
5. Meine Eltern machen sich Sorgen, wenn ich mit meinen Freunden selbst ein Feuerwerk mache.

**b** Sucht im Text in Aufgabe 2 weitere *wenn*-Sätze.

## 5 Wann seid ihr glücklich?

Notiert gemeinsam eure Ideen.

**Ich bin glücklich,**
wenn alle zusammen sind und nicht streiten,
wenn ich ein bisschen krank bin und meine Freunde mich besuchen,
wenn ich abends im Bett liege und im Wohnzimmer noch Leute sprechen,
wenn wir im Sommer draußen übernachten,
wenn im Winter Schnee fällt und die Welt ganz leise ist,
wenn ich den Schulgong höre und endlich Wochenende ist!!!

BAUKASTEN

### Temporalangaben
Les préposition de temps

**Wann?**
**zu / an** Weihnachten, Ostern, Silvester …
**an** meinem Geburtstag
**auf / bei** der Hochzeit

**vor** dem Fest
**nach** dem Fest

**AB**: 1, 2, 6, 7

### Nebensatz mit *wenn*
La proposition subordonnée avec *wenn*

Ich freue mich,
**wenn** am Weihnachtsbaum die Kerzen **brennen**.
**wenn** ich meine Freunde **einlade**.

**Wenn** ich Geburtstag **habe**, **mache** ich eine Party.

**AB**: 5, 8, 9

# Auf der Hochzeit

## 6 Eine Hochzeitseinladung

Lies die Einladung und finde die Informationen.

Wer? Wo? Wann? Was?

Katharina Steiner Robert Berger

laden zu ihrer Hochzeit ein

Die Trauung ist am 15. Mai, um 14 Uhr in der Kirche „Sankt Anna“.

Danach feiern wir im Restaurant „Seewirt“.

Adresse: Leipziger Straße 58, 03012 Cottbus

## 7 Hochzeitsfotos

**a** Maxi erzählt von der Hochzeit ihrer Kusine. Sie schickt auch Fotos. Welche Erklärung gehört zu welchem Foto?

Hallo, Cottbus, 23. Mai

wie geht's? Das letzte Mal wolltest du meine Familie besser kennen lernen. Und da gibt es jetzt eine gute Gelegenheit. Meine Kusine Katharina, die Tochter von Tante Johanna und Onkel Werner, hat geheiratet. Zuerst wollte ich gar nicht hingehen, ich habe gedacht, dass eine Hochzeit total langweilig ist, aber dann war's doch wirklich lustig. Ich habe ja gar nicht gewusst, dass unsere Familie so groß ist! Dort habe ich Verwandte getroffen, die ich noch nie gesehen habe. Aber schau dir doch die Fotos an, dann lernst du meine Familie gleich besser kennen!

Viel Spaß – deine Maxi

A

1 Das Fotografieren war nicht einfach, weil die Kinder immer weggerannt sind. Der Pfarrer war etwas nervös, weil er noch eine Trauung hatte.

B

2 Urgroßvater Walter (Omas Vater) ist mitten in Onkel Werners Rede eingeschlafen und hat sogar geschnarcht.

D

E

C

3 In der Kirche hat plötzlich das Handy von Sarah geklingelt. Meine arme Kusine wurde ganz rot. Total peinlich!

4 Braut und Bräutigam mit ihren neuen Schwiegereltern.

5 Die Blumenkinder waren meine Nichten Verena und Sophie (die Töchter von meiner Schwester Anja). Die sind süß, aber auch sehr anstrengend.

**b** Welches Familienmitglied findest du auf welchem Foto?

Schwiegertochter • Schwiegersohn • Nichte • Neffe • Schwager • Schwägerin • Cousin • Kusine • Schwiegermutter • Schwiegervater • Urgroßvater • Urgroßmutter

## 8 Gespräche bei der Hochzeitsfeier

**a** Hör bitte zu. Welche Familienmitglieder lernen sich kennen?

| Dialog 1 | Dialog 2 | Dialog 3 |
|---|---|---|
| Maxi + ? | ? + ? | ? + ? |

**b** Hört die Szenen noch einmal und spielt eine Vorstellungsszene.

## 9 Sprechtraining: R-Laute

**a** Hör genau zu. Welches „R" hört man nicht? Streich es durch.

Brautpaar.
Große Trauung
in der Kirche.
Ich höre den Pfarrer.
Traum.

grün
im Gras
farbige Ostereier suchen
der Frühling ist da
Wärme

**b** Versucht selbst ein Elfchen (Gedicht aus elf Wörtern) mit vielen R-Lauten zu schreiben. Die Wörter im Kasten helfen euch. Lest euer Gedicht dann vor.

Lichter • Feuerwerk • Silvester • Narren • Karneval • Kerze • Freund • Bruder • Schwester • Verwandte • Party • Geburtstag • Restaurant • Ringe • Stress • Katastrophe • Sommer • Winter

sich verkleiden • treffen • streiten • feiern • sich freuen • sprechen • rennen • verstecken

rund • gern • rot • froh • traurig • berühmt

### Meine Verwandten
Ma famille

die (Ur-)Großeltern
der Enkel / die Enkelin
der Sohn / die Tochter
der Schwager / die Schwägerin
der Schwiegersohn / die Schwiegertochter
der Schwiegervater / die Schwiegermutter
der Neffe / die Nichte
der Cousin / die Kusine

➲ **AB**: 10, 11

### Perfekt der Mischverben
Le parfait des verbes mixtes

er / es / sie weiß
er / es / sie **hat gewusst**

Sie **hat** nicht **gewusst**, dass ihre Familie so groß ist.

wissen – gewusst
denken – gedacht
bringen – gebracht
kennen – gekannt
rennen – gerannt
brennen – gebrannt

➲ **AB**: 12

# Geschwister & Co.

## 10 Deine Rolle in der Familie

der / die Älteste • das Sandwich-Kind • der / die Jüngste • das Einzelkind

Welche Beschreibung passt zu dir? Wähl aus und lies sie deinem Nachbarn vor.

***Jeder hat durch seine Geburt einen ganz bestimmten Platz in der Familie. Das hat seine guten und auch seine weniger guten Seiten. Wir von „Familie & Co." geben dir Tipps, wie du das Beste daraus machen kannst.***

**A** Du bist ? Das ist nicht immer leicht und manchmal bist du ein wenig eifersüchtig auf die Kleinen. Aber es ist auch schön, wenn du deinen Geschwistern helfen kannst, schließlich hat niemand so viel Erfahrung wie du!

**B** Wie fühlst du dich als ? ? Es ist doch schön, wenn niemand mehr deine Sachen wegnimmt. Deine großen Geschwister wissen alles besser und spielen den Chef? Mach dir nichts draus. Du findest bestimmt deinen Weg.

**C** Das Schöne: Es ist niemand da zum Streiten. Du stehst immer im Mittelpunkt und deine Eltern verwöhnen dich ein bisschen. Aber fühlst du dich als ? manchmal allein? Das musst du nicht! Du hast ja deine Freunde und vielleicht auch ein Lieblingstier …

**D** Einer älter, einer jünger und du mittendrin?? Ja, als ? hast du's oft nicht leicht. Du hast immer das Gefühl, dass du es allen recht machen musst. Aber es ist auch schön, weil du nie allein bist. Also: Mach dir keinen Stress und such etwas, was nur dir gehört!

## 11 Du und deine Familie

**a** Welcher Satz passt zu dir? Überleg dir, was du zu dem Thema sagen kannst.

- *Niemand nimmt mir meine Sachen weg.*
- *Ich bin nie allein.*
- *Niemand hat so viel Erfahrung wie ich.*
- *Ich habe keine Geschwister, aber das macht nichts.*
- *Ich habe immer das Gefühl, dass ich es allen recht machen muss.*
- *Meine Geschwister wissen immer alles besser.*
- *Ich stehe immer im Mittelpunkt.*
- *Es ist immer jemand für mich da.*
- *Ich bin nie eifersüchtig.*
- *Ich möchte immer etwas anderes machen als meine Geschwister.*

**b** Sucht in der Klasse andere Einzelkinder, Sandwich-Kinder usw. Setzt euch zusammen und tauscht eure Erfahrungen aus. Ein Gruppensprecher fasst das Ergebnis zusammen.

Bist du auch ein Einzelkind?

BAUKASTEN

## 12 Leben in der Großfamilie

56

**a** Hör die Einleitung des Interviews und füll den Steckbrief aus.

Name: **Florian Löschner**
Alter: ?
Klasse: ?
Geschwister: ?
Platz in der Familie: ?

**b** Was meint ihr: Wie ist Florians Leben? Sammelt eure Ideen. Das hilft beim Weiterhören.

### Negationswörter
**Les pronoms indéfinis et leur négation**

**Jemand** nimmt deine Sachen weg.
**Niemand** nimmt deine Sachen weg.

**Etwas** gehört nur dir.
**Nichts** gehört nur dir.

Deine Geschwister wissen **alles** besser.
Deine Geschwister wissen **nichts** besser.

Du bist **immer** allein.
Du bist **nie** allein.

➔ **AB**: 13, 14

57

**c** Hör das Interview. In welcher Reihenfolge kommen die Themen vor?

A Alltag in der Familie
B Urlaub
C Wohnsituation
D Vorteile und Nachteile
E Familienfeste
F Hausarbeit und Freizeit

**d** Hör das Interview in Abschnitten. Lies vorher die Sätze und entscheide beim Hören, was richtig ist.

Abschnitt 1 – 2

1. Es müssen sich immer zwei Kinder ein Zimmer teilen. ?
2. Florians kleiner Bruder nervt manchmal. ?

Abschnitt 3 – 4

3. Den Abend verbringt Florian meistens mit der Familie. ?
4. Er fährt am Samstag immer mit seinem Bruder auf den Markt. ?
5. Am Samstagabend spielt er oft Billard. ?

Abschnitt 5 – 6

6. Florians Familie hat noch nie Urlaub gemacht. ?
7. Er bekommt von seinen Geschwistern viele Geschenke. ?

## 13 Familienalltag in der Großfamilie

Stell dir vor, du bist ein Mitglied von Florians Familie. Beschreib einen Tag in deinem Leben. Sammle zuerst deine Gedanken.

Hausarbeit
Tagesablauf
Freizeit
ich
Eltern
Probleme
Wünsche

IM TEAM -Magazin

**der Nobelpreis**
le prix Nobel
**außer**
à l'exception de
**gleichnamig**
du même nom

## Die Manns – Ein Familienroman

Die Familie Mann ist eine wichtige deutsche Familie. Die deutsche Literatur kann man sich ohne die Manns nicht vorstellen. Warum? Fast alle Familienmitglieder waren Schriftsteller. Die Tradition beginnen die Brüder Heinrich und Thomas Mann. Beide schreiben Romane. Beide werden berühmt. Der Star ist Thomas, der jüngere Bruder.

Die ganze Welt liest seinen ersten Roman *Die Buddenbrocks*. Der Roman erzählt von einer Großfamilie in Hamburg. Im Jahr 1929 erhält Thomas Mann den Nobelpreis für Literatur. Die Texte von Thomas Mann haben lange und komplizierte Sätze.

Im Februar 1905 heiraten Thomas Mann und Katja Pringsheim. Die beiden bekommen sechs Kinder: Erika, Klaus, Gottfried (Golo), Monika, Elisabeth und Michael. Auch die neue Generation lebt für die Literatur. Außer Michael werden alle Kinder von Thomas und Katja Schriftsteller.

Die Geschwister Mann erleben die goldenen 20er-Jahre. In der Zeit von 1933 – 1945 leben sie und ihre Eltern im Exil. Die Familiengeschichte der Familie Mann ist genauso interessant wie der Familienroman *Die Buddenbrocks*. Die Manns sind immer wieder Thema in Biographien, Büchern, Dokumentationen und Filmen und natürlich auch auf vielen Internetseiten. Kein Wunder!

Die Brüder Heinrich und Thomas Mann (um 1900)

Die Familienmitglieder und ihre Romane:

| | |
|---|---|
| Heinrich Mann: | Professor Unrat oder das Ende eines Tyrannen; Der Untertan |
| Thomas Mann: | Die Buddenbrocks; Der Zauberberg |
| Klaus Mann: | Mephisto |
| Golo Mann: | Erinnerungen an meinen Vater |
| Elisabeth Mann: | Das Drama der Meere |

## Filme:

Der Roman *Professor Unrat* oder das *Ende eines Tyrannen* ist das Vorbild für den Film *Der Blaue Engel* (1930). Die Hauptrolle in diesem Film hat Marlene Dietrich.

Der österreichische Schauspieler Klaus Maria Brandauer spielt den Mephisto im gleichnamigen Film (1981).

▸ Wann haben die Manns gelebt? Suche die Informationen im Internet zum Beispiel auf der Seite **www.wikipedia.org/wiki/Familie_Mann**

## Die fünfte Jahreszeit: Karneval, Fasching und Fastnacht

Februar. Der Winter ist schon fünf Monate alt. Es ist kalt, dunkel und nass. Alle warten auf den Frühling. Es gibt schon ein paar wärmere Tage und auf dem Rhein schmilzt das Eis. Der Frühling kommt langsam und die Menschen helfen ihm. Mit lauter Musik, Kostümen und Süßigkeiten verjagen sie den alten Winter. Die fünfte Jahreszeit hat angefangen. Die Namen für diese Extra-Jahreszeit sind in jeder Region anders und auch die Traditionen unterscheiden sich. Im Rheinland heißt es Karneval, in Mainz und in anderen Städten feiert man Fastnacht, in Österreich und Bayern den Fasching und in Basel gibt es den Morgenstraich. In Köln ruft man „Alaaf" in Düsseldorf „Helau".

Aber alle Feste sind laut, bunt und es regieren die Narren in ihren Kostümen. Man feiert auf der Straße, denn dort finden die Umzüge statt. Jeder Ort hat seinen eigenen Umzug. Am bekanntesten sind die Rosenmontagsumzüge im Rheinland in den Städten Köln, Mainz und Düsseldorf. Der Weg für den Rosenmontagsumzug in Köln ist sieben Kilometer lang. Die bunten Wagen, die Narren in ihren Kostümen und die Musikkapellen haben jedes Jahr Tausende Zuschauer aus aller Welt. Achtung: Die Termine für die fünfte Jahreszeit sind jedes Jahr anders. Und im Norden von Deutschland schaut man sich den Karneval im Fernsehen an. Umzüge gibt es dort selten. Mehr Info findest du wie immer im Internet zum Beispiel auf der Seite **www.karneval.de**.

- ▶ Wann findet der Rosenmontagsumzug in diesem Jahr statt?
- ▶ Such auf einer Deutschlandkarte die Karnevalsstädte!
- ▶ Gibt es in deiner Region auch Karneval?

**das Eis schmilzt**
la glace fond
**das Kostüm**
le déguisement
**verjagen**
chasser
**der Narr, Pl. Narren**
le fou
**der Umzug**
le défilé
**der Rosenmontag**
le lundi avant le Mardi gras

**IM TEAM**

Nous réalisons un roman-photo d'une fête de famille.

Mmh … lecker!

So ein Tag …

Viel Glück!

Wo bleiben nur die Gäste?

Hoch soll sie leben!

Das hab ich mir gewünscht.

Ganz schön was los hier.

Mach doch mal eine Kerze an!

Immer ich …

Herzlichen Glückwunsch!

Alles Gute!

Kennst du die?

Tolles Fest!

Vielen Dank!

Was ist das denn?

### Eine Familienfeier

Nous réalisons un roman-photo d'une fête de famille.

**a** Formez des groupes de trois et réfléchissez à ce qu'il doit se passer dans la scène (situation, occasion, personnes, ...).
**b** Choisissez les bulles qui conviennent aux dialogues.
**c** Vous pouvez faire une bande-dessinée, des photos ou jouer une scène.
**d** Présentez votre production finale devant la classe.

**Dazu brauchen wir …**

- Papier und Stifte
- einen Fotoapparat

# Leselust

## 1 Überall kann man etwas lesen

**a** Wo lesen die Leute auf den Fotos? Und was lesen sie? Wähl bitte aus.

das Wörterbuch ○ die Fachzeitschrift ○ der Comic ○ das Jugendmagazin ○ die Modezeitschrift ○ der Roman ○ das Lexikon ○ der Werbeprospekt ○ die Zeitung

4

5

6

**IM TEAM**

À la fin de cette leçon, nous allons faire la promotion de notre livre favori.

**b** Wo und was liest du?

**Nous allons apprendre à :**

- parler de nos habitudes de lecture
- résumer brièvement des contenus
- lire un texte littéraire
- décrire une musique
- présenter un groupe musical

**Et nous allons utiliser :**

- des verbes avec prépositions
- des verbes et des adverbes de doute et de probabilité

# Lesestoff

## 2 Textsorten

**a** Warum liest du diese Textsorten? Ordne sie in die Tabelle ein.

die Speisekarte ○ das Interview ○ der Wetterbericht ○ das Gedicht ○ der Songtext ○ das Schild ○ der Comic ○ der Roman ○ der Notizzettel ○ die Einkaufsliste ○ das Lehrbuch ○ der Zeitungsartikel ○ der Fahrplan ○ das Rezept ○ die Spielanleitung

| Das lese ich, weil ich Informationen brauche: | Das lese ich, weil es Spaß macht: |
|---|---|
| *die Speisekarte* | *der Songtext* |

**b** Was hast du gestern gelesen? Mach eine Liste.

**c** Sammelt alle Angaben an der Tafel und ergänzt die Tabelle in Aufgabe **a**.

## 3 Leseratten und Lesemuffel

**a** Sieh dir die Statistik an und beantworte die Fragen.

1. Wer liest mehr: Jungen oder Mädchen?
2. Wie viel Prozent liest gar nicht täglich?
3. Wie viele Jugendliche verbringen mehrere Stunden am Tag mit Lesen?
4. Wie viele Jugendliche lesen sehr wenig?

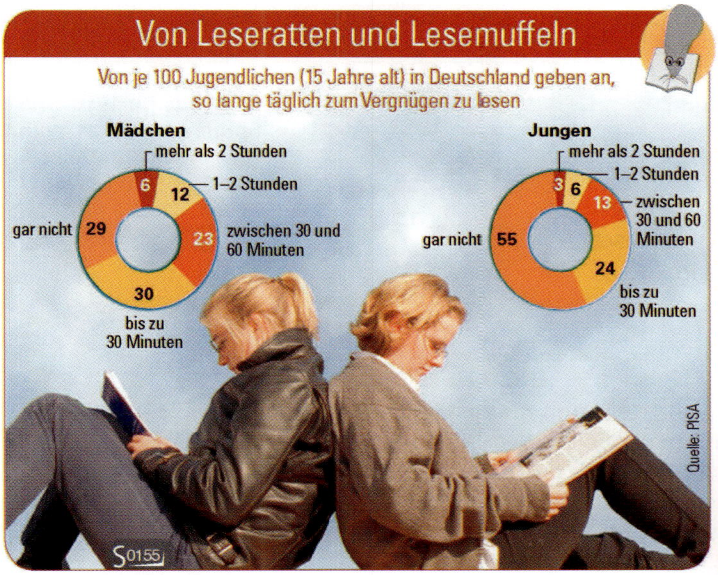


**BAUKASTEN**

**Verben mit Präposition**
**Les verbes suivis de prépositions**

- **Wofür** interessierst du dich?
- Ich interessiere mich **für** …
- **Womit** beschäftigst du dich?
- Ich beschäftige mich **mit** …
- **Wovon** handelt das Buch?
- Das Buch handelt **von** …

**AB**: 3, 4, 5, 6, 7, 8

**b** Bist du eine Leseratte oder ein Lesemuffel? Sprich über deine Lesegewohnheiten.

- Ich verbringe viel / wenig Zeit mit …
- Ich interessiere mich besonders für …, weil …
- Ich lese sehr gern … / am liebsten …, aber ich lese nie …
- … lese ich gar nicht / nur manchmal.

**c** Gibt es Unterschiede zwischen Jungen und Mädchen in eurer Klasse?

## 4 Lieblingsbücher

**a** Welche von diesen Büchern kennst du? Welche Bücher sind bei euch beliebt?

***Lieblingsbücher von 13- bis 16-jährigen Jugendlichen***

J. K. Rowling: ***Harry Potter-Serie***
J. R. R. Tolkien: ***Herr der Ringe***
Cornelia Funke: ***Tintenherz***
E. Colfer, C. Feldmann: ***Artemis Fowl – Die Rache.***
A. de Saint-Exupéry: ***Der kleine Prinz***

**b** Was ist dein Lieblingsbuch oder was liest du gerade? Beschreib es kurz für die anderen.

- Mein Lieblingsbuch ist … von … Es handelt von …
- Ich lese jetzt gerade … Das Buch beschäftigt sich mit … / beschreibt … / erzählt von …

# Eine Geschichte

## 5 Aus einem Roman

**a** Lies die Kurzinfo über Benjamin Lebert. Was stellst du dir unter dem Roman Crazy vor?

Benjamin Lebert, Jahrgang 1982, lebt in Hamburg. Er hat mit 12 Jahren angefangen zu schreiben. Seinen ersten Roman „Crazy" (1999) hat er mit 17 geschrieben. Das Buch ist in 33 Sprachen übersetzt und die Geschichte gibt es auch als Film (2006).

59

**b** Hör den Anfang des Romans und lies mit. Wie klingt die Stimme des Erzählers?

fröhlich ○ traurig ○ langweilig ○ ängstlich ○ freundlich ○ unsicher ○ ironisch ○ glücklich ○ genervt ○ einsam ○ …

**1**

Hier soll ich also bleiben. Wenn möglich bis zum Abitur. Das ist der Vorsatz[1]. Ich stehe auf dem Parkplatz des Internats Schloss Neuseelen und schaue mich um. Meine Eltern stehen neben mir. Sie haben mich hierhergebracht. Vier Schulen habe ich nun hinter mir. Und diese hier soll meine fünfte werden. Diese fünfte soll es dann endlich schaffen, aus meinem verfluchten Mathematik-Sechser[2] einen Fünfer zu machen. Ich freue mich schon darauf.
Schon im Voraus haben sie Briefe […] geschickt: *Lieber Benjamin, komm nur zu uns, da wird es schon besser.* […]
Das kenne ich schon. Bei mir ist es ein bisschen anders. Ich bin sechzehn Jahre alt und wiederhole gerade die achte Klasse. Und so wie es aussieht, schaffe ich es schon wieder nicht. Meine Eltern sind beide angesehene[3] Leute. Heilpraktikerin und Diplomingenieur. Die können es sich nicht leisten, eine Feier zum qualifizierten Hauptschulabschluss[4] zu geben. Das muss mehr sein. Nun gut. Deswegen[5] bin ich also hier. Mitten im Schuljahr. Vor den Toren eines Internats. Meine Mutter reicht[6] mir einen Brief. Ich soll ihn später dem Internatsleiter geben. Zur genauen Erklärung meiner Person. Ich nehme einen Koffer und warte auf meinen Vater. Er steht noch hinten beim Auto und sucht irgendwas. Ich glaube, ich werde ihn vermissen. Natürlich haben wir uns auch oft gestritten. Aber nach einem anstrengenden Schultag war er stets der Erste, der mich mit einem Lächeln empfing. Wir gehen hoch ins Sekretariat. Von innen ist das Internat fast noch unfreundlicher als von außen. […]
Im Sekretariat erwartet uns eine dicke Frau. Sie heißt Angelika Lerch. Pausbacken und mächtig[7] steht sie vor mir. Ich fürchte mich[8]. Sie schenkt mir ein paar Aufkleber vom Internat. Überall ist ein Adler[9] abgebildet, der lacht und einen Schulranzen[10] trägt. Darunter steht in kursiv gedruckter Schrift: *Internat Neuseelen – der Beginn einer neuen Schulära.*

1: Plan, Absicht
2: 6=schlechteste Note in Deutschland
3: respektierte
4: Abschluss nach der 9. Klasse ohne Abitur
5: deshalb
6: gibt
7: sehr groß
8: ich habe Angst
9: ein großer Raubvogel
10: Schultasche

**c** Lies den ersten Abschnitt in deinem Tempo. Was erfährst du? Notiere die wichtigsten Informationen.

Ort:
Personen:
1. Benjamin: 16 Jahre alt, …
2.
3.
4.

**d** Lies weiter. Welche Personen kommen noch vor?

## 6 Benjamins Gefühle

Welche Gefühle hat Benjamin? Lies noch einmal und entscheide, was richtig ist. Gib die Zeile an, in der du die Antwort findest.

| | Zeile |
|---|---|
| 1. a) Benjamin gefällt das Internat.<br>b) Benjamin gefällt das Internat nicht. | ? |
| 2. a) Benjamin glaubt, dass er jetzt die achte Klasse schafft.<br>b) Benjamin glaubt nicht, dass er die achte Klasse nicht schafft. | ? |
| 3. a) Benjamin mag die Sekretärin.<br>b) Benjamin hat Angst vor der Sekretärin. | ? |
| 4. a) Benjamin versteht sich gut mit seinem Vater.<br>b) Benjamin versteht sich nicht gut mit seinem Vater. | ? |

**Vermutungen ausdrücken**
**Exprimer ses prises de position**

wahrscheinlich
vielleicht

Ich glaube, dass ...
Ich kann mir vorstellen, dass ...

Es ist möglich, dass ...
Es kann sein, dass ...

➔ **AB**: 12

## 7 Benjamins Problem

**a** Warum soll Benjamin ins Internat? Formuliert Vermutungen.

- Wahrscheinlich / Vielleicht hat er früher ...
- Es ist möglich, dass ...
- Ich kann mir vorstellen, dass ...

**b** Lies eine weitere Stelle aus dem Roman. Wer schreibt das an wen?

*Sehr geehrter Herr Richter!*

*Mein Sohn Benjamin hat seit seiner Geburt einen Halbseitenspasmus links. Das bedeutet, die Funktion der linken Seite seines Körpers, speziell von Arm und Bein, ist eingeschränkt. Praktisch bedeutet dies, er kann feinmotorische Arbeiten wie Schuhe binden, mit Messer und Gabel umgehen, geometrische Figuren zeichnen, mit der Schere schneiden etc. nicht oder nur eingeschränkt durchführen. Außerdem hat er dadurch Probleme beim Sport, kann nicht Fahrrad fahren [...]. Ich hoffe, Sie können ihn dadurch unterstützen, indem Sie diese Dinge berücksichtigen. Vielen Dank.*

*Mit freundlichen Grüßen*
*Jutta Lebert*

**c** Verstehst du jetzt, was Benjamins Problem ist?

## 8 Benjamins Tagebuch

Was denkt ihr, wie fühlt sich Benjamin in der neuen Schule? Was schreibt er am ersten Schultag, zwei Wochen und zwei Monate später in sein Tagebuch? Wählt einen Tag und schreibt einen kurzen Text.

allein sein ○ vermissen ○ kennen lernen ○ sich (nicht mehr) fürchten ○ sich freuen auf ... ○ erleben ○ schaffen ○ ...

# Eine deutsche Band

## 9 Aus dem Poplexikon

Bring die Textteile in die richtige Reihenfolge.

**A** ***Wir sind Helden*** *ist eine junge Band mit deutschen Texten, die Gitarrenpop spielt.*

**B** *Ihre erste CD „Die Reklamation“ steigt sofort in die Top Ten der Albumcharts auf.*

**C** *Die Sängerin und Gitarristin Judith Holofernes, der Keyboarder Jens Eckhoff, der Schlagzeuger Sebastian Roy und der Bassgitarrist Mark Tavassol gründen 2001 in Hamburg die Band.*

**D** *Inzwischen gibt es in der deutschen Musiklandschaft mit „Juli“ und „Silbermond“ ähnlich erfolgreiche Bands, aber die „Helden“ bleiben die Ersten der neuen Musik-Bewegung in Deutschland.*

**E** *Auch das zweite Album „Von hier an blind“ landet im April 2005 gleich auf Nummer 1.*

**F** *Ihr größter Hit auf dem ersten Album ist der Song „Guten Tag“.*

## 10 Eine CD-Kritik

62

**a** Hör die CD-Kritik aus dem Radio. Über welche Tracks spricht der Kritiker? Wähl bitte aus.

1. Ist das so?
2. Rüssel am Schwanz
3. Guten Tag
4. Denkmal
5. Du erkennst mich nicht wieder
6. Die Zeit heilt alle Wunder
7. Monster
8. Heldenzeit
9. Aurélie
10. Müssen nur wollen
11. Außer dir
12. Die Nacht

**b** Hör noch einmal. Wie charakterisiert der CD-Kritiker das Album?

der Stil ○ das Album ○ die Single ○ der Song ○ der Track ○ die Musik ○ das Lied ○ die Band ○ der Text

schön ○ fröhlich ○ melodisch ○ rockig ○ traurig ○ monoton ○ aggressiv ○ dynamisch

● *Das Album ist dynamisch. Es gibt …*

## 11 Musikkritiker spielen

Bringt Musik in die Deutschstunde mit. Spielt sie vor und lasst die anderen beschreiben.

*Mir gefällt besonders …*

*Die Sängerin singt zu …*

*Ich finde die Musik / den Text …*

## 12 Euer Poplexikon

**a** Bildet Teams und schreibt einen Text: Stellt eine Band oder einen Sänger / eine Sägerin aus eurem Land kurz vor.

- *Seit wann gibt es die Band?*
- *Wer sind die Bandmitglieder?*
- *Was für Musik spielen sie?*
- *In welcher Sprache singen sie?*
- *Wann und wo geben sie ein Konzert?*
- *…*

**b** Sammelt alle Texte und gestaltet daraus ein kleines „Lexikon". Das könnt ihr eurer Partnerklasse schicken.

### BAUKASTEN

**Musik beschreiben**
**Parler de musique**

**Wer?**
der Sänger / die Sängerin
der Gitarrist
der Schlagzeuger
der Keyboarder

**Was?**
der Song
das Lied
die Single
das Album

die Stimme
die Melodie
der Text
der Rhythmus

**Wie?**
rockig
melodisch
traurig
monoton
aggressiv
macht gute Laune

**AB**: 14, 15

## 13 Sprechtraining: Ein Endlos-Rap

63 **a** Hör zu und klopf oder klatsch mit (leise ●, halblaut ⬤ und laut ⬤).

Guten Tag, hier bin ich. (● ● ⬤ ● ● ⬤)
Und ich singe für dich.
Hör mal zu, wie das rappt.
Ja, das ist mein Konzept.
Meine Stimme ist laut.
Das geht unter die Haut
Auf und ab springt der Ton.
Das klingt nicht monoton.
Und auch nicht aggressiv.
Einmal hoch, einmal tief.

Außerdem, das ist Fakt,
klatsch ich dazu den Takt.
Tanz im Rhythmus dazu.
Das ist wirklich der Clou.
Hast du Lust, dann rapp mit.
Das wird wirklich ein Hit.
Achtung jetzt bist du dran.
Und nun fang bitte an:
Guten Tag, hier bin ich …

64 **b** Hör zu und rapp mit – Tanzen und Klatschen nicht vergessen!

**c** Bildet Teams. Jedes Team fängt den Rap zwei Zeilen später an.

# IM TEAM-Magazin

**„Nur ein Wort"**

65 **a** Hört das Lied von *Wir sind Helden* und bringt die Strophen in die richtige Reihenfolge.

**A**
Und wo du hingehen willst,
ich häng an deinen Beinen.
Wenn du schon auf den Mund fallen
musst, warum dann nicht auf meinen.

**B**
hab mir ein Wörterbuch geliehen,
dir A bis Z ins Ohr geschrien,
ich stapel tausend wirre Worte auf,
die dich am Ärmel ziehen.

**C**
In meinem Blut werfen
die Endorphine Blasen,
wenn hinter deinen stillen
Hasenaugen die Gedanken rasen.

**D**
Ich sehe, dass du denkst,
ich denke, dass du fühlst,
ich fühle, dass du willst,
aber ich hör dich nicht, ich

Oh bitte gib mir nur ein Wort,
Bitte gib mir nur ein Oh,
Bitte gib mir nur ein ...,
Bitte bitte gib mir nur ein Wort.

**E**
Dein Schweigen ist dein Zelt,
du stellst es mitten in die Welt,
spannst die Schnüre und staunst stumm,
wenn nachts ein Mädchen drüberfällt.

**F**
Zu deinen Füßen red ich mich
um Kopf und Kragen,
ich will in deine tiefen Wasser
große Wellen schlagen.

**G**
Es ist verrückt, wie schön du schweigst,
wie du dein hübsches Köpfchen neigst
und so der ganzen lauten Welt und mir
die kalte Schulter zeigst.

Judith Holofernes / Freudenhaus Musikverlag Patrik Majer / Wintrup Musikverlag Walter Holzbaur

**b** Hört das Lied noch einmal und lest den Text mit. Worum geht es?

UMWELT

ANGST LIEBE WORTE

**c** Was ist für euch bei dem Lied wichtig? Der Text? Oder die Musik? Schreibt eine „Musikkritik" zu Text und Musik.

### Internetrecherche

Im Internet findet ihr viele Informationen über Bücher und Musik.
▸ Wählt ein Thema aus der Lektion, das euch interessiert, und sucht neue Informationen. Stellt die Ergebnisse den anderen vor.

**Internetadressen:**
www.wirsindhelden.de
www.benjamin-lebert.de
http://de.wikipedia.org

# Eine kleine Hilfe für Leseratten

Lesen macht schlau, Bücher lesen noch schlauer. Das gute alte Buch hat schon lange Konkurrenz: Zeitschriften, Fernsehen und das Internet zum Beispiel. Immer weniger Jugendliche lesen, sagt man. Und wer gern liest, hat es nicht leicht. Jedes Jahr stehen in Deutschland circa 90.000 neue Bücher in den Buchläden. Es gibt Fachbücher, Sachbücher, Kochbücher, Lehrbücher, Romane, Kurzgeschichten, Märchen, Gedichte, dicke Bücher, dünne Bücher ... Die Leseratte steht im Buchladen vor einem wahren Bücherwald. Wie soll man da das richtige Buch finden?
Ein paar echte Leseratten helfen. In Deutschland zum Beispiel Elke Heidenreich. Elke Heidenreich ist Journalistin, Autorin, Fernsehmoderatorin, Kabarettistin und sie liebt Bücher. In ihrer Fernsehsendung *Lesen!* stellt sie – zusammen mit prominenten Gästen – Bücher vor. Seit April 1993 gibt es die Sendung *Lesen!* 6–8 Mal im Jahr im Fernsehsender ZDF. Und zu jeder Sendung schalten circa 1,5 Millionen Deutsche den Fernseher an! Wenn Elke über ein Buch spricht, wird es ein Bestseller.

Für jüngere Leseratten gibt es den Deutschen Jugendliteraturpreis. Experten und Jugendliche wählen jedes Jahr das beste Kinderbuch und das beste Jugendbuch. Im Jahr 2007 hat die deutsche Kinder- und Jugendbuchautorin Kirsten Boie den Sonderpreis für ihr Gesamtwerk erhalten.

Hier eine kleine Auswahl ihrer Bücher:
*Erwachsene reden. Marco hat was getan,* dtv 1995, ab 14 Jahren
*Nicht Chicago. Nicht hier,* dtv 2002, ab 12 Jahren
*Monis Jahr,* dtv 2005, ab 12 Jahren

**die Konkurrenz** la concurrence
**prominent** éminent
**der Bestseller** le best seller
**das Gesamtwerk** l'oeuvre (dans son intégralité)

**IM TEAM**

Nous faisons la promotion de notre livre ou groupe musical favori.

**Dazu brauchen wir ...**

- Papier und Stifte
- Broschüren, Fotos, Zeitschriften
- festes Papier für ein Plakat
- Schere und Klebstoff

**Mein Lieblingsbuch, meine Lieblingsband, mein Lieblingsfilm**

Nous présentons un livre, un groupe ou un film qui nous a particulièrement plu.

**a** Trouvez un camarade et mettez-vous d'accord sur un livre, un film, un groupe ou un CD.
**b** Faites-en une description en mettant en valeur l'essentiel.
**c** Notez les qualités et les sentiments les plus importants qui vous unissent à ce livre, ce film etc.
**d** Fabriquez une affiche et présentez-la aux autres. Vous devez être persuasif pour leur donner l'envie de lire, de voir ou d'écouter le livre, le film ou le groupe que vous avez choisi !

# LEKTION 20

# Endlich Ferien!

**1 Sommerlaune**

**a** Stimmt euch auf den Sommer ein. Betrachtet das Bild, lest die Wörter und notiert eure Assoziationen. Erstellt in Gruppen einen Wortigel.

Gras

spazieren

Liegewiesen

Urlaub

baden

warm

grillen

Park

Himmel

Speiseeis

Fluss

Sonne

Sonnenblumen

## Vormittag am Strand

Es war ein solcher Vormittag,
wo man die Fische singen hörte;
kein Lüftchen lief, kein Stimmchen störte,
kein Wellchen wölbte sich zum Schlag.

Nur sie, die Fische, brachen leis
der weit und breiten Stille Siegel
und sangen millionenweis'
dicht unter dem durchsonnten Spiegel.

Christian Morgenstern (1871-1914)

**b** Schreibt weitere Sommer-Wörter aus dem Gedicht zu eurem Wortigel.

**IM TEAM**

À la fin de cette leçon, nous allons réaliser un magazine de vacances.

**Nous allons apprendre à :**

- décrire des lieux de vacances
- choisir des destinations et des moyens de transport
- tenir une conversation dans un hôtel
- faire la connaissance de quelqu'un et prendre congé
- raconter des aventures de vacances

**Et nous allons utiliser :**

- des indications géographiques
- des compléments placés correctement dans la phrase
- des tournures verbales suivies de l'infinitif

# Urlaub ohne Eltern

## 2 Urlaubsangebote in DACH

**a** Überfliegt die Prospekte und sucht die Urlaubsziele auf der Karte auf Seite 6–7. Was liegt wo?

- *... liegt im Nordosten von ...*
- *... liegt südlich von ... / in der Nähe von ...*
- *... liegt an der Grenze zu ...*

**1**

**Lage:** Das Ferienlager liegt in den Berner Alpen hoch über dem Thunersee auf 1100 m. Es ist 1 km vom Dorf entfernt.

### Das ultimative Abenteuercamp für Teens von 13–17 Jahren

**Unterkunft:** In rustikalen Häusern mit 4-Bett-Zimmern, WC und Waschraum in jeder Etage.
**Aktivprogramm:** Wasserspaß am Thunersee mit allen Wassersportarten wie Segeln, Surfen, Tretboot- oder Kanufahren, Wanderungen auf steile Gipfel, Ausflüge mit dem Mountainbike. Der Höhepunkt ist eine Klettertour durch enge Schluchten über hohe Hängebrücken zu beeindruckenden Wasserfällen.

**Jede Menge Spaß und Nervenkitzel sind garantiert!**

**Alter:** ca. 13–17 Jahre
**Dauer:** mindestens 7 Tage, Anreise am Sonntag
**An- und Abreise:** individuell mit dem Auto oder begleitete Zugfahrt Zürich-Bern-Spiez
**Infos:** E-Mail: mail@alpencamps.ch
Internet: http://www.alpencamps.ch/

**2**

Sei aktiv – hol dein Fahrrad aus dem Keller und fahr mit uns durch den Osten Deutschlands! Unsere **Radtour** führt uns von Chemnitz an der Grenze zur Tschechischen Republik bis nach

### Deutschlands wilden Osten entdecken

**in 14 Tagen mit dem Fahrrad vom Erzgebirge bis an die Ostsee**

Rostock. Auf knapp 500 km lernst du Ostdeutschland und seine Landschaft kennen: Von der gebirgigen Gegend im Süden fahren wir westlich von Berlin in den flachen Norden. Im Nordosten stoßen wir auf die Mecklenburgische Seenplatte mit ihren vielen Flüssen und Seen. Auf Wunsch machen wir einen Tagesausflug mit dem Schiff auf die Insel Rügen. Unterwegs gibt es viel Spaß und Erlebnisse, z. B. Picknicks in der schönen Natur. Wir übernachten in Jugendherbergen und auf Campingplätzen. Auf der Rückfahrt könnt ihr dann im Bus relaxen.
**Alter:** ca. 13–17 Jahre
**Termin:** 10.–24. August
**Anreise nach Chemnitz:** individuell mit dem Auto oder mit der Bahn
**Für mehr Informationen:** E-Mail: ferien@chemnitz.bikingclub.de

**3**

In Klagenfurt kannst du Sommerspaß und Deutschlernen optimal verbinden. Die Stadt liegt im Süden Österreichs, deshalb ist das Klima angenehm und die Nähe zu Slowenien und Italien zeigt sich in Kultur und Speisen.

### Sprachkurs am Wörthersee

Die Deutschkurse finden an der Universität statt. Jeden Vormittag hast du vier Stunden Unterricht in internationalen Gruppen mit maximal 12 Teilnehmern. An zwei Nachmittagen besuchst du einen Projektkurs (z. B. Kreatives Schreiben, Theater-Workshop, Filmatelier). Du wohnst in der Jugendherberge oder in einem Studentenheim. Auch in der Freizeit kannst du viel unternehmen: Sport machen, in Kärntens größtem See, dem Wörthersee, schwimmen oder an den Ausflügen in die Berge teilnehmen. Du wirst überrascht sein, wie viel Spaß du beim Lernen hast.
**Alter:** ab 15 Jahren
**Kursbeginn:** 3. Juli und 31. Juli
**Kursdauer:** 14/21 oder 28 Tage
**An- und Abreise:** im eigenen Auto/mit der Bahn/mit dem Flugzeug
**Infos:** E-Mail: dia@uni-klu.ac.at
Internet: http://dia.uni-klu.ac.at

**b** Arbeitet in Teams. Wählt einen Prospekt und und ergänzt die Wortigel.

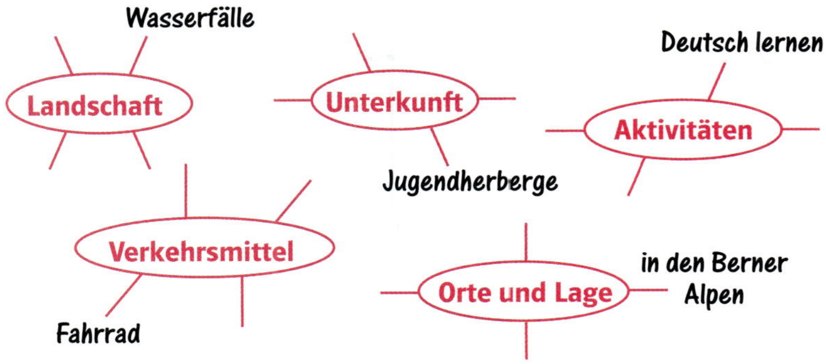


## 3 Ratespiel: Wo bin ich?

**a** Wo möchtest du Ferien machen? Such einen interessanten Ort auf der Karte und lass die anderen raten.

- *Bist du in der Schweiz?*
- *Nein.*
- *Bist du in Deutschland?*
- *Ja.*
- *Bist du im Osten von Deutschland?*
- *Nein.*
- *Weiter nördlich?*
- *Ja.*
- *Auf einer Insel?*
- *Ja.*
- *Bist du auf Sylt?*
- *Genau.*

**b** Wie kommst du zu diesem Ort? Wähl bitte die passenden Verkehrsmittel.

- *Ich reise mit der Bahn. Ich steige in … um.*
- *Ich fliege nach … Dort nehme ich den Zug nach …*
- *Ich nehme das Flugzeug. Der Flug dauert …, die Bahnfahrt …*

### Geografische Angaben
**Les indications géographiques**

Die Stadt liegt
**im Norden / im Süden / im Osten / im Westen.**

Der Fluss fließt
**nördlich / südlich / östlich westlich von** Berlin.

… liegt **in der Nähe von** …
… ist **an der Grenze zu** …

Ich fahre
**in die** Alpen.
**ins** Erzgebirge.
**an die** Ostsee.
**an den** Wörthersee.
**auf die** Insel Rügen.
**nach** Chemnitz.
**durch** Ostdeutschland.
**in den Süden von** Österreich.

**AB**: 3, 4, 5

## 4 Reisen mit verschiedenen Verkehrsmitteln

67

**a** Hör die fünf Durchsagen. Zu welcher Reise in Aufgabe 2 passen sie?

| Durchsage | 1 | 2 | … |
|---|---|---|---|
| Prospekt | ? | ? | ? |

**b** Hör bitte noch einmal. Welche Information ist richtig?

1. Der Intercity 918 aus Zürich fährt ? auf Gleis 6 ? Gleis 16 ein.
2. Der Flug HLX 8220 von Berlin nach Klagenfurt hat ? 15 Min. ? 20 Min. Verspätung.
3. Die Busfahrt von Rostock nach Chemnitz dauert ? 5 Stunden ? 6 Stunden.
4. Die Passagiere von Zürich nach Warschau müssen zu Ausgang ? 15. ? 25.
5. Der Zug hat ? einen Speisewagen. ? keinen Speisewagen.

# Familienurlaub

## 5 Unterwegs

68 Familie Möller fährt in den Urlaub. Hör das Gespräch. Was erfährst du?

## 6 Im Hotel

69 Hör das Gespräch und ordne die Dialogteile.

A ● Ich habe noch eine Frage. Wo kann ich denn parken?
B ○ Frühstück ist immer von 7 Uhr bis 9 Uhr 30.
C ● Ja, wir möchten aber schon am Freitag abreisen.
D ○ Hier sind Ihre Schlüssel: Zimmer 314 und 317. Die Zimmer sind im dritten Stock.
E ● Guten Tag, mein Name ist Möller. Wir haben hier Zimmer reserviert.
F ○ Ah, jetzt sehe ich es. Sie bleiben zwei Wochen, vom 10. bis zum 24. August.
G ● Danke. Gibt es einen Aufzug?
H ○ Es gibt einen Parkplatz hinter dem Hotel.
I ● Hier, bitte. Um wie viel Uhr gibt es Frühstück?
J ○ Ein Doppelzimmer mit Bad?
K ● Nein, wir brauchen zwei Doppelzimmer.
L ○ Kein Problem. Bitte füllen Sie das Formular aus. Und Ihre Ausweise brauche ich auch kurz.
M ● Jetzt schauen wir uns erst mal die Zimmer an.
N ○ Der Aufzug ist gleich hier um die Ecke.

## 7 Urlaubsprogramm

Lies die Programmangebote und ordne sie den Überschriften zu.

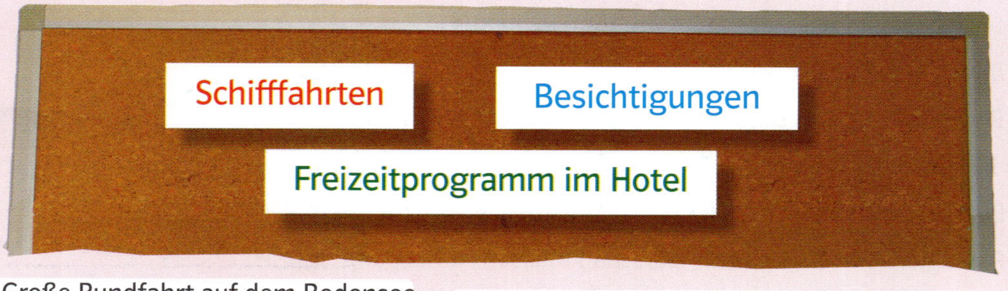


1 Große Rundfahrt auf dem Bodensee
2 Busfahrt zum Zeppelinmuseum nach Friedrichshafen
3 Diskoabend
4 Stadtrundgang in Meersburg
5 Salsa-Kurs
6 Kanu- und Tretbootfahren
7 Abendfahrt zu den Bregenzer Seefestspielen
8 Besuch im Sea-Life-Museum in Konstanz
9 Beach-Volleyball-Turnier
10 Ausflug in die exotische Pflanzenwelt auf der Insel Mainau

## 8 Rollenspiel: Wer möchte was machen?

Lest die Rollenkarten und spielt das Familiengespräch.

**Mutter**

- im Café sitzen bleiben
- exotische Pflanzen bewundern
- spazieren gehen

**Sohn Joshua**

- Volleyball spielen
- das Zeppelinmuseum sehen
- lange im Bett bleiben

**Vater**

- Kanu fahren
- nicht bei jedem Museum stehen bleiben
- die Region kennen lernen

**Tochter Marina**

- Salsa tanzen lernen
- am Strand in der Sonne liegen
- shoppen gehen

## Im Hotel
**A l'hôtel**

**Rezeptionist / in**
Was kann ich für Sie tun?
Haben Sie reserviert?
Wie lange möchten Sie bleiben?
Kann ich bitte Ihren Ausweis / Pass sehen?
Füllen Sie bitte das Formular aus.
Das Frühstück ist von … bis …

**Gast**
Haben Sie noch ein Zimmer frei?
Ich möchte ein Doppelzimmer / Einzelzimmer mit Bad / Dusche.
Ich bleibe eine Nacht / eine Woche / bis …
Wo kann ich mein Auto parken?
Gibt es einen Aufzug?

**AB**: 9

## Verben mit Infinitiv
**Les verbes suivis de l'infinitif**

spazieren gehen
stehen bleiben
kennen lernen …

Marina **lernt** neue Freunde **kennen**.
**Geht** jemand mit mir **spazieren**?

**AB**: 10, 11

## 9 Urlaubsbekanntschaften

**a** Was glaubt ihr: Was sagen die Personen? Ergänzt bitte die Sätze.

1

2

Kannst du mir sagen, wie …?
Es ist jetzt …
Machst du …?
Nein, ich möchte lieber …
Kommst du …?
Tut mir leid, …
Machen wir ein anderes Mal etwas …?

Schade, dass ihr …
Ich möchte auch so gern noch …
Ich simse dir sofort, wenn ich …
Ich schicke dir dann auch …
Ciao, …

70 **b** Hört die Dialoge und vergleicht mit euren Ideen.

**c** Spielt eine Kennenlern- oder eine Abschiedsszene.

# Meine Ferienerlebnisse

**10** **Das waren meine Ferien**

Lies die Texte und notiere die Informationen. Such die Orte dann auf der DACH-Karte.

| Wer? | Wann?/Wie lange? | Mit wem? | Wo?/Wohin? | Was? |
|---|---|---|---|---|
| ? | ? | ? | ? | ? |

*Seid ihr gerade in den Ferien, wartet ihr noch auf den Schulschluss oder ist bei euch schon wieder alles vorbei?? Hier könnt ihr lesen, was andere JUNGSTAR-Leserinnen und Leser in den Sommerferien erlebt haben. Viel Spaß – und holt euch ein Stück Sommer nach Hause!*

Ich durfte mit meiner Freundin Valerie und ihren Eltern in Urlaub fahren. Wir haben im Juli eine Tour durch Süddeutschland gemacht und hatten echt viel Spaß. Am besten hat mir der Europapark in Rust gefallen. Im Park haben wir einfach alles probiert und sind sogar mit der „Silver Star" gefahren, das ist Europas größte Achterbahn und die fährt bis zu 130 km pro Stunde! Zuerst hatten wir die totale Panik – aber dann: Augen zu und durch. Nächstes Jahr will ich wieder nach Rust!

Camilla (14) aus Lübeck

Desirée (13) aus Klagenfurt

Ich bin in den Sommerferien zu Hause geblieben. Meine Eltern hatten nur an den Wochenenden Zeit, da waren wir dann wandern oder schwimmen. Ich konnte mich wirklich toll erholen, mal endlich in Ruhe lesen und fernsehen – oft bis spät in die Nacht. Ich konnte ja am nächsten Tag ausschlafen. Einige Freundinnen sind auch nicht weggefahren und wir haben viel gemeinsam unternommen. Bei uns am Wörthersee ist es so schön, da ist es sowieso immer wie im Urlaub!

Im Sommer war ich mit meinen Eltern und meiner kleinen Schwester auf einer Insel in der Nordsee, ganz genau: auf Amrum. Wir waren 2005 auch schon da, aber dieses Jahr war alles viel besser. Prima Wetter die ganze Zeit, das Hotel war auch super. Ich habe total nette Leute kennen gelernt und einen Surfkurs gemacht. Ein paar nette Mädchen waren auch dort ;-)

Nico (15) aus Hannover

Mein Freund Berni wollte unbedingt an einem Kurs vom Alpenverein teilnehmen und er hat mich auch dazu überredet. Wir waren im August drei Wochen lang mit einer Jugendgruppe in einer großen Hütte in den Berner Alpen. Von da aus haben wir Wanderungen gemacht, eine hat sogar drei Tage gedauert, mit Übernachtung im Zelt. Wir hatten auch einen Kletterkurs und am Abend haben wir uns dann am Lagerfeuer getroffen. Ich bin echt froh, dass ich dort war!

Stefan (16) aus Bern

## 11 Sätze bauen

Was haben die Jugendlichen gemacht? Bilde je einen Satz wie im Beispiel.

Wann?/Wie lange? Mit wem?/Womit? Wo?/Wohin?

Camilla ist im Juli mit ihrer Freundin in den Europapark in Rust gefahren.

Robert steht zwei Stunden mit dem Auto im Stau.

## 12 Deine Ferienerlebnisse

Mach dir Notizen und schreib dann einen Text über deine letzten Ferien.

| Wann?/Wie lange? | Mit wem? | Wo?/Wohin? | Was gemacht? |
|---|---|---|---|
| an Ostern | mit einer Jugendgruppe | in den Alpen in Österreich | gewandert, geklettert … |

An Ostern bin ich mit einer Jugendgruppe in Österreich gewandert. Wir sind …

### Sätze mit Angaben
**Les phrases avec des compléments de temps ou de lieu**

Temporal steht meist vor lokal.

Ich bin **in den Sommerferien zu Hause** geblieben.
**Nächstes Jahr** fahre ich wieder **nach Rust**.
**Im Sommer** war ich mit meinen Eltern **an der Nordsee**.

Andere Angaben stehen in der Mitte:

Wir waren dann im August drei Wochen lang **mit einer Jugendgruppe** in einer großen Hütte in den Bergen.

**AB**: 13, 14, 15

## 13 Sprechtraining: Wortgruppen richtig betonen

71 **a** Hör zu und sprich nach. Betone nur die groß geschriebenen Wörter und sprich das letzte Wort am lautesten.

72 **b** Hör bitte zu und sprich die Wortgruppen nach.

| | | | |
|---|---|---|---|
| mein Freund FÄHRT | im JANUAR | mit dem AUTO | nach MEXIKO |
| meine Schwester FÄHRT | in den FERIEN | mit dem SKATEBOARD | an den BODENSEE |
| meine Eltern FLIEGEN | am FREITAG | mit dem FLUGZEUG | ins FERIENLAGER |
| mein Bruder FLIEGT | in zehn JAHREN | mit dem FAHRRAD | zum MOND |
| mein Lehrer GEHT | morgen FRÜH | zu FUSS | zu meiner OMA |
| unser Hund REIST | im SOMMER | in einem KÖRBCHEN | in die BERGE |

**c** Bildet lustige Sätze. Jeder fügt eine Wortgruppe hinzu.

Mein Bruder FLIEGT → in zehn JAHREN → mit dem SKATEBOARD → zu meiner OMA.

# IM TEAM -Magazin

**Kleiner Lehrgang für den Umgang mit Eltern im Urlaub (nach Christine Nöstlinger)**

1 **Tipp 1** Eltern wünschen sich für den Urlaub vor allem Harmonie! Darunter verstehen sie, dass du mit deinen Geschwistern nicht streitest, seltsame Speisen isst und mit einem Getränk pro Mahlzeit auskommst.

2 **Tipp 2** Eltern lieben es, Städte zu besichtigen. Darunter verstehen sie den Besuch von Kirchen und Museen, Theatern, Steinhaufen aus uralter Zeit. Wenn du möglichst viel Speiseeis und ungewaschenes Obst zu dir nimmst, bekommst du Bauchschmerzen und musst im Hotel bleiben und kannst dort fernsehen.

3 **Tipp 3** Im Urlaub geht immer viel verloren: Sonnenhüte, Sonnenbrillen, Füllfedern, Fotoapparate, Badetücher, Badehosen usw. Wenn du deine Eltern nicht unglücklich machen möchtest, sprich über die Verluste erst nach dem Urlaub.

4 **Tipp 4**

5 **Tipp 5**

▸ Habt ihr noch mehr Tipps? Schreibt kleine Texte.

# Endlich Urlaub

## Mittelmeer oder Balkonien

Urlaubszeit ist Reisezeit. Laut Statistik ist Deutschland Reiseweltmeister. Rund 60 Milliarden Euro pro Jahr geben die Deutschen für ihren Urlaub aus. In der Ferne scheint die Sonne länger, die Strände sind breiter, die Temperaturen höher und überhaupt ist alles viel besser. Am liebsten reisen die Deutschen ans Meer. Sommer, Sonne und Strand sind für viele die Zutaten für einen perfekten Urlaub. Deshalb trifft man den Deutschen im Sommer oft im Süden: Italien, die Türkei und Spanien stehen als Urlaubsländer ganz oben auf der Liste.

Das ist aber nicht die ganze Wahrheit. Halb Deutschland verbringt den Urlaub im eigenen Land. Warum ins Ausland fahren oder fliegen, wenn das Gute so nah ist. Man sonnt sich am Ostseestrand, wandert im Schwarzwald, schwimmt im Bodensee, segelt auf dem Chiemsee, geht in Berlin shoppen, tanzt bei den Sommerfestivals ... Die Möglichkeiten sind vielfältig. Besonders gern fährt man an die Ostsee und nach Bayern. Der Nachteil an einem Urlaub in Deutschland ist das Wetter. Die Sommer in Deutschland sind wechselhaft. Regenschirm, dicke Strümpfe und eine Windjacke gehören auch im August ins Gepäck.

Manche sparen das Geld für die Reise und bleiben einfach auf ihrem Balkon. Hier kann man grillen, lesen und sich entspannen. Außerdem kann man von hier aus ganz in Ruhe einen kurzen Ausflug zum nächsten Badesee machen. „Urlaub auf Balkonien" nennt man das liebevoll.

## Ferien ohne Eltern

Das hört sich öde an, aber Ferien zu Hause müssen nicht langweilig sein. In den Sommerferien gibt es vor allem für Schüler, die zu Hause bleiben, viele Angebote: Sommerkurse, Konzerte, Sommerkino im Freien ... Das aktuelle Programm findet man auf den Internetseiten der eigenen Stadt.
Ein bisschen weiter weg kommen Schüler mit dem Schüler-Ferien-Ticket. Diese Fahrkarte gibt es für jedes Bundesland. Sie gilt für die gesamten Sommerferien und kostet rund 30 Euro pro Person. Genau 6 Wochen lang darfst du zum Beispiel in Berlin / Brandenburg alle Nahverkehrszüge benutzen. So kommst du auch ohne Auto und Eltern zum Konzert, an den Badesee oder zu den besten Freunden. Termine und aktuelle Preise findest du im Internet unter dem Stichwort: Schüler-Ferien-Ticket.

Ohne Eltern noch weiter weg – dazu sind Ferienlager da. Ferienlager sind betreute Gruppenreisen. Mit anderen Reiselustigen im gleichen Alter kannst du deine Traumferien ohne Eltern verbringen. Die Auswahl an Gruppenreisen nach Deutschland, Europa und sogar nach Japan ist riesig. Es gibt: Zeltlager, Computercamps, Reiterferien, Sportcamps, Segelfreizeiten, Urlaub auf dem Bauernhof, Sprachreisen, Workcamps und vieles mehr. Für jeden Geschmack ist etwas dabei. Du musst dich nur noch entscheiden.

‣ Wenn du Interesse hast, schau mal auf **www.ferienboerse.org**

**in der Ferne**
au loin
**öde**
nul
**der Nahverkehrszug**
le train de banlieue
**betreut**
encadré

IM TEAM

Nous réalisons un magazine de vacances.

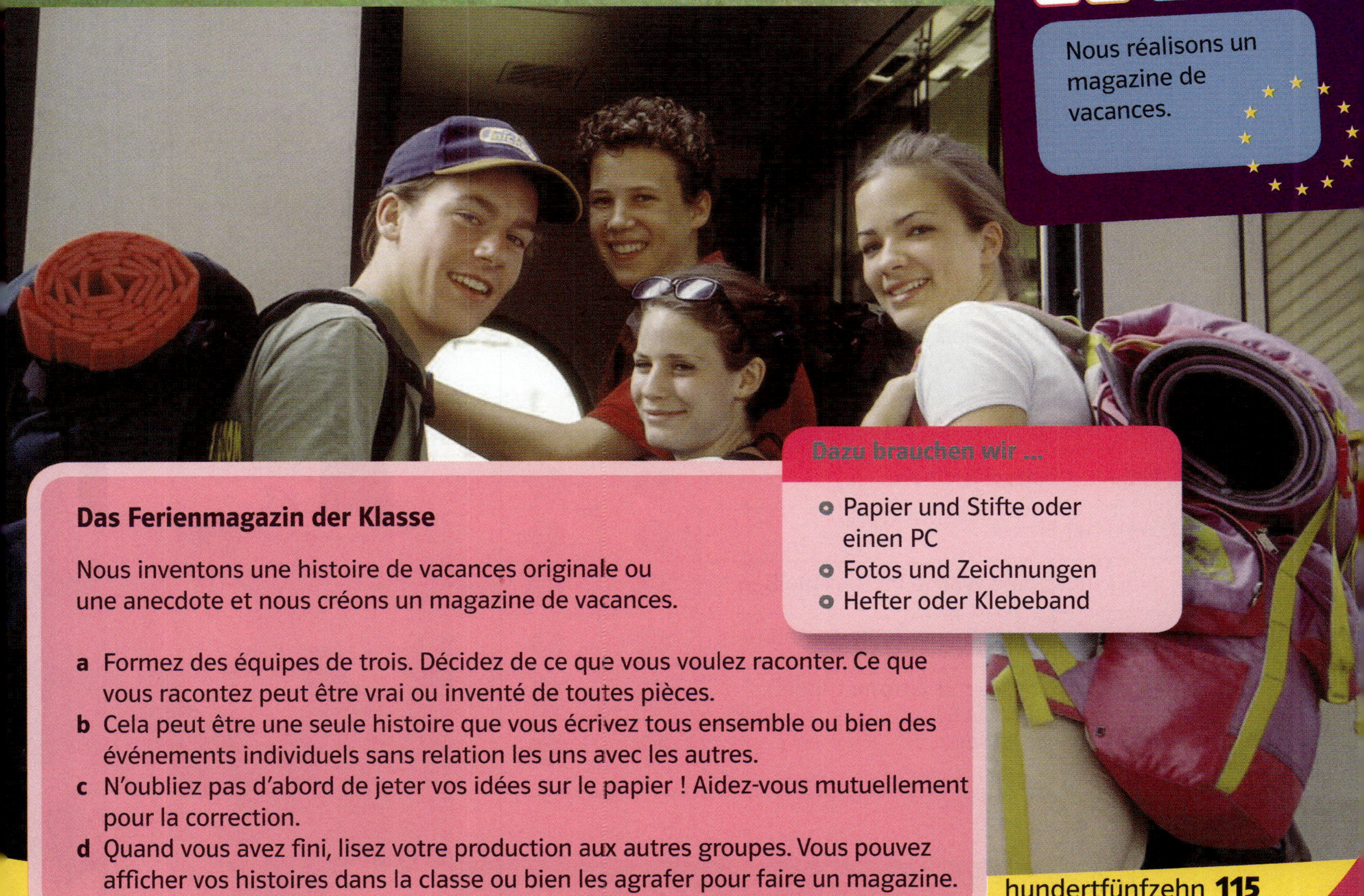

Dazu brauchen wir ...

- Papier und Stifte oder einen PC
- Fotos und Zeichnungen
- Hefter oder Klebeband

**Das Ferienmagazin der Klasse**

Nous inventons une histoire de vacances originale ou une anecdote et nous créons un magazine de vacances.

**a** Formez des équipes de trois. Décidez de ce que vous voulez raconter. Ce que vous racontez peut être vrai ou inventé de toutes pièces.
**b** Cela peut être une seule histoire que vous écrivez tous ensemble ou bien des événements individuels sans relation les uns avec les autres.
**c** N'oubliez pas d'abord de jeter vos idées sur le papier ! Aidez-vous mutuellement pour la correction.
**d** Quand vous avez fini, lisez votre production aux autres groupes. Vous pouvez afficher vos histoires dans la classe ou bien les agrafer pour faire un magazine.

# Fertigkeitstraining 3

## Hören

### 1 Cliquen und Freunde

**a** Hör bitte zu. Welcher Slogan passt am besten zu welcher Clique? Ordne zu.

A Gymnastik für alle

B Lachen ist gesund!

C Schlank und fit durch gesundes Essen

D Kochen macht Spaß!

E Nie mehr allein tanzen!

F Salsa ist unser Leben!

| Clique | 1 | 2 | 3 |
|---|---|---|---|
| Slogan | ? | ? | ? |

**b** Hör noch einmal. Warum sind die Jugendlichen Mitglieder dieser Cliquen? Finde die richtige Begründung und kreuz sie an.

| Clique 1 | Clique 2 | Clique 3 |
|---|---|---|
| a) weil sie mit Partnern tanzen möchten<br>b) weil sie laute Musik hören<br>c) weil sie nur Salsa tanzen | a) weil sie Witze erzählen<br>b) weil sie sehr gern lachen<br>c) weil sie Gymnastik mögen | a) weil sie gern Fastfood essen<br>b) weil sie fit und schlank sein wollen<br>c) weil sie gern kochen |

### 2 Finja ist krank

Sieh dir das Foto an und hör das Gespräch. Welche Aussage ist richtig?

| | ja | nein |
|---|---|---|
| 1. Finja hat Halsschmerzen. | ? | ? |
| 2. Finja hat Fieber. | ? | ? |
| 3. Finja muss eine Woche im Bett bleiben. | ? | ? |
| 4. Finja muss täglich eine Tablette nehmen. | ? | ? |
| 5. Finja soll nur Tee mit Zitrone trinken. | ? | ? |
| 6. Finja darf Eis essen. | ? | ? |

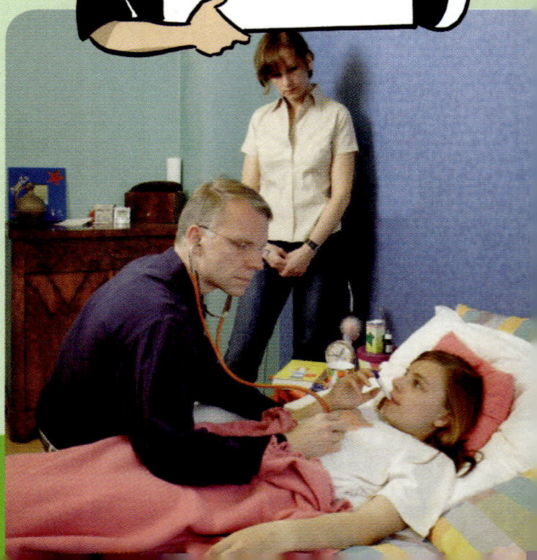

# Sprechen

> **Ta tactique :** Regarde d'abord le plan attentivement avant de décrire le chemin.

## 1 Auf der Straße

Jemand fragt dich nach dem Weg zum Bahnhof. Schau auf den Stadtplan und erklär ihm den Weg. Spielt die Szene.

- Entschuldigung, wie komme ich ...?
- Wir sind hier. Das ist die Bushaltestelle. Sie müssen jetzt ... bis zur Kreuzung, dann ... in die ...-Straße, an der Ecke ... an ... vorbei ...
- Danke!
- ...

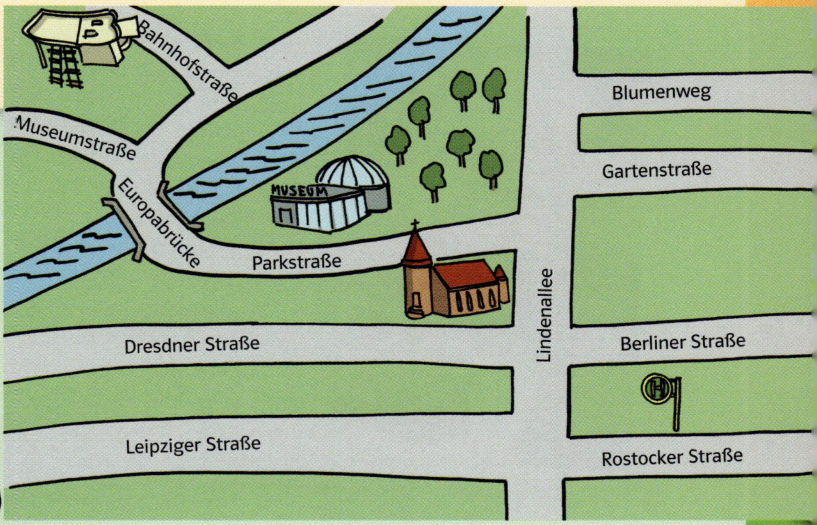


> **Ça aide :** En parlant, sers-toi de tes yeux et de tes mains. Les gestes sont souvent très utiles.

## 2 Was meinst du?

Sieh dir die Fotos an. Sag deine Meinung zu zwei Freizeitaktivitäten und vergleiche sie.

> **Penses-y :** Tu connais beaucoup d'adjectifs, tu peux utiliser leurs antonymes et leurs formes comparatives.

gesund • unterhaltsam • gut • interessant • lustig • schön • billig • schnell • laut • gefährlich • kompliziert • erholsam

- Ich finde / glaube / denke / meine, dass ...
- Ich finde ... besser / teurer / interessanter als ... / genauso ... wie ...
- Meiner Meinung nach ...

# Fertigkeitstraining 3

## Lesen

**1 Austauschpartner berichten**

**a** Lies die Aussagen der Austauschpartner. Finde Gemeinsamkeiten und schreib sie auf.

**Tibor, Eger**

Mein Freund Bartek wohnt in Polen. Ich war zum ersten Mal im April dort. Mit unserer Partnerschule aus Przemyśl machen wir jetzt ein gemeinsames Projekt: Die Geschichte des Handballs in Polen, Ungarn und in Deutschland. Wir sind ja auch alle echte Handballfans und sammeln T-Shirts und andere Souvenirs von unseren Lieblingsmannschaften. Ich finde es toll, dass unsere Partnerschüler Deutsch sprechen. Wir haben uns problemlos verstanden. Niemand spricht dort in der Schule Ungarisch. Das ist doch klar. Polnisch ist für uns sehr schwer und es klingt ein bisschen komisch :-)))

**Bartek, PrzemyÐl**

Meine Klasse war im Frühling in Eger. Dort ist unsere Partnerschule. Ungarn ist sehr schön, alle sind sehr sympathisch, aber die Sprache – eine Katastrophe :-)) Wir haben mit den ungarischen Jugendlichen nur Deutsch gesprochen, weil sie die Sprache auch in der Schule lernen. In den Gesprächen haben wir oft Hände und Füße verwendet. Vieles mussten wir einfach zeigen, zum Beispiel unsere Lieblingssportarten. Das war echt witzig! Ich habe nicht gewusst, dass es in Ungarn so viele Handballmannschaften gibt.

**Frau Schlüter, Paderborn**

Jedes Jahr kommen viele Austauschschüler aus unserer Partnerstadt Przemyśl zu uns nach Paderborn. Die polnischen Schüler sprechen ganz gut Deutsch, deshalb können wir uns besser kennen lernen. Meine Klasse interessiert sich besonders für Sport und arbeitet seit einem Jahr gemeinsam mit den polnischen und ungarischen Kollegen an einem Projekt. Ich finde es sehr gut, dass alle sehr viel auf Deutsch über Handball sprechen und schreiben müssen. Sie können dabei ihre Sprachkenntnisse verbessern.

**b** Lies die Texte noch einmal. Fass die Aussagen kurz zusammen.

*Die Austauschpartner kommen aus …*
*Alle interessieren sich für …*
*Sie sammeln …*
*Bartek hat nicht gewusst, dass …*
*Tibor findet es toll, dass …*
*Die Lehrerin findet es sehr gut, dass …*

# Schreiben

## 1 Verschiedene Typen

Stell dir vor, das ist ein Foto von deiner Clique. Schreib einen Brief an deinen Freund / deine Freundin aus der Partnerschule. Beschreib kurz die Personen auf dem Foto.

humorlos · fantasievoll · sportlich · lustig · ängstlich · fröhlich · musikalisch · ernst · intelligent · chaotisch

**Hallo ...,** ..., den 20. Februar 20....

wie geht es dir? Heute schicke ich dir mein Lieblingsfoto. Das ist meine Clique. Das Foto haben wir im Frühling gemacht. Links sitzt ..., er ist ... und sehr ... Er liest ... und ist manchmal ... In der Mitte sitzt ..., er ist ... , ... und spielt ... Rechts steht ... Sie fährt ... und ist ... Und dann ist da noch ..., er ...
Wir verbringen gemeinsam viel Zeit.
Kannst du mir deine Fotos schicken?
Ich warte!!!
Viele Grüße und bis bald
**Dein(e)** ...

## 2 Eine E-Mail von Max

**a** Lies die E-Mail. Was möchte Max genau wissen?

Hi,
hast du das Fußballmatch gestern gesehen? Wie war's denn? Ich konnte leider nicht zum Spiel kommen, weil ich mir mein linkes Bein gebrochen habe. Es tut ein bisschen weh ;-))) Schreib mir doch bitte, wie das Match war! Hat unsere Mannschaft gewonnen? Wer hat am besten gespielt? War das Spiel spannender als das letzte oder genauso langweilig? Wer hat am besten geschossen und auf welchem Platz sind wir jetzt in der Spieltabelle? Wann spielen wir wieder??? Ich weiß, dass ich viele Fragen stelle, aber ich muss alles genau wissen. Schreib mir bitte bald!
Max

**b** Du hast das Fußballspiel gesehen. Beantworte bitte Max' Fragen.

Lieber Max ,
ich habe gestern ...

# Fertigkeitstraining 4

## Hören

**1 Medienwelt**

**a** Hör bitte zu. Was für eine Sendung hörst du?

? Quizshow ? Nachrichtensendung ? Talkshow ? Werbung

**b** Hör bitte weiter. Welche Meinungen hörst du? Wähl aus.

| Mutter | Vater | Lehrer | Schülerin |
|---|---|---|---|
| a) ist von dem Computer nicht begeistert<br>b) kann stundenlang am Computer sitzen<br>c) findet Computer blöd | a) hat eine eigene Homepage<br>b) bewundert seine Tochter<br>c) kann keine Programme downloaden | a) ist ein großer Fan vom Internet<br>b) interessiert sich sehr für neue Medien<br>c) findet Lern-programme gut | a) hat eine schöne Homepage<br>b) macht mit ihrer Klasse ein Inter-netprojekt<br>c) braucht Hilfe am Computer |

**2 Heute feiern wir!**

**a** Hör bitte zu. Was feiern sie?

? Hochzeit ? Geburtstag ? Karneval

**b** Hör noch einmal und beantworte die Fragen.

1. Wann fängt die Party an?
2. Was sollen sie anziehen?
3. Was sollen sie mitbringen?

# Sprechen

## 1 Ferienpläne

**a** Lies die Notizen in den Kalendern von Leo und Karolina. Wie möchten sie ihre Ferien verbringen? Erzähl bitte.

**Karolina**

| Juli | |
| --- | --- |
| 3 Mo | Zug |
| 4 Di | München |
| 5 Mi | Deutschkurs |
| 6 Do | Studentenwohnheim |
| 7 Fr | Stadtbesichtigung, Ausflüge, Cafés ... |
| 8 Sa | Rückfahrt |

**Leo**

| August | |
| --- | --- |
| 14 Mo | Clique |
| 15 Di | Fahrradtour von Berlin bis an die Ostsee |
| 16 Mi | Campingplatz |
| 17 Do | Natur, Picknick |
| 18 Fr | Lagerfeuer, Gitarre ... |
| 19 Sa | Rückfahrt |

**b** Und wie möchtest du deine Ferien verbringen? Erzähl bitte.

1. Wann möchtest du reisen?
2. Mit wem möchtest du die Ferien verbringen?
3. Wohin möchtest du reisen?
4. Womit möchtest du fahren / fliegen?
5. Wo möchtest wohnen?
6. Was möchtest du machen?

## 2 Im Hotel

Du hast online ein Hotelzimmer reserviert. Du meldest dich an der Rezeption. Spielt die Situation zu zweit.

*Guten Tag, mein Name ist ...*

*Ein Einzel- oder ein Doppelzimmer?*

*Ich habe online ...*

*Kann ich bitte ...?*

*... mit Dusche.*

*Hier ist Ihr ...*

*Gibt es?*

*Um wie viel Uhr ...?*

*Wie lange ...?*

# Fertigkeitstraining 4

## Lesen

**1 Anzeigen: Suche, tausche, kaufe ...**

Lies die Anzeigen. Wer findet eine passende Anzeige? Ordne bitte zu.

Rebecca ist ein großer Fan von deutscher Popmusik.
Margarita hat viele Fotos von bekannten Schifahrern.
Paul braucht seine Autogrammkarten-Sammlung nicht mehr. Er hat viele Autogramme von Fußballern.
Noah sucht neues Material zu Harry Potter, hat aber wenig Geld.
Nina ist ein großer Fan von J. Lo und möchte gern über sie sprechen oder schreiben.
Christian möchte gern Mitglied im Fanclub von Bayern München werden.
Alessa hat viel Material von Sarah Connor, sie sucht alles über Avril Lavigne.

| Name | Rebecca | Margarita | Paul | Noah | Nina | Christian | Alessa |
|---|---|---|---|---|---|---|---|
| Anzeige | ? | ? | ? | ? | ? | ? | ? |

**1**

Hallo,
ich bin ein absoluter J. Lo-Fan. Wer hat Poster, Autogrammkarten usw. von ihr? Habe viel Material und zahle bei besonders tollen Sachen auch einen fairen Preis. Oder bist du selbst ein Fan von J. Lo? Schreib mir doch, dann können wir ein bisschen chatten.

gloria.e@gmx.ch

**2**

*Suche Autogrammkarten von internationalen Fußballspielern wie Beckham, Ballack, Ronaldinho usw.! Habe selbst auch jede Menge zum Tauschen: Eintrittskarten, Programme und Schals. Kaufe oder verkaufe auch.*

Frag mal an!
Tel.: 0711/4069362

**3**

Habe Material von WIR SIND HELDEN und den TOTEN HOSEN: Zeitungsartikel, Bücher, T-Shirts, Videos ... Hat jemand Interesse? Möchte die Sachen nicht wegwerfen! Zum Teil gratis, zum Teil für wenig Geld. Einfach mailen:
großstadtpflanze@web.de

**4**

Ich möchte gerne einige Poster loswerden, weil ich bald keinen Platz mehr in meinem Zimmer habe! Du kannst sie billig bei mir kaufen oder tauschen. Meine Sammlung reicht: von A (Avril Lavigne) bis Z (Catherine Zeta-Jones). Ich suche nur noch Dinge von Sarah Connor. Hast du Interesse? – Dann schreib mir doch!
pia.weber@gmx.ch

**5**

Suche ABSOLUT ALLES mit und von Hermann MAIER. Habe viel Tauschmaterial, Poster, Aufkleber, Fanartikel, Fotos von österreichischen und deutschen Schifahrern. Kann euch (fast) alles bieten! Bitte mailen. Ich brauche vor allem Fotos. Danke!
pistenschreck@yahoo.at

# Schreiben

**1 Auf eine Anzeige antworten**

Lies noch einmal die Anzeigen auf Seite 122. Welche Anzeige interessiert dich? Schreib eine Antwort.

*Ich habe deine … gelesen.*
*Ich bin auch ein großer Fan von …*
*Ich interessiere mich auch für …*
*Ich suche / brauche …*
*Ich habe selbst … von …*
*Möchtest du … tauschen?*
*Kannst du … schicken?*
*Wie viel kostet …?*
*Schreib …*

**2 Das schönste Fest**

Was ist für dich das schönste Fest? Schreib deinem Brieffreund / deiner Brieffreundin aus Österreich eine E-Mail.

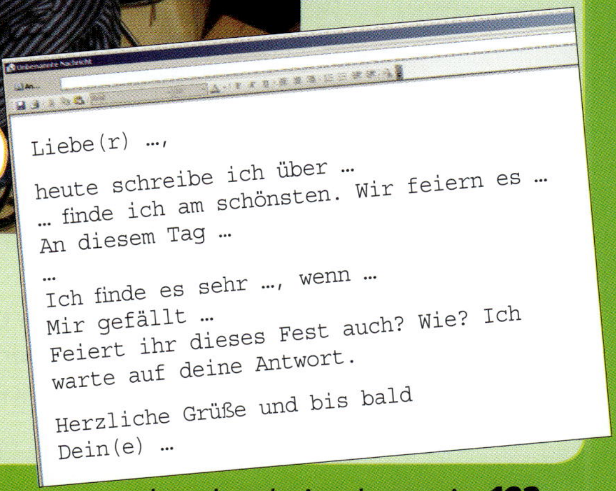

# Grammatik im Überblick

## 1 La phrase

### L'ordre des mots

**Phrase affirmative**

| | Position I | Position II | | |
|---|---|---|---|---|
| | Ich | heiße | Alexandra. | |
| **Verbes à particule non séparable** | Heute | besuche | ich meine Freunde. | |
| **Verbes à particule séparable** | Morgens | stehe | ich früh | auf. |
| **Verbes de modalité** | Wir | müssen | viel | lernen. |
| **Verbes suivis de l'infinitif** | Nachmittags | gehe | ich manchmal | shoppen. |
| **Verbes au parfait** | Im Juni | haben | wir eine Klassenfahrt | gemacht. |

**Les questions avec interrogatifs (W-Frage)**

| | | | | |
|---|---|---|---|---|
| | Wo | wohnst | du? | |
| **Verbes à particule non séparable** | Wen | besuchst | du? | |
| **Verbes à particule séparable** | Wann | stehst | du | auf? |
| **Verbes de modalité** | Was | willst | du | sagen? |
| **Verbes suivis de l'infinitif** | Warum | bleibst | du | stehen? |
| **Verbes au parfait** | Wohin | seid | ihr | gefahren? |

**Les questions fermées (oui/non)**

| | | | |
|---|---|---|---|
| | Hast | du Probleme? | |
| **Verbes à particule non séparable** | Verstehst | du die Frage? | |
| **Verbes à particule séparable** | Siehst | du viel | fern? |
| **Verbes de modalité** | Darfst | du abends | ausgehen? |
| **Verbes suivis de l'infinitif** | Lernst | du jetzt auch | surfen? |
| **Verbes au parfait** | Habt | ihr auf einem Bauernhof | gewohnt? |

### Les phrases avec plusieurs compléments

**Phrase affirmative**

| | | | | | |
|---|---|---|---|---|---|
| Ich | bin | | in den Ferien | zu Hause | geblieben. |
| Nächstes Jahr | möchte | ich | wieder | nach Rust | fahren. |
| Wir | waren | | im August drei Wochen lang | mit einer Gruppe in einer Hütte in den Bergen. | |

**Phrase interrogative**

| | | | | | |
|---|---|---|---|---|---|
| Wohin | fährst | du | nächstes Jahr | mit deinen Freunden? | |
| | Habt | ihr | in den Ferien | auf einem Bauernhof | gewohnt? |

Les compléments se placent entre la première et la seconde partie du verbe. Quand il y a plusieurs compléments, le complément de temps se place en général avant les autres. Mais les compléments peuvent être aussi placés en position I.

## Relier des propositions

### Proposition principale + proposition principale

Tu peux relier deux propositions avec *und, oder, aber*.

> On appelle les mots qui relient des propositions des « connecteurs ».

| | | | |
|---|---|---|---|
| Am Samstag spiele ich Fußball | **und** | am Sonntag besuche ich meine Oma. | *(gleichgeordnet)* |
| Macht doch eine Klassenparty | **oder** | organisiert ein Schulfest! | *(alternativ)* |
| Nesrin hat ein eigenes Zimmer, | **aber** | alle können durchgehen. | *(adversativ)* |

### Proposition principale + proposition subordonnée

**Subordonnée avec *dass***

Frage: **Was** glaubt Fabian?

| | | | |
|---|---|---|---|
| Fabian glaubt, | **dass** | Sport gut für den Alltag | **ist.** |

**proposition subordonnée**

**Subordonnée avec *weil***

Frage: **Warum** sammelt Kay so viele Eisstiele?

| | | | | |
|---|---|---|---|---|
| Er sammelt so viele Eisstiele, | **weil** | er im Guinessbuch der Rekorde | bleiben **möchte.** | Verbe de modalité |

**Subordonnée avec *wenn***

Frage: **Wann** hat Ariane Spaß?

| | | | | |
|---|---|---|---|---|
| Ariane hat viel Spaß, | **wenn** | sie ihre Freunde | **einlädt.** | Verbe à particule séparable |

Les connecteurs, *dass, weil, wenn* relient la proposition subordonnée à la proposition principale. Devant le connecteur, tu mets toujours une virgule. Le verbe conjugué se met à la fin de la proposition subordonnée. Chaque proposition subordonnée a une fonction définie que tu peux déterminer en posant des questions.

**La proposition subordonnée est placée avant :**
Tu peux placer certaines propositions subordonnées avant la proposition principale. Par exemple : si une proposition introduite par *wenn* est en position I, le verbe de la proposition principale sera alors en position II.

| **Position I** | | | **Position II** | | |
|---|---|---|---|---|---|
| **Wenn** | Ariane ihre Freunde | einlädt, | hat | sie | viel Spaß. |

### Phrases avec *deshalb*

Tu peux justifier quelque chose avec *deshalb* qui se place les plus souvent en position I.

| | **Position I** | **Position II** | | | |
|---|---|---|---|---|---|
| Bernd hat viele Freunde in Essen. | **Deshalb** | möchte | er | nicht | wegziehen. |

## 2 Le verbe

### Le présent et le prétérit de *sein* et *haben*

| | sein | | haben | |
|---|---|---|---|---|
| | Présent | Prétérit | Présent | Prétérit |
| **ich** | bin | war ❗ | habe | hatte ❗ |
| **du** | bist | warst | hast | hattest |
| **er / es / sie** | ist | war ❗ | hat | hatte ❗ |
| **wir** | sind | waren | haben | hatten |
| **ihr** | seid | wart | habt | hattet |
| **sie / Sie** | sind | waren | haben | hatten |

Au prétérit, la 1re et la 3e personnes du singulier sont identiques.

Après *haben*, le nom est à l'accusatif.

Quand tu racontes quelque chose au passé, tu utilises *sein* et *haben* au prétérit.

Wie **war** dein Gespräch mit Mira? ▶ Ein bisschen Angst **hatte** ich schon, aber Mira **ist** voll nett.
**Hat** sie Geschwister? ▶ Ja, einen Bruder und zwei Schwestern.

Tu utilises aussi *sein* et *haben* au parfait. (➔ Le parfait p. 128)

### Le présent des verbes réguliers et irréguliers

| | régulier | irrégulier : a ▶ ä | | e ▶ i / ie | | |
|---|---|---|---|---|---|---|
| | **lernen** | **fahren** | **laufen** | **sprechen** | **lesen** | **nehmen** |
| **ich** | lerne | fahre | laufe | spreche | lese | nehme |
| **du** | lernst | fährst | läufst | sprichst | liest ❗ | nimmst ❗ |
| **er / es / sie** | lernt | fährt | läuft | spricht | liest ❗ | nimmt ❗ |
| **wir** | lernen | fahren | laufen | sprechen | lesen | nehmen |
| **ihr** | lernt | fahrt | lauft | sprecht | lest | nehmt |
| **sie / Sie** | lernen | fahren | laufen | sprechen | lesen | nehmen |
| Aussi : | gehen, fragen, lachen, reparieren, ... | schlafen, gefallen, anfangen, ... | | essen, du isst ❗ geben, vergessen, ... | sehen, du siehst ❗ | |

La plupart des verbes sont réguliers et tu dois apprendre les verbes irréguliers !

**Petites particularités :**

heißen : du hei**ßt** (aussi : gießen, reisen)
sitzen : du sit**zt** (aussi : tanzen)
rechnen : du rechn**e**st, er rechn**e**t, ihr rechn**e**t (aussi : zeichnen, ...)
finden : du find**e**st, er find**e**t, ihr find**e**t (aussi : warten, antworten, chatten)
klettern : ich klett(e)**re**
sammeln : ich samm**le** (aussi : basteln, klingeln)

### Le verbe *werden*

| | |
|---|---|
| **ich** | werde |
| **du** | wirst |
| **er / es / sie** | wird |
| **wir** | werden |
| **ihr** | werdet |
| **sie / Sie** | werden |

Ich **werde** vielleicht Lehrerin.
Du **wirst** nie eine Künstlerin!
Mein Deutsch **wird** immer besser. Es **wird** Frühling.
Wir **werden** Weltmeister.
**Werdet** ihr Freunde?
Die Kinder **werden** langsam müde.

### Verbes à particule séparable

Ils existent sous deux formes : en un mot seulement à l'infinitif et en deux mots quand ils sont conjugués dans la phrase. (➔ Le parfait, p. 128)

| | |
|---|---|
| **ab-** | abholen, abfahren, abkühlen, abnehmen, abreisen, ... |
| **an-** | anfangen, ankommen, anrufen, annehmen, ansehen, anziehen, ... |
| **auf-** | aufführen, aufnehmen, aufräumen, aufsagen, aufschreiben, aufstehen, ... |
| **aus-** | ausfüllen, ausgeben, ausgehen, ausprobieren, ausschlafen, aussteigen, ... |
| **durch-** | durchgehen, durchfahren, durchsagen, durchlesen, ... |
| **ein-** | einkaufen, einladen, einschlafen, einsteigen, ... |
| **mit-** | mitbringen, mitgehen, mithelfen, mitmachen, mitnehmen, mitschicken, ... |
| **vor-** | vorstellen, vorspielen, ... |
| **weg-** | weggehen, wegnehmen, wegwerfen, ... |
| **zu-** | zuhören, zuschauen, ... |
| **zurück-** | zurückfahren, zurückkommen, ... |

Aussi : fern|sehen, dazu|geben, statt|finden, teil|nehmen, ...

**Fängt** das Fest um 16.00 Uhr **an**? Wen hast du **eingeladen**? Ich **bringe** Getränke **mit**.

### Verbes à particule non séparable

Le préfixe et le verbe sont toujours ensemble.
(➔ Le parfait, p. 128)

| | |
|---|---|
| **be-** | bedeuten, beginnen, bekommen, sich beschäftigen mit, bestellen, besuchen, ... |
| **ent-** | entdecken, enttäuschen, ... |
| **er-** | ergänzen, sich erholen, erleben, sich ernähren, erzählen, ... |
| **ge-** | gefallen, gehören, ... |
| **ver-** | verbessern, verbringen, vergessen, sich verletzen, vermissen, verschicken, ... |

Aussi : übersetzen, sich unterhalten, ... (➔ La phrase, p. 124)

Sie **besucht** ihre Großeltern. **Erzähl** uns eine Geschichte! Ich **habe** einen Fehler **entdeckt**.

### L'impératif

Tu peux construire l'impératif à partir du radical du verbe à l'infinitif. C'est différent uniquement pour les verbes irréguliers en *-e*.

| **Infinitif** | **Singulier (du-Form)** | **Pluriel (ihr-Form)** | **Sg + Pl (Sie-Form)** |
|---|---|---|---|
| kommen | Komm bitte. | Kommt bitte. | Kommen Sie bitte. |
| lesen<br>sprechen | Lies bitte mit.<br>Sprich bitte Deutsch. | Lest bitte mit.<br>Sprecht bitte Deutsch. | Lesen Sie bitte vor.<br>Sprechen Sie bitte laut. |
| an\|fangen | **Fang** bitte **an**. | **Fangt** bitte **an**. | **Fangen** Sie bitte **an**. |
| erzählen | **Er**zähl bitte etwas. | **Er**zählt bitte etwas. | **Er**zählen Sie bitte etwas. |

**Petites particularités :**
zeichnen : Zeichne / Zeichnet bitte ein Bild.
Aussi : antworten, einladen

Fangt bitte an. = demande amicale
Fangt jetzt an ! = ordre

Certains verbes ont un impératif singulier sans *-e* (le plus souvent à l'oral) et avec un *-e* (à l'écrit) :
Buchstabier / Buchstabier**e** bitte das Wort. - Ergänz / Ergänz**e** bitte den Text. - Wähl / Wähl**e** aus!

## Le parfait

Quand tu racontes quelque chose au passé, tu utilises le parfait.
Il est composé du participe passé et des auxiliaires *sein* ou *haben*.

À la p. 138, tu trouves les formes des verbes irréguliers.

### Participe passé

Les verbes réguliers et irréguliers ont des formes de participe passé différentes. Mais fais attention au verbe : s'il est à particule séparable ou inséparable.

| | **Verbes réguliers** | **Verbes irréguliers** |
|---|---|---|
| | **Terminaison : -(e)t** | **Changement de voyelle fréquent, Terminaison : -en** |
| Verbes simples : *ge-* | antworten – hat **ge**antwort**et** (!)<br>holen – hat **ge**hol**t**<br>rechnen – hat **ge**rechn**et**<br>schicken – hat **ge**schick**t** | treffen – hat **ge**troff**en**<br>singen – hat **ge**sung**en**<br>laufen – ist **ge**lauf**en**<br>essen – hat ge**ge**ss**en** (!) |
| Verbes à particule séparable : *-ge-* placé au milieu | abholen – hat ab**ge**hol**t**<br>aufräumen – hat auf**ge**räum**t**<br>einkaufen – hat ein**ge**kauf**t** | aufstehen – ist auf**ge**stand**en**<br>hinfahren – ist hin**ge**fahr**en**<br>vorlesen – hat vor**ge**les**en** |
| Verbes à particule non séparable : sans *ge-* | besuchen – hat besuch**t**<br>erzählen – hat erzähl**t**<br>verstecken – hat versteck**t** | beginnen – hat begonn**en**<br>vergessen – hat vergess**en**<br>gefallen – hat gefall**en** |
| Verbes en *-ieren* : sans *ge-* Terminaison : *-t* | funktionieren – hat funktionier**t**<br>reparieren – hat reparier**t** | |
| Verbes mixtes : la voyelle change, Terminaison : *-t* | wissen – hat gew**usst**<br>denken – hat ged**acht**<br>bringen – hat gebr**acht** | brennen – hat gebr**annt**<br>kennen – hat gek**annt**<br>rennen – ist ger**annt** |

### Le parfait avec *sein* ou *haben*

| **Parfait avec *sein*** | **Parfait avec *haben*** |
|---|---|
| Verbes de mouvement et de changement | La plupart des verbes |
| Im Sommer **sind** wir in die Alpen **gefahren**.<br>Es **ist** kalt **geworden**.<br>Was **ist passier**t?<br>aussi *bleiben*:<br>Wie lange **seid** ihr in Berlin **geblieben**? | Ich **habe** heute bis 10 Uhr **geschlafen**.<br>Wir **haben** interessante Leute **kennen gelernt**.<br>Woher **hast** du **gewusst**, dass ich in Berlin **war**? |

Se construisent au parfait avec *haben* :
- la plupart des verbes,
- tous les verbes suivis de l'accusatif,
- les verbes pronominaux (avec *sich*)

Quand tu racontes quelque chose au passé, tu utilises *sein* et *haben* au prétérit. (p. 126)

## Les verbes de modalité

Ils expriment la prise de position du locuteur. *Er will / muss / darf / kann / möchte / soll ein Gedicht aufsagen*. Ils sont suivis la plupart du temps de l'infinitif.

### Significations

| | |
|---|---|
| Ich **will** jetzt Musik hören. | Désir très fort ; désir énergique et entêté |
| Wir **möchten** einen Kuchen backen. | Désir exprimé poliment et discrètement |
| Er **muss** das Aquarium putzen. | Obligation |
| Du **darfst** heute Abend ausgehen. | Permission |
| Er **darf nicht** Moped fahren. | Interdiction |
| Wir **können** ein Fest organisieren. | Possibilité |
| Sie **kann** gut schwimmen. | Capacité |
| Ich **kann** heute leider nicht kommen. | Impossibilité |
| Wir **sollen** uns gesund ernähren. | Conseil / souhait d'une autre personne |

### Le présent des verbes de modalité

| | **wollen** | **müssen** | **dürfen** | **können** | **sollen** | **möcht-** |
|---|---|---|---|---|---|---|
| **ich** | will | muss | darf | kann | soll | möchte |
| **du** | willst | musst | darfst | kannst | sollst | möchtest |
| **er / es / sie** | will | muss | darf | kann | soll | möchte |
| **wir** | wollen | müssen | dürfen | können | sollen | möchten |
| **ihr** | wollt | müsst | dürft | könnt | sollt | möchtet |
| **sie / Sie** | wollen | müssen | dürfen | können | sollen | möchten |

La 1re et la 3e personne sont identiques.

### Le prétérit des verbes de modalité

| | **wollen** | **müssen** | **dürfen** | **können** | **sollen** |
|---|---|---|---|---|---|
| **ich** | wollt**e** | musst**e** | durft**e** | konnt**e** | sollt**e** |
| **du** | wollt**est** | musst**est** | durft**est** | konnt**est** | sollt**est** |
| **er / es / sie** | wollt**e** | musst**e** | durft**e** | konnt**e** | sollt**e** |
| **wir** | wollt**en** | musst**en** | durft**en** | konnt**en** | sollt**en** |
| **ihr** | wollt**et** | musst**et** | durft**et** | konnt**et** | sollt**et** |
| **sie / Sie** | wollt**en** | musst**en** | durft**en** | konnt**en** | sollt**en** |

La 1re et la 3e personne sont identiques.

Quand tu racontes quelque chose au passé, tu utilises les verbes de modalité au prétérit :
Ich **wollte** ja kommen, aber ich **durfte** nicht, ich **musste** zu Hause bleiben.
Uwe **sollte** um 10 Uhr nach Hause kommen. Seine Eltern **wollten** es. (➔ La phrase, p. 124)

### Le verbe *mögen*

| | **Présent** |
|---|---|
| **ich** | mag |
| **du** | magst |
| **er / es / sie** | mag |
| **wir** | mögen |
| **ihr** | mögt |
| **sie / Sie** | mögen |

**Significations**
Les personnes : **Mögt** ihr Heidi Klum?
*(= Findet ihr sie nett? Gefällt sie euch?)*
Les choses : Ich **mag** Sport und Musik.
*(= Das mache / habe ich gern.)*
Les aliments : **Magst** du Nutella? ▶ Na klar!
*(= Das schmeckt mir.)*

La 1re et la 3e personne sont identiques.

*mögen* est suivi de l'acusatif :
Ich mag **dich**.

### Les verbes suivis d'une préposition

Certains verbes sont construits avec une préposition. Le complément qui les suit est soit à l'accusatif soit au datif.

| | |
|---|---|
| einladen, gratulieren **zu + datif** | Ich lade dich **zum** Geburtstag ein. |
| handeln, erzählen **von + datif** | Das Buch handelt **von einem** Kind. |
| warten, sich freuen **auf + accusatif** | Sie warten **auf den** Weihnachtsmann. |
| sprechen, sich ärgern **über + accusatif** | Sie sprechen **über das** Problem |
| sich treffen, sich beschäftigen **mit + datif** | Sie trifft sich **mit ihm**. |
| sich interssieren, sich engagieren **für + accusatif** | Ich engagiere mich **für die** Umwelt. |

Quand tu poses une question, si cette question concerne une personne ou une chose, tu ne peux pas poser la question de la même manière.

**Choses :**

**Worüber** habt ihr gesprochen? **Über** Umweltschutz.
**Wofür** interessiert sich Urs? **Für** Geschichte.
**Worauf** wartet deine Schwester? **Auf** einen Anruf von dir.

**Personnes :**

**Über wen** habt ihr gesprochen? **Über** unseren Mathelehrer.
**Für wen** interessiert sich Urs? **Für** Hermann Maier.
**Auf wen** wartet deine Schwester? **Auf** ihren Freund.

Wo + *zu, für, mit, von, ...*
➔ Wofür? Womit? Wovon?

Wo + *auf, über, ...*
➔ Worauf? Worüber? ...

### Les verbes pronominaux (avec *sich*)

| | **Accusatif** | |
|---|---|---|
| Ich fühle | mich | |
| Du fühlst | dich | |
| Er / Es / Sie fühlt | sich | |
| Wir fühlen | uns | hier sehr wohl. |
| Ihr fühlt | euch | |
| Sie / sie fühlen | sich | |

*Sich* s'utilise pour la 3e personne du singulier, du pluriel et pour la forme de politesse. Les autres formes sont les mêmes que celles du pronom personnel à l'accusatif.

Aussi : sich ernähren, sich bewegen, sich unterhalten, sich verlieben, sich interessieren für, ...

### Les verbes suivis d'un infinitif

Après *gehen, lernen, bleiben* le verbe qui suit est à l'infinitif. (➔ La phrase, p. 124)

**Gehst** du heute Nachmittag auch Tennis **spielen**? Marina **hat** einen netten Jungen **kennen gelernt**. Ulrika **möchte** am liebsten den ganzen Tag am Strand **sitzen bleiben**.

## 3 Le nom

### Les articles

#### L'article défini

Les noms ont un genre. Tu reconnais le genre à l'article défini.

| Masculin | Neutre | Féminin | Pluriel |
|---|---|---|---|
| **der** Schrank | **das** Poster | **die** Pflanze | **die** Bücher |

#### L'article indéfini et sa négation *(kein-)*

| Masculin | Neutre | Féminin | Pluriel |
|---|---|---|---|
| **ein** Schrank | **ein** Poster | **eine** Pflanze | – Bücher |
| **kein** Schrank | **kein** Poster | **keine** Pflanze | **keine** Bücher |

Avec l'article indéfini, tu nommes quelque chose de nouveau. Avec l'article défini, tu nommes quelque chose de connu.

Petra hat **einen** Hund. **Der** Hund heißt Cäsar.
Gibt es hier **ein** Jugendzentrum? ▸ **Das** Jugendzentrum ist in der Schlossstraße.

### L'adjectif possessif
Il a la même terminaison que l'article indéfini.

| Masculin | Neutre | Féminin | Pluriel |
|---|---|---|---|
| **mein** Schrank | **mein** Poster | **meine** Pflanze | **meine** Bücher |
| **dein** Schrank | **dein** Poster | **deine** Pflanze | **deine** Bücher |
| **sein / ihr** Schrank* | **sein / ihr** Poster * | **seine / ihre** Pflanze* | **seine / ihre** Bücher* |
| **unser** Schrank | **unser** Poster | **unsere** Pflanze | **unsere** Bücher |
| **euer** Schrank | **euer** Poster | **eu(e)re** Pflanze | **eu(e)re** Bücher |
| **ihr / Ihr** Schrank | **ihr / Ihr** Poster | **ihre / Ihre** Pflanze | **ihre / Ihre** Bücher |

* Wolf räumt **sein|en** Schrank auf. Nora stellt **ihr|e** Bücher ins Regal.

### Déclinaison
Les articles ont une terminaison qui sert de signal : il montre quelle fonction le nom a dans la phrase.

Le sujet au nominatif : **Mein Freund** heißt Per.
L'objet direct à l'accusatif : Kennst du **meinen** Freund Per?
L'objet indirect au datif : Die CD gefällt **meinem** Freund.

Il y a 5 signaux :
*r, s, e, n, m*

| | Masculin | Neutre | Féminin | Pluriel |
|---|---|---|---|---|
| **Nominatif** | de**r** Freund<br>ein Freund<br>kein Freund<br>mein Freund | da**s** Mädchen<br>ein Mädchen<br>kein Mädchen<br>mein Mädchen | di**e** Freundin<br>ein**e** Freundin<br>kein**e** Freundin<br>mein**e** Freundin | di**e** Freunde –<br>Freunde<br>mein**e** Freunde<br>kein**e** Freunde |
| **Accusatif** | de**n** Freund<br>ein**en** Freund<br>kein**en** Freund<br>mein**en** Freund | da**s** Mädchen<br>ein Mädchen<br>kein Mädchen<br>mein Mädchen | di**e** Freundin<br>ein**e** Freundin<br>kein**e** Freundin<br>mein**e** Freundin | di**e** Freunde –<br>Freunde<br>kein**e** Freunde<br>mein**e** Freunde |
| **Datif** | de**m** Freund<br>ein**em** Freund<br>kein**em** Freund<br>mein**em** Freund | de**m** Mädchen<br>ein**em** Mädchen<br>kein**em** Mädchen<br>mein**em** Mädchen | de**r** Freundin<br>ein**er** Freundin<br>kein**er** Freundin<br>mein**er** Freundin | de**n** Freunde**n** ! –<br>Freunde<br>kein**en** Freunde**n**<br>mein**en** Freunde**n** |

La plupart des verbes sont suivis de l'accusatif, mais certains sont suivis du datif et tu dois les apprendre.

helfen
gefallen
antworten

Ich muss heute **meiner Mutter** helfen.
Das Buch hat **meinen Eltern** sehr gefallen.
Die Kinder antworten **der Lehrerin**.

Au datif pluriel le nom prend un *-n*.

Aussi : danken, gehören, passieren, antworten

Certains verbes sont suivis à la fois du datif (pour les personnes) et de l'accusatif (pour les choses).

zeigen
schenken
geben
erzählen

Kay zeigt seinen Freunden seine Eisstielsammlung.
Den Ring schenke ich meiner Schwester.
Gib mir bitte das Buch!
Ich habe meiner Freundin die Geschichte auch schon erzählt.

____ = datif
........ = **accusatif**

### Le pluriel du nom

Il n'y a pas vraiment de règle pour le pluriel des noms. Le mieux est que tu l'apprennes toujours en même temps que le singulier.

| -e | ¨-e | -n | -en |
|---|---|---|---|
| der Brief – die Briefe | der Ball – die Bälle | die Blume – die Blumen | die Frau – die Frauen |

| -er | ¨-er | ¨ | – |
|---|---|---|---|
| das Lied – die Lieder | der Wald – die Wälder | der Apfel – die Äpfel | der Schüler – die Schüler |

| -s | -nen |
|---|---|
| der Kuli – die Kulis | die Lehrerin – die Lehrerinnen |

## 4 Les pronoms

### Les pronoms personnels

Les pronoms personnels, comme les noms, ont des fonctions différentes dans la phrase.

| | | | | | | | | | |
|---|---|---|---|---|---|---|---|---|---|
| **Nominatif** | ich | du | er | es | sie | wir | ihr | sie | Sie |
| **Accusatif** | mich | dich | ihn | es | sie | uns | euch | sie | Sie |
| **Datif** | mir | dir | ihm | ihm | ihr | uns | euch | ihnen | Ihnen |

Quelques formes sont identiques.

**Ich** wohne jetzt am Stadtrand. Besucht **mich** mal. Ihr könnt **mir** eine CD mitbringen.
Das ist Ronaldo. **Er** ist sehr nett. Suzy mag **ihn** und sie gefällt **ihm** auch.
Frau Albers, schreiben **Sie** doch bitte eine E-Mail. Wir antworten **Ihnen** dann schnell.

Les pronoms personnels dans le texte :

Rosanna sieht im Schaufenster einen langen Rock. **Er** gefällt **ihr** und **sie** kauft **ihn**.

Viele Stars haben Glücksbringer: **Sie** glauben, dass **sie ihnen** Glück bringen.

### Le *es* impersonnel

Tu l'utilises dans certains expressions en référence à la méteo.

| **Les verbes** | **Les adjectifs** | **Les températures** | **Les expressions avec *werden*** |
|---|---|---|---|
| Es regnet. | Es ist sonnig. | Es sind 17 Grad. | Es wird kalt / wärmer. |
| Es schneit. | Es ist bewölkt. | | Es wird Frühling / Herbst. |
| | Es ist neblig. | | |
| | Es ist windig. | | |

### Le *man* impersonnel

Tu l'utilises quand tu veux dire « tout le monde ». Avec *man* tu peux formuler aussi des règles d'usage général.

In Deutschland spricht **man** Deutsch. Nomen schreibt **man** groß. Mit 15 darf **man** Mofa fahren.

### Le pronom indéfini

Tu ne peux rien nommer de concret : ni une personne, ni une chose.

Da ist **jemand** an der Tür! ▶ Ich sehe **niemanden**.
Hörst du **etwas**? ▶ Ich höre **nichts**.
Ich habe **alles** gewusst. ▶ Ich habe **nichts** gewusst. (➔ La négation, p. 133)

## 5 La négation

### La négation avec *kein* ou *nicht*

Hast du **keinen** Bleistift? — Négation du nom avec *kein*.
Er findet seinen Bleistift **nicht**. — Négation de la phrase avec *nicht*. *Nicht* est placé :
Ich gehe heute **nicht** in die Schule. — • devant le complément de lieu
Meine Freundin holt mich heute **nicht** ab. — • devant la particule du verbe
Ich habe die Hausaufgaben **nicht** gemacht. — • devant le participe passé

### Autres mots qui expriment la négation

**niemand** (↔ jemand)
**nichts** (↔ etwas, alles)
**nie** (↔ immer, oft)

Hier sieht dich **niemand**.
Sag **nichts**!
Warst du (noch) **nie** in der Schweiz?

## 6 L'adjectif

### *sein* + adjectif

Après *sein* l'adjectif reste invariable.

Simon und Petra sind **abenteuerlustig**. Ich bin **abenteuerlustig**. Seid ihr auch **abenteuerlustig**?

### Article + adjectif + nom

L'adjectif a différentes terminaisons : quand l'article porte déjà le signal dans sa terminaison, l'adjectif a une terminaison en *-e* ou *-en*. Quand l'article ne porte pas le signal dans sa terminaison, c'est l'adjectif qui porte la terminaison.

| | Masculin | Neutre | Féminin | Pluriel |
|---|---|---|---|---|
| | | **Article défini + adjectif + nom** | | |
| **Nominatif** | de**r** rot**e** Ohrring | da**s** grün**e** Handtuch | di**e** lang**e** Kette | di**e** leer**en** Flaschen |
| **Accusatif** | de**n** rot**en** Ohrring | da**s** grün**e** Handtuch | di**e** lang**e** Kette | di**e** leer**en** Flaschen |
| | | **Article indéfini + adjectif + nom** | | |
| **Nominatif** | ein groß**er** Fan | ein toll**es** Programm | ein**e** cool**e** Serie | international**e** Stars |
| **Accusatif** | ein**en** groß**en** Fan | ein toll**es** Programm | ein**e** cool**e** Serie | international**e** Stars |

### Comparatif et superlatif

Ils te servent à comparer des personnes et des choses.

Anja rennt **schnell**, Marja rennt **schneller**, Ilse rennt **am schnellsten**.

Comparatif : *-er*
Superlatif : *am ...-sten*

**Petites particularités**
groß – gr**ö**ßer – am gr**öß**ten, aber: heiß – heißer – am heiß**e**sten
weit – weiter – am weit**e**sten, laut – lauter – am laut**e**sten — adjectifs avec *-t*
alt – **ä**lter – am **ä**ltesten, lang – l**ä**nger – am l**ä**ngsten — adjectifs courts avec *a, o, u*
genau – genauer – am genau**e**sten
hoch – h**ö**her – am h**ö**ch**sten, nah – n**ä**her – am n**ä**ch**sten
teuer – teu**r**er – am teuersten, flexibel – flexi**bl**er – am flexibelsten

| | |
|---|---|
| gern – lieber – am liebsten<br>gut – besser – am besten<br>viel – mehr – am meisten | Äpfel esse ich **gern**, Birnen **lieber**, aber **am liebsten** Schokoriegel.<br>In Musik ist sie **gut**, in Mathe **besser**, aber **am besten** ist sie in Sport.<br>Lisa liest **viel**, Per liest **mehr**, Kay liest **am meisten**. |

### Comparaisons avec *als / genauso wie / nicht so wie*

Ich finde Snowboardfahren **schöner als** Schifahren und **genauso schön wie** Inlineskaten.
In Englisch ist Lara **besser als** in Italienisch, aber **nicht so gut wie** in Deutsch.

## 7 Les prépositions

Il y a des prépositions, qui sont toujours suivies soit du datif soit de l'accusatif. Mais certaines sont suivies parfois de l'accusatif et parfois du datif. On les appelle *Wechselpräpositionen* (prépositions changeantes en allemand) et « prépositions spatiales » en français.

### Prépositions suivies du datif

| | |
|---|---|
| aus | **Aus den** Tomatendosen wird ein Kunstwerk. |
| bei | Nina ist **beim** Rudern ins Wasser gefallen. |
| mit | Heute Mittag treffen wir uns **mit unseren** Freunden. |
| nach | **Nach dem** Fest gehen alle nach Hause. |
| von | Das Buch handelt **vom** Leben auf dem Land. |
| zu | Herzlichen Glückwunsch **zum** Geburtstag. |
| bis ... zu | Der Bus fährt **bis zur** Sonnenstraße. |

### Prépositions suivies de l'accusatif

| | |
|---|---|
| durch | Gehen Sie geradeaus **durch** den Park. |
| für | Die Kette habe ich **für meine** Freundin gekauft. |
| um | Der Supermarkt ist gleich **um die** Ecke. |

### Compléments de lieu au datif ou à l'accusatif : prépositions spatiales

| **Prépositions locatives : datif**<br>**Wo ist / gibt es / steht / ...?** ⊙ | **Prépositions directionnelles : accusatif**<br>**Wohin geht / fährt / ...?** ⇨ |
|---|---|
| **Im** Supermarkt. **In der** Bücherei. | **In den** Supermarkt. **In die** Bücherei. |
| **Am** Seeufer. **An der** Kinokasse. | **Ans** Seeufer. **An die** Kinokasse. |
| **Auf dem** Rathaus. **Auf der** Post. | **Aufs** Rathaus. **Auf die** Post. |
| **Neben dem** Sportplatz. **Neben der** Bank. | **Neben den** Sportplatz. **Neben die** Bank. |
| **Über dem** Bahnhof. **Über der** Kreuzung. | **Über den** Bahnhof. **Über die** Kreuzung. |
| **Unter dem** Baum. **Unter der** Brücke. | **Unter den** Baum. **Unter die** Brücke. |
| **Vor dem** Café. **Vor der** Pizzeria. | **Vor das** Café. **Vor die** Pizzeria. |
| **Hinter dem** Theater. **Hinter der** Schule. | **Hinter das** Theater. **Hinter die** Schule. |
| **Zwischen dem** Kino und **der** Bank. | **Zwischen das** Kino und **die** Bank. |

| | |
|---|---|
| in dem → | im |
| in das → | ins |
| auf das → | aufs |
| an dem → | am |
| an das → | ans |

### Compléments de lieu avec d'autres prépositions

| | |
|---|---|
| **Wo** bist du? | **Bei meinem** Onkel / **meiner** Tante / **meinen** Großeltern.<br>**Zu** Hause. |
| **Wohin** gehst du? | **Zu meinem** Onkel / **meiner** Tante / **meinen** Großeltern.<br>**Nach** Hause. |
| **Wohin** fährt die Straßenbahn? | **(Bis) zur** Kreuzung.<br>**Um die** Ecke. |

## Indications géographiques

| | sans article | avec article | |
|---|---|---|---|
| **Woher** kommen Sie? | **Aus** Österreich. | **Aus der** Schweiz. **Aus den** USA. | (pays) |
| | **Aus** Wien. | | (villes) |
| | **Aus** Bayern. | **Aus dem** Erzgebirge. **Aus den** Alpen. | (régions) |
| | | **Von der** Ostsee. **Vom** Wörthersee. | (mers/lacs) |
| | **Von** Rügen. | **Von der** Insel Rügen. | (îles) |
| **Wo** verbringst du die Ferien? | **In** Deutschland. | **In der** Schweiz. **In den** USA. | (pays) |
| | **In** München. | | (villes) |
| | **In** Bayern. | **Im** Erzgebirge. **In den** Alpen. | (régions) |
| | | **An der** Ostsee. **Am** Wörthersee. | (mers/lacs) |
| | **Auf** Rügen. | Auf der **Insel Rügen**. | (îles) |
| **Wohin** fahrt ihr in den Ferien? | **Nach** Polen. | **In die** Schweiz. **In die** USA. | (pays) |
| | **Nach** Krakau. | | (villes) |
| | **Nach** Ostdeutschland. | **Ins** Erzgebirge. **In die** Alpen. | (régions) |
| | | **An die** Ostsee. / **An den** Wörthersee. | (mers/lacs) |
| | **Nach** Rügen. | **Auf die** Insel Rügen. | (îles) |

## Autres indications géographiques

**Woher?**

**Aus dem** Süden / Norden / Osten / Westen.
**Von der Grenze zwischen** Deutschland und Österreich.

**Wo?**

**Im** Süden / Norden / Osten / Westen von Berlin.
**Nördlich / südlich / östlich / südwestlich von** Warschau.
**An der Grenze zu** Polen / **zur** Schweiz / **zu den** USA.
**In der Nähe von** München.

**Wohin?**

**In den Süden / Norden / Osten / Westen von** Österreich.
**Durch den Süden / Norden / Osten / Westen von** Deutschland.
**Durch** Deutschland. Durch **die** Schweiz / **die** USA / **das** Erzgebirge.
**An die Grenze zu** Polen / **zur** Schweiz / **zu den** USA.
**In die Nähe von** München.

## Adverbes

| | |
|---|---|
| hier | Was machst du **hier**? |
| dort | Geh ins Einkaufszentrum. **Dort** ist ein Modeshop. |
| da | **Da** gibt es tolle Klamotten. |
| links / rechts | **Links** ist eine Buchhandlung und **rechts** ein Handyladen. |
| oben / unten | **Unten** ist ein Schuhgeschäft, **oben** im dritten Stock ist ein Café. |

## Compléments de temps

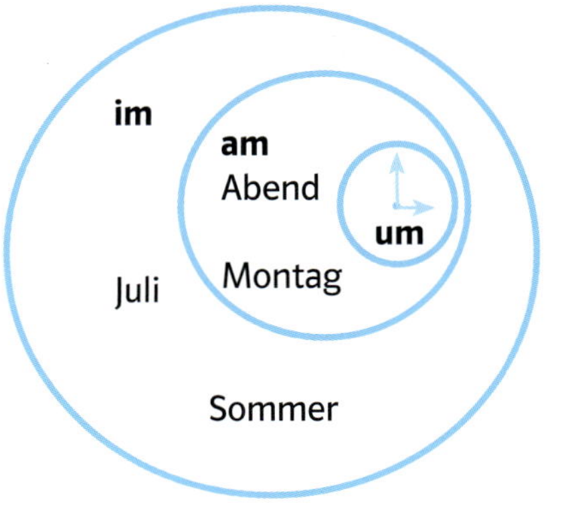


### Heure / durée

| | |
|---|---|
| **Wie viel Uhr** ist es? / **Wie spät** ist es? | Es ist Viertel **vor** sieben. |
| **Um wie viel Uhr** fängt die Schule an? | **Um** halb neun. |
| **Wann** stehst du auf? | **Um** sieben. |
| **Wie lange** läuft der Film? | **Von** 20 **bis** 21.30 Uhr. |
| | **Bis (zum)** Sonntag. |

**Date dans le futur**
**Wann** beginnt der Film / dein Urlaub? — **In** 10 Minuten. / **In einem** Monat.

**Date**
**Wann** hast du Geburtstag? — **Am** 5.6. (fünften Sechsten).

**Jours, mois, saisons**
**Wann** triffst du deine Freunde? — **Am** Samstag. / **Im** Juli. / **Im** Sommer.

**Fêtes**
**Wann** gibt es ein Familientreffen? — **Zu** / **An** Weihnachten / Ostern.

**Date avant/après**
**Wann** joggst du? — **Vor dem** Frühstück und **nach dem** Abendessen.

**Autres indications temporelles**
**Durée : Wie lange?** eine halbe Stunde / zwei Stunden / einen Tag / einen Monat / zwei Jahre
**Répétition : Wie oft?** täglich / jeden Tag / einmal wöchentlich / einmal im Monat / zweimal im Jahr

**Adverbes**

| Wann? | |
|---|---|
| jetzt | Fangen wir **jetzt** an? |
| heute | **Heute** gehe ich nicht in die Schule. |
| morgen | Wir fahren **morgen** in die Berge. |
| sofort | Ich komme **sofort**. |
| zuerst | Wir nehmen **zuerst** 160 g Butter. |
| dann | **Dann** mixen wir alles. |
| danach | **Danach** geben wir das Mehl dazu. |
| zum Schluss | **Zum Schluss** essen wir den Kuchen. |

| Wie oft? | |
|---|---|
| immer | Mittags isst Sonja **immer** Gemüse. |
| oft | Sie isst **oft** Nudeln dazu, |
| manchmal | **manchmal** auch Reis. |
| selten | Fisch isst sie **selten**, |
| nie | Fleisch **nie**. |

## 8 Adjectifs interrogatifs

| | Personnes | Choses |
|---|---|---|
| **Nominatif** | **Wer** ist das?<br>**Wer** organisiert die Party? | **Was** ist das?<br>**Was** liegt auf dem Tisch? |
| **Accusatif** | **Wen** lädt er ein? | **Was** kaufst du? |
| **Datif** | **Wem** gehört der Ring? | |

**Indications de lieu**
**Woher** kommst du? — **Wo** wohnst du? — **Wohin** fahrt ihr im Sommer?

**Indications de temps**
**Wann** hast du Geburtstag?
**Wie oft** hast du Sport in der Schule?
**Wie lange** sind die Sommerferien?
**Wie viel** Uhr ist es? / **Wie spät** ist es?
**Um wie viel** Uhr kommst du?
**Von wann bis wann** bleibst du?

| Âge | Cause | Manière | Quantité |
|---|---|---|---|
| **Wie alt** bist du? | **Warum** sammelt Kay Eisstiele? | **Wie** findest du die CD? | **Wie viel** Geld hast du? |

**Genre et manière**
**Was für einen** Film möchtest du sehen? ▶ Einen Abenteuerfilm.
**Was für** Sendungen magst du am liebsten? ▶ Naturdokus.

> *Was für ein / einen / ... ?* a la même déclinaison que l'article indéfini.

**Choix**
**Welches** Land findest du interessanter? Deutschland oder Österreich?
**Welche** Sprachen lernst du? ▶ Ich lerne Deutsch, Englisch und Spanisch.

*Welcher / welches / ...?* se décline comme l'article défini.

## 9 La composition des mots

### Noms composés

**Nom + nom**

der Trick
das Abenteuer + **der Film**
die Action

terme déterminant — terme de base

▶ der Trick**film**
▶ der Abenteuer**film**
▶ der Action**film**

Le dernier nom (le terme de base) définit l'article du nom composé.

Cela vaut pour plusieurs noms :
der Zucker + der Würfel + die Sammlung ▶ die Zuckerwürfel**sammlung**

**Petites particularités :**

| | |
|---|---|
| das Famili**en**fest, die Urlaub**s**stimmung | Manchmal verbindet ein Buchstabe die Wörter. |
| die Schulpartnerschaft, die Sprachkenntnisse | Der Buchstabe *-e* fällt manchmal weg. |
| der Pferd**e**stall (das Pferd, die Pferde) | Manchmal ist das Bestimmungswort im Plural. |

### La dérivation

| | | |
|---|---|---|
| spielen – das Spiel | fahren – die Fahrt | fragen – die Frage |
| starten – der Start | ankommen – die Ankunft | sprechen – die Sprache |
| antworten – die Antwort | abfahren – die Abfahrt | helfen – die Hilfe |

schwimmen – **das** Schwimmen, tanzen – **das** Tanzen, lernen – **das** Lernen, singen – **das** Singen

### La composition du mot avec un préfixe

**L'adjectif**

**un-** unpünktlich, unfreundlich, unmusikalisch, unsportlich, ungesund, unmodern, ...

### La composition du mot avec un suffixe

**Le nom**

Les noms terminés en *-ung*, et *-schaft* sont toujours féminins.

**-schaft** die Freundschaft, die Leidenschaft, die Mannschaft, die Partnerschaft, ...
**-ung** die Ausstellung, die Einladung, die Lösung, die Meinung, die Wohnung, ...

**L'adjectif**

**-ig** fleißig, kitschig, langweilig, lustig, mutig, neblig, richtig, rockig, schwierig, sonnig, ...
**-lich** ängstlich, fröhlich, gefährlich, glücklich, hässlich, möglich, nördlich, sportlich, ...
**-isch** abergläubisch, historisch, idyllisch, ironisch, melodisch, musikalisch, sympathisch, ...
**-los** fantasielos, humorlos, kraftlos, ...
**-voll** fantasievoll, wertvoll, humorvoll, ...
**-sam** einsam, erholsam, unterhaltsam, ...

# Wichtige unregelmäßige Verben

| Infinitiv | Präsens | Perfekt |
|---|---|---|
| beginnen | beginnt | hat begonnen |
| bleiben | bleibt | ist geblieben |
| bringen | bringt | hat gebracht |
| denken | denkt | hat gedacht |
| essen | isst | hat gegessen |
| fahren | fährt | ist gefahren |
| fallen | fällt | ist gefallen |
| finden | findet | hat gefunden |
| fliegen | fliegt | ist geflogen |
| fließen | fließt | ist geflossen |
| geben | gibt | hat gegeben |
| gehen | geht | ist gegangen |
| gewinnen | gewinnt | hat gewonnen |
| haben | hat | hat gehabt |
| halten | hält | hat gehalten |
| helfen | hilft | hat geholfen |
| kennen | kennt | hat gekannt |
| kommen | kommt | ist gekommen |
| lesen | liest | hat gelesen |
| liegen | liegt | hat gelegen |
| mögen | mag | hat gemocht |
| nehmen | nimmt | hat genommen |
| rennen | rennt | ist gerannt |
| riechen | riecht | hat gerochen |
| schlafen | schläft | hat geschlafen |
| schlagen | schlägt | hat geschlagen |
| schreiben | schreibt | hat geschrieben |
| schwimmen | schwimmt | ist geschwommen |
| sehen | sieht | hat gesehen |
| sein | ist | ist gewesen |
| setzen | setzt | hat gesetzt |
| singen | singt | hat gesungen |
| sitzen | sitzt | hat gesessen |
| sprechen | spricht | hat gesprochen |
| stehen | steht | ist gestanden |
| steigen | steigt | ist gestiegen |
| streiten | streitet | hat gestritten |
| treffen | trifft | hat getroffen |
| trinken | trinkt | hat getrunken |
| tun | tut | hat getan |
| verstehen | versteht | hat verstanden |
| werden | wird | ist geworden |
| wissen | weiß | hat gewusst |
| ziehen | zieht | hat gezogen |

# Wortschatz von A bis Z

Dans ce lexique, tu trouves tous les mots et expressions importants du Livre de l'élève et du Cahier d'exercices de **Team Deutsch 2**.
En ce qui concerne les textes des lectures, tu ne trouves que les mots importants pour leur compréhension.
Les mots sont suivis de chiffres qui indiquent où le mot paraît pour la première fois

**ähnlich L19/9**
numéro de l'unité — exercice

Les noms sont toujours suivis de l'article et du pluriel.

**Abfahrt, die, -en L20/4**
article — pluriel

Certains mots n'ont qu'un singulier ou qu'un pluriel.

**Alter, das *(Sing.)***
**Geschwister, die *(Pl.)***

Quelques mots ont plusieurs significations : tu trouveras entre parenthèses une indication sur le sens que le mot prend dans un cas ou un autre.

**spielen (Gitarre, Fußball, Computerspiele)**
**Fußball, der *(Sport)***

**Abréviations**
BK = Baukasten (boîte à outils)
AB = Arbeitsbuch (livre d'exercices)
Sing. = Singular (singulier)
Pl. = Plural (pluriel)
etw. = etwas (qqch. = quelque chose)
jmdn. = jemanden (qqn = quelqu'un, acc.)
jmdm. = jemandem (qqn = quelqu'un, dat.)
Abk. = Abkürzung (abréviation)
umgs. = umgangssprachlich (familier)

## Glossaire allemand – français

**A**

**abergläubisch** superstitieux, superstitieuse L13/10
**Abfahrt, die, -en** départ, le L20/4
**Abfallprodukt, das, -e** résidu, le L17/11
**Abflug, der, Abflüge** décollage, le L20/4
**Abgase, die *(Pl.)*** gaz d'échappement, le L14/7
**abgeschnitten (von + D)** coupé, coupée L14/12
**Abitur, das *(Sing.)*** baccalauréat, le L14/12
**Abreise, die, -n** départ, le L20/2
**abreisen** partir L20/6
**Abschied, der, -e (Abschied nehmen von jmdm.)** adieux, les (prendre congé de qqn) L14/12
**absolut** absolu, absolue L12/10
**Achterbahn, die, -en** montagnes russes, les L20/10
**aggressiv** agressif, agressive L19/10
**ähnlich** similaire L19/9
**aktiv** actif, active L17/1
**Album, das, Alben (Musik)** album, l' (musique) L19/9
**Albumcharts, die *(Pl.)*** hit-parade des albums, l' L19/9
**Alkohol, der *(Sing.)*** alcool, l' L14/7
**Alles Liebe *(Grußformel im Brief)*** Je t'embrasse *(formule de politesse dans une lettre)* L11/BK
**als *(Vergleich)*** comme *(comparaison)* L15/4
**Älteste, der/die, -n** aîné, aînée, l' L18/10
**Alufolie, die, -n** papier alu, le L17/12
**Amerikaner, der, - / Amerikanerin, die, -innen** Américain, l'/Américaine, l' L11/1
**Angst haben** avoir peur L11/7
**Animationsfilm, der, -** film d'animation, le L16/2
**Ankunft, die, Ankünfte** arrivée, l' AB L20/6
**Anreise, die, -n** voyage, le L20/2
**Anruf, der, -e** appel, l' L16/11
**anschauen + A** regarder L16/7
**ansehen + D** visiter L14/2
**Ansichtskarte, die, -n** carte postale, la L13/1
**Antwort, die, -en** réponse, la L11/3
**ärgern sich (über + A)** s'énerver de L18/2
**arm** pauvre L18/7
**Arm, der, -e** bras, le L12/7
**Armband, das, -bänder** bracelet, le L13/11
**Art, die, -en (auf diese Art)** façon, la (de cette façon) L17/11
**Arzt, der, Ärzte** médecin, le L15/14
**Atelier, das, -** atelier, l' L17/11
**Aufkleber, der, -** sticker, le L13/1
**aufmachen + A** ouvrir L15/16
**aufnehmen + A (Klingelton)** enregistrer L15/1
**aufnehmen (Kontakt)** entrer (en contact) L11/2
**Aufzug, der, Aufzüge** ascenseur, le L20/6
**ausblasen (Kerze)** souffler (bougie) AB L18/1
**Ausdauer, die *(Sing.)*** endurance, l' L15/4
**ausdauernd** endurant, endurante L15/6
**ausfüllen (Formular)** remplir (formulaire) L14/2
**Ausgang, der, Ausgänge** sortie, la L20/4
**ausgleichen + A** équilibrer L12/10
**Ausrüstung, die, -en** équipement, l' L17/11
**aussetzen *(eine Runde)*** passer son tour L11/12
**aussteigen** descendre L14/6
**Austausch, der *(Sing.)*** échange, l' L11/BK
**Austauschpartner, der, -** correspondant, le L11/7
**Ausweis, der, -e** pièce d'identité, la L20/6
**ausziehen + A (Kleidung)** enlever (vêtements) L15/BK
**Autogramm, das, -** autographe, l' L16/6
**Autogrammsammlung, die, -en** collection d'autographe, la L13/6
**Autorennen, das, -** course de voiture, la L15/1

**B**

**Bad, das, Bäder** salle de bain, la L20/6
**Badegast, der, -gäste** baigneur, le L17/2
**Badehose, die, -n** maillot de bain, le L17/7
**baden** baigner se L14/10
**Badesee, der, -n** lac de baignade, le L17/2
**Badewanne, die, -n** baignoire, la L12/5
**Bahn, die, -en** train, le L20/2
**Bahnhof, der, -höfe** gare, la L14/2
**Bank, die, -en *(Geldinstitut)*** banque, la L14/2
**Bank, die, -en *(in der Schule)*** banc, le L19/1
**Bauch, der, Bäuche** ventre, le L12/
**beantworten** répondre L11/12
**Becher, der, -** gobelet, le L17/12
**begeistert** enthousiasmé, enthousiasmée L16/6
**Bein, das, -e** jambe, la L12/7
**benutzen + A** utiliser L16/1
**berühmt** connu, connue L16/6
**beschäftigen sich mit + D** s'occuper à faire qqch, L19/4
**besichtigen + A** visiter (un lieu) L11/6
**Besichtigung, die, -en** visite, la L20/7
**besitzen + A** posséder L13/2
**besonders** particulièrement L18/2
**besser (→ gut)** mieux L12/9
**bestehen aus + D** se composer de L13/12
**beten** prier L14/2
**bewegen + A** bouger qqch./qqn AB L16/12
**bewegen sich** bouger L12/3
**bewölkt** nuageux, nuageuse L17/8
**bewundern + A** admirer qqch./qqn L11/6
**Bikini, der, -s** bikini, le L17/7
**Bildhauer, der, -** sculpteur, le L17/11
**Bildschirm, der, -e** écran, l' L16/10
**Birne, die, -n** poire, la L12/16
**Bis bald!** A bientôt ! L11/9
**Blumenkind, das, -er** hippie, le/la L18/7
**Boxen, das *(Sing.)*** box, la L15/2
**Braut, die, Bräute** mariée, la L18/7
**Bräutigam, der, -e** marié, le L18/7
**Brautpaar, das, -e** époux, les L18/1
**brechen sich (Bein)** se casser (jambe) L14/12
**breit** large L14/11
**brennen** prendre feu L18/2
**Briefmarke, die, -n** timbre, le L13/1
**Brot, das, -e** pain, le L12/12
**Brötchen, das, -** petit pain, le L12/12
**Brücke, die, -n** pont, le AB L14/6
**Brust, die *(Sing.)*** torse, le L12/7
**Brustschwimmen, das** crawl, le L12/8
**Bücherei, die, -en** librairie, la L14/2
**Bürgermeister, der, -** maire, le L14/12
**Button, der, -s** badge, le AB L16/12

**C**

**CD-ROM, die, -s** CD-ROM, le L16/12
**Chaot, der, -en** personne mal organisée, la L15/11
**Chef, der, -s** chef, le L18/10
**Chinese, der, -** Chinois, le L14/7
**Clou, der** clou, le L19/13
**Co. *(Abk. für* Compagnie*)*** Compagnie L18/10
**Comedyserie** série comédie, la L16/2
**Cousin, der, -s** cousin, le L18/7

**D**

**dabei sein** être de la partie L14/12
**Dame, die, -n** Dame, la L15/6
**Dänemark** Danemark, le L14/12
**danken + D (für + A)** remercier qqn (pour qqch.) L13/10
**dass** que L12/10
**dauern** durer L16/11
**dekoriert** décoré, décorée L18/2
**demonstrieren (für/gegen + A)** manifester (pour/contre qqch.) L17/1
**denken** penser AB L11/6
**deshalb** c'est pourquoi L14/7
**Deutsch *(Sprache)*** allemand *(langue)* L11/1
**Deutsche, der/die , -n** Allemand, l'/Allemande, l' L11/1
**Deutschland** Allemagne, l' L11/1
**Dialog, der, -e** dialogue, le L14/5
**dicht (Verkehr)** dense (trafic) L14/7
**diskutieren** discuter AB L16/4
**Dokument, das, -e** document, le AB L16/12
**Dokumentation, die, -en** documentation, la L16/2
**Dom, der, -e** Dôme, le L14/8
**Dönerkebab, der, -** kebab, le L13/13
**doof** débile L16/6
**doppelt** double L17/11
**Doppelzimmer, das, -** chambre double, la L20/6
**Dose, die, -n** conserve, la L17/2
**Download, der, -s** téléchargement, le L16/11
**downloaden + A** télécharger L16/9
**Drama, das, -en** drame, le L16/2
**dran sein (du bist dran)** être son tour (c'est ton tour) L19/13
**draußen** dehors L14/7
**drin sein *(umgs.)* (es waren keine Fehler drin)** contenir (il n'y avait aucune faute) L13/7
**dringend** urgent L13/3
**drücken + A** appuyer AB L16/12
**dünn** mince L13/4
**durch den Park gehen** traverser le parc L14/BK
**Durchsage, die, -n** énoncé, l' L20/4
**Dusche, die, -n** douche, la AB L12/9
**duschen sich** se doucher L12/6
**dynamisch** dynamique L19/10

**E**

**egal** égal L13/3
**eifersüchtig** jaloux, jalouse L16/6
**Eigenschaft, die, -en** qualité, la L13/13
**Eimer, der, -** seau, le L17/2
**Eindruck, der, Eindrücke** impression, la L14/7
**einfahren (Zug)** entrer (train) L20/4
**eingeschränkt** limité, limitée L19/7
**einkaufen** acheter L13/11
**Einkaufsliste, die, -n** liste des courses, la L19/2
**einmal, zweimal** une fois, deux fois L12/BK
**einmalig** unique L13/6
**einsam** seul, seule L19/5
**einsteigen** monter L14/BK

**Einwohner, der, -** habitant, l' L14/12
**Einzelsport, der *(Sing.)*** sport individuel, le L15/2
**Einzelzimmer, das, -** chambre individuelle, la L20/BK
**einzige (-r, -s)** seul, seule L14/12
**Eishockey, das *(Sing.)*** hockey sur glace, le L15/2
**Eislaufen, das *(Sing.)*** patin à glace, le L15/2
**Eisstiel, der, -e** bâtonnet de glace, le L13/1
**emotional** émotionnel, émotionnelle AB L16
**empfangen + A** recevoir L19/5
**Energie, die, -n** énergie, l' L12/14
**Engagement, das *(Sing.)*** engagement, l' L17/2
**engagieren sich (für + A)** s'engager (pour) L17/1
**engagiert** engagé, engagée L17/11
**Engel, der, -** ange, l' L13/8
**entdecken + A** découvrir L20/2
**entscheiden sich** se décider L17/11
**Entschuldigung!** Pardon ! L14/6
**enttäuscht** déçu, déçue L14/12
**Erfahrung, die, -en** expérience, l' L14/7
**erfolgreich** célèbre, célèbre L16/6
**Erfrischung, die, -en** rafraîchissement, le L20/1
**ergeben sich** survenir L18/2
**Ergebnis, das, -se** résultat, le L15/9
**erholen sich** se reposer L20/10
**erholsam** reposant, reposante L15/4
**erkennen + A** reconnaître L16/9
**erklären + D + A** expliquer L13/BK
**ernähren sich** se nourrir L12/3
**erschrocken** effrayé, effrayée L16/6
**erwarten + A** attendre L19/5
**Europa** Europe, l' L11/2
**europäisch** européen, européenne L11/2

**F**

**Fachzeitschrift, die, -en** revue spécialisée, la L19/1
**Fahrkarte, die, -n** ticket, le L14/2
**Fahrplan, der, -pläne** horaire, l' L19/2
**Fahrt, die, -en** voyage, le L20/7
**Fahrzeug, das, -e** véhicule, le L12/5
**Fakt, der, -en** fait, le L19/13
**Fanclub, der, -s** club de fan, le L16/9
**fantasielos** dépourvu d'imagination L13/BK
**fantasievoll** plein d'imagination L13/BK
**farbig** coloré, colorée L18/9
**Fasching, der, -e/s** carnaval, le L18/1
**fehlen + D + A** manquer L15/15
**Fehler, der, -** faute, la L11/7
**Feier, die, -n** fête, la L18
**feierlich** festif, festive L18/2
**Feld, das, -er (Spielfeld)** case, la L11/12
**Feriengast, der, -gäste** vacancier, le L14/12
**Ferienlager, das, -** colonie de vacances, la L20/2
**Fernsehen, das *(Sing.)*** télévision, la L16/1
**fertig** fini, finie AB L12/8
**Festland, das, *(Sing.)*** terre ferme, la L14/12
**Feuerwerk, das, -e** feu d'artifice, le L18/2
**Fieber, das *(Sing.)*** fièvre, la L15/13
**Finne, der, -n/Finnin, die, -nen** Finnois, le/Finnoise, la L11/1
**Finnisch *(Sprache)*** finnois *(langue)* L11/1
**Finnland** Finlande, la L11/1
**fischen + A (aus + D)** pêcher (de qqch.) L17/2
**fit** en forme L12/2
**flach** plat, plate L20/2
**fliegen** voler L14/12
**Fliegenpilz, der, -e** tue-mouche, la L13/8
**fließen** couler L20/BK
**Flirt, der, -s** drague, la L14/12
**flirten** draguer L14/12
**Flug, der, Flüge** vol, le L20/4
**Flughafen, der, -häfen** aéroport, l' AB L20/6
**Flüssigkeit, die, -en** liquide, le L12/14
**folgen** suivre L15/3
**Formel 1, die *(Sing.)*** Formule 1, le L15/1
**Formular, das, -e** formulaire, le L14/2
**Fotogalerie, die, -n** galerie de photos, la L16/9
**Frage, die, -n** question, la L11/12
**Fragezeichen, das, -** point d'interrogation, le L11/12
**Frankreich** France, la L11/1
**Franzose, der, -n/Französin, die, -nen** Français, le/Française, la L11/1
**Französisch *(Sprache)*** français *(langue)* L11/1
**Frau, die, -en** femme, la L15/10
**Fremdsprache, die, -n** langue étrangère, la L11/2
**freundlich** aimable L13/BK
**freuen sich auf + A** se réjouir de L14/12
**frisch** frais, fraîche L12/14
**froh** content, contente L18/1
**Frohe Weihnachten!/Ostern!** Joyeux Noël !/Pâques ! L18/1
**fröhlich** gai, gaie L13/BK
**früher** autrefois L14/11
**funktionieren** fonctionner L16/9
**fühlen sich** se sentir L12/2
**führen (von ... bis)** conduire (de ... à) L20/2f
**fürchten sich (vor + D)** avoir peur de L19/8
**Fuß, der, Füße** pied, le L12/7
**Fußballer, der, -** joueur de foot, le
**Futter, das *(Sing.)*** nourriture, la *(pour animaux)* L17/6

**G**

**Gabel, die** fourchette, la L19/7
**Gästebuch, das, -bücher** livre d'hôte, le L16/9
**Gebäude, das, -** bâtiment, le L14/2
**gebirgig** montagneux, montagneuse L20/2
**geboren sein (in + D)** être né/née à L14/7
**Geburt, die, -en** naissance, la L18/10
**Gefahr, die, -en** danger, le L17/2
**Gefühl, das, -e** sentiment, le L18/10
**Gegend, die, -en** endroit, l' L20/2
**gehören (in den See gehören)** devoir aller (doit aller dans un lac) L17/5
**gehören + D** appartenir L13/BK
**Geldstück, das, -** pièce d'argent, la L17/2
**gemein** méchant, méchante L16/6
**Gemeinde, die, -n** commune, la L14/12
**Gemüse, das *(Sing.)*** légumes, les L12/14
**genau *(exakt)*** précis, précise *(exact)* L15/7

**genauso ... wie** autant que L15/4
**genervt** énervé, énervée L19/5
**geradeaus** tout droit L14/5
**geschickt** habile L15/6
**Gespräch, das, -e** conversation, la L11/8
**gestern** hier L11/11
**Getränkekiosk, der, -e** kiosque à boissons, le L14/12
**gesund** en bonne santé L12/3
**Gipfel, der, -** sommet, le L20/2
**Glas, das, Gläser** verre, le L12/12
**Glasflasche, die, -n** bouteille de verre, la L17/2
**glauben** croire L12/11
**gleich *(hier)*** juste là *(ici)* L14/6
**gleich *(sofort)*** tout de suite L16/6
**Gleichaltrige, der/die, -n** personne du même âge, la L14/12
**Gleis, das, -e** quai, le L20/4
**gleiten** glisser L15/11
**Glück, das *(Sing.)*** bonheur, le L13/8
**glücklich** heureux, heureuse L12/2
**Glücksbringer, der -** porte-bonheur, le L13/9
**Glücksschwein, das, -e** cochon porte-bonheur, le L13/8
**Glückwunsch, der, -wünsche** félicitations, les L18/1
**Grad, das, -e** degré, le L17/8
**Gras, das *(Sing.)*** herbe, l' L18/9
**Grenze, die, -n** frontière, la L20/2
**Grieche, der, -n, Griechin, die, -nen** Grec, le / Grecque, la AB L11/2
**Griechisch *(Sprache)*** grec *(langue)* AB L11/2
**Grill, der, -s** barbecue, le AB L18/12
**grillen** griller L20/1
**Großbritannien** Grande-Bretagne, la AB L11/2
**Großfamilie, die, -n** grande famille, la L18/12
**Großstadt, die, -städte** grande ville, la L14/1
**gründen + A** fonder L19/9
**Gruppe, die, -n** groupe, le L11/12
**Gruß, der, Grüße (Viele/Herzliche/Liebe Grüße!) *(Grußformel im Brief)*** salut, le (Grosses bises/Amitiés/Je t'embrasse) *(formule de politesse dans une lettre)* L11/BK
**Gurke, die, -n** concombre, le L12/15

## H

**Hallig, die, -en** *îles plates du Schleswig-Holstein recouvertes en partie ou en totalité par la mer lors de grosses marées* L14/11
**Hals, der, Hälse** cou, le L12/7
**Haltestelle, die, -n** arrêt, l' L14/5
**Hand, die, Hände** main, la L12/7
**Handball, der *(Sport, Sing.)*** handball, le L12/8
**handeln von + D (das Buch handelt von...)** parler de qqch. (le livre parle de...) L19/4
**Handtuch, das, -tücher** serviette, la L17/2
**Hase, der, -n** lapin, le L18/1
**hässlich** laid, laide L14/7
**Hauptstadt, die** capitale, la L14/1
**Hausarbeit, die, -n** tâche ménagère, la L18/12
**heiraten + A** épouser qqn L14/2
**heiß** chaud, chaude AB L20/12
**hektisch** fébrile L12/14
**herrlich** magnifique L18/1
**hetzen** se dépêcher L18/2
**Hexe, die, -n** sorcière, la L13/8
**hierherbringen + A** emmener L19/5
**Himmel, der *(Sing.)* (unter freiem Himmel)** ciel, le (à la belle étoile) L17/6
**hin** là-bas L16/6
**hinfahren** y aller L11/5
**hingehen** y aller L18/7
**hingucken** regarder là-bas 17/11
**hinten** derrière L19/5
**historisch** historique L11/6
**Hit, der, -s** tube, le *(fam.)* L19/9
**Hitze, die *(Sing.)*** chaleur, la AB L20/1
**höchstens** maximum L14/12
**Höchsttemperatur, die, -en** température maximale, la L17/8
**Hochwasser, das *(Sing.)*** inondation, l' L14/11
**Hochzeit, die, -en** mariage, le L18/1
**hoffen** espérer L12/BK
**Holz, das *(Sing.)*** bois, le L17/2
**Homepage, die, -s** page d'accueil, la L16/9
**Honig, der *(Sing.)*** miel, le L12/12
**Hörer, der, - /Hörerin, die, -nen *(Radio)*** auditeur, l'/auditrice, l' L17/2
**Hotel, das, -s** hôtel, l' L20/6
**Hotline, die** service en ligne, le L16/11
**hübsch** mignon, mignonne L14/12
**Hubschrauber, der, -** hélicoptère, l' L14/12
**Hufeisen, das, -** fer à cheval, le L13/8
**Humor, der *(Sing.)*** humour, l' L16/9
**humorlos** sans humour L13/BK
**humorvoll** plein d'humour L13/BK
**Hunger, der *(Sing.)*** faim, la L12/14
**Hütte, die, -n** chalet, le *(ici)* L20/10

## I

**idyllisch** idyllique L14/7
**im Voraus** d'avance L19/5
**immer** toujours L18/11
**informieren sich** s'informer AB L16/1
**Infotafel, die, -n** panneau d'affichage, le L17/6
**Inlineskaten, das *(Sing.)*** roller, le L12/10
**innen** à l'intérieur L19/5
**Innenstadt, die, -städte** centre-ville, le L11/6
**Insel, die, -n** île, l' L14/1
**installieren + A** installer L16/9
**interessieren sich für + A** intéresser s' à L13/13
**Internat, das, -e** internat, l' L14/12
**Internatsleiter, der, -** directeur de l'internat, le L19/5
**Ire, der, -n/Irin, die, -nen** Irlandais, l'/Irlandaise, l' AB L11/2
**Irisch *(Sprache)*** irlandais, l' *(langue)* AB L11/2
**Irland** Irlande, l' AB L11/2
**ironisch** ironique L19/5
**Italiener, der, - /Italienerin, die, -nen** Italien, l'/ Italienne, l' L11/1
**Italien** Italie, l' L11/1

**Italienisch *(Sprache)*** italien *(langue)* L11/1

J

**Jahrgang, der, -gänge *(hier: Geburtsjahr)*** année, l' *(ici : l'année de naissance)* L19/5
**Jazztanz, der *(Sing.)*** dance de jazz, la L15/6
**jemand** quelqu'un L18/11
**Joggen, das *(Sing.)*** jogging, le L12/10
**Jogurt, der, -s** yaourt, le L12/12
**Judo, das *(Sing.)*** judo, le L15/2
**Jugendbeauftragte, der/die, -n** responsable de la jeunesse, le/la L17/2
**Jugendherberge, die, -n** auberge de jeunesse, l' L20/2
**Jugendmagazin, das, -e** revue pour la jeunesse, la L19/1
**Jüngste, der/die, -n** cadet, le/cadette, la L18/10

K

**Kampfsport, der** sport de combat, le L15/2
**Kanal, der, Kanäle** canal, le L11/6
**Kanu, das, -s (Kanu fahren)** canoë, le (faire du canoë) L20/2
**kaputt** cassé, cassée AB L16/13
**Karneval, der, -e** carnaval, le L18/1
**Käse, der, -** fromage, le L12/12
**Katastrophe, die, -n** catastrophe, la L18/2
**kaum** presque pas L11/7
**Kerze, die, -n** bougie, la L18/2
**Keyboarder, der, -** joueur de synthetiseur, le L19/9
**Kindergarten, der, -gärten** maternelle, la L14/7
**Kitsch, der *(Sing.)*** kitsch, le L16/6
**kitschig** kitsch L16/6
**Klassenarbeit, die, -en** contrôle, le L13/11
**Klassenbeste, der/die, -n** meilleur de la classe, le/meilleure de la classe, la L15/8
**klatschen** applaudir L19/13
**kleben (auf/in + D)** être collé sur/dans qqch. L13/2
**Kleeblatt, das, -blätter** feuille de trèfle, la L13/8
**Kleinstadt, die, -städte** petite ville, la L14/1
**klicken** cliquer L16/11
**Klingelton, der, -töne** sonnerie, la L15/1
**Kochbuch, das, -bücher** livre de cuisine, le L13/12
**kochen** cuisiner L13/12
**Koffer, der, -** valise, la L19/5
**konstruieren + A** construire L17/11
**Kontakt, der, -e** contact, le L11
**konzentrieren sich** se concentrer L12/14
**Konzept, das, -e** concept, le L19/13
**Kopf, der, Köpfe** tête, la L12/7
**Korb, der, Körbe** panier, le L17/6
**Korken, der, -** bouchon, le L17/12
**Körper, der, -** corps, le L12/7
**Körperteil, der, -e** partie du corps, la L12/7
**kraftlos** sans force L12/2
**krank** malade L15/12
**Krankenhaus, das, -häuser** hôpital, l' L15/12
**Krankheit, die, -en** maladie, la L13/10
**Kreuzung, die, -en** carrefour, le L14/5
**kühl** frais, fraîche L17/8
**Kulisse, die, -n** coulisse, la L11/6
**Kunst, die *(Sing.)*** art, l' L17/1
**Künstler, der, -** artiste, l' L17/11
**Kunstwerk, das, -e** œuvre d'art, l' L17/11
**Kusine, die, -n** cousine, la L18/7

L

**Lächeln, das *(Sing.)*** sourire, le L16/7
**Lage, die, -n** position, la L20/2
**landen (auf einem Platz)** arriver (sur une place) L19/9
**Landschaft, die, -en** paysage, le L20/2
**Lärm, der *(Sing.)*** bruit, le L14/7
**Leben, das -** vie, la L14/12
**Leder, das *(Sing.)*** cuir, le L17/11
**leer** vide L14/BK
**Lehrbuch, das, -bücher** manuel, le L19/2
**leicht** facile L13/BK
**Leidenschaft, die, -en** passion, la L13/1
**leise** silencieux, silencieuse L14/BK
**leisten können sich + A** pouvoir s' offrir qqch. L19/5
**Leitung, die, -en** ligne, la L16/11
**Lernprogramm, das, -e** programme didactique, le L16/12
**Lesemuffel, der, - *(umgs.)*** personne qui n'aime pas lire, la L19/3
**Leseratte, die, -n *(umgs.)*** personne qui aime lire, la L13/
**Lexikon, das, Lexika** encyclopédie, l' L19/1
**Licht, das, -er** lumière, la L18/9
**Lichterkette, die, -n** chaîne de lumière, la L18/2
**Liebe (-r) ... *(Anrede im Brief)*** Cher (Chère) ... *(dans une lettre)* L11/9
**lieber möchten** aimer mieux L14/7
**Liegewiese, die, -n** pelouse, la L20/1
**Link, der, -s** URL, l' L16/9
**live** en direct L11/13
**löch(e)rig** troué, trouée L17/2
**Löffel, der, -** cuillère, la L17/13
**logisch** logique L15/7
**lösen + A (Problem)** résoudre (problème) L16/11
**Lösung, die, -en** solution, la L16/11
**Luft, die *(Sing.)* (Luft bekommen)** air, l' L14/7
**Luxemburg** Luxembourg, le AB L11/2
**Luxemburger, der- /Luxemburgerin, die, -nen** Luxembourgeois, le/Luxembourgeoise, la AB L11/2
**Luxemburgisch *(Sprache)*** Luxembourgeois *(langue)* AB L11/2

M

**machen (sich nichts draus machen/es jmdm. recht machen/das macht nichts)** faire (ne pas s'en faire/faire son possible pour qqn/cela ne fait rien) L18/10
**Mädel, das, -s *(süddeutsch für* Mädchen*)*** jeune fille, la L15/12
**Magazin, das, -e (Jugendmagazin)** magazine, le L16/2
**mailen** écrire un mail AB L11/11
**mal sehen** on va voir L16/6

**Maler, der, -** peintre, le L17/11
**man** on L12/14
**Manager, der -** manager, le L13/10
**manchmal** quelquefois L12/BK
**Mann, der, Männer** homme, l' L15/10
**Mannschaft, die, -en** équipe, l' L13/12
**Marienkäfer, der, -** coccinelle, la L13/8
**Markt, der, Märkte** marché, le L18/12
**Marmelade, die, -n** confiture, la L12/12
**mäßig** modéré, modérée L17/8
**Match, das, -s** match, le L13/12
**Material, das, Materialien** matériel, le L17/6
**Maus, die, Mäuse *(Computer)*** souris, la L16/10
**maximal** maximum L17/8
**Medaille, die, -n** médaille, la AB L16/9
**Medikament, das, -e** médicament, le L15/BK
**mehr (—> viel)** plus (—> beaucoup) L12/14
**meinen** croire L12/11
**Meinung, die, -en (meiner Meinung nach)** avis, l' (à mon avis) L15/4
**meist** la plupart du temps L18/2
**Melodie, die, -n** mélodie, la L19/BK
**melodisch** mélodique L19/10
**Menge, die, -n** quantité, la L17/2
**jede Menge** un tas de L18/1
**Messer, das, -** couteau, le L19/7
**Mexikaner, der, -/Mexikanerin, die, -nen** Mexicain, le / Mexicaine, la L14/7
**Milchtüte, die, -n** pack de lait, le L17/12
**mild** doux, douce L17/8
**mindestens** au moins L15/11
**Mineral, das, -e/-ien** minéral, le L13/6
**minus** moins L17/8
**Mitglied, das, -er** membre, le L13/12
**Mittelpunkt, der, -e** centre, le L18/10
**mitten + in + D** au milieu de qqch. L14/5
**mittendrin** en plein milieu L18/10
**Möbel, die, *(Pl.)*** meubles, les L17/11
**Modenschau, die, -en** défilé de mode, le L17/12
**Moderator, der, -en/Moderatorin, die, -nen** présentateur, le/présentatrice, la L16/2
**modern** moderne L14/BK
**möglich** possible L19/5
**möglichst** autant que possible L18/2
**Möhre, die, -n** carotte, la L12/15
**monatlich** mensuel, mensuelle L12/BK
**Mond, der, -e** lune, la L20/11
**monoton** monotone L19/10
**morgens** le matin *(adv.)* L14/12
**motivieren + A (zu + D)** motiver qqn (à faire qqch.) L17/11
**Motorboot, das, -e** canot automobile, le L14/12
**Motto, das, -s** devise, la L18/1
**Mountainbike, das, -s** vélo tout terrain, le L20/2
**Müll, der, *(Sing.)*** ordures, les L14/7
**Müllberg, der, -e** montagne des ordures, la L17/11
**Müllhalde, die, -n** décharge, la L17/11
**Müllsack, der, -säcke** sac à poubelle, le L17/12
**Mund, der, Münder** bouche, la L12/7
**Museum, das, Museen** musée, le L14/2
**Musikkritiker, der, -** critique de musique, le L19/11
**musikalisch** musical, musicale L13/BK
**Muskel, der, -n** muscle, le L12/10
**Muskelkater, der, *(Sing.)*** courbature, la L12/10
**Müsli, das, -s** céréales, les L12/12
**mutig** courageux, courageuse L13/BK
**Muttersprache, die, -n** langue maternelle, la L11/1

## N

**Nachbar, der, -n** voisin, le L11/5
**Nachrichtensendung, die, -en** journal télévisé, le L16/3
**nächste (-r, -s)** prochain, prochaine L14/5
**Nachteil, der, -e** désavantage, le L18/12
**nah (an + D)** près (de qqch.) L17/2
**nämlich** en effet L11/9
**Narr, der, -en** fou, le L18/2
**Nase, die -n** nez, le L12/7
**Nationalität, die, -en** nationalité, la AB L11/2
**Nebel, der *(Sing.)*** brouillard, le L17/7
**neblig** brumeux, brumeuse L17/7
**Neffe, der, -n** petit-fils, le L18/7
**nerven + A** énerver qqn L18/12
**nervös** nerveux, nerveuse L11/7
**Nichte, die, -n** nièce, la L18/7
**nie** jamais L12/BK
**Niederlande, die *(Sing.)*** Pays-Bas, les AB L11/2
**Niederländer, der, -/Niederländerin, die, -nen** Néerlandais, le/Néerlandais, la AB L11/2
**Niederländisch *(Sprache)*** néerlandais *(langue)* AB L11/2
**niemand** personne L18/11
**Norden, der *(Sing.)*** nord, le *(Sg.)* L20/2
**nördlich (von + D)** au nord de L20/3
**Nordsee, die** Mer Nordique, la L14/12
**normal** normal, normale L14/12
**Note, die, -n *(Schulnote)*** note, la L13/9
**Notizzettel, der, -** pense-bête, le L19/2
**Nudel, die, -n** nouille, la L13/
**nummerieren + A** numéroter L13/5
**Nutella, das *(Sing.)*** Nutella, le L12/12

## O

**Obst, das *(Sing.)*** fruits, les L12/14
**Obstsaft, der, -säfte** jus de fruits, le L12/14
**Obstsalat, der** salade de fruits, la L12/13
**öde** ennuyeux, ennuyeuse L15/4
**oft** souvent L12/BK
**Oh Gott!** Mon Dieu ! L16/6
**ohne** sans L12/10
**Ohr, das, -en** oreille, l' L12/7
**Ohrring, der, -e** boucle d'oreille, la L17/2
**optimal** optimal, optimale L12/14
**ordentlich** ordonné, ordonnée L13/BK
**Ordnung, die, -en (in Ordnung)** ordre, l' L15/14
**Osten, der *(Sing.)*** est, l' L20/3F
**Osterei, das , -er** œuf de Pâques, l' L18/1
**Osterhase, der, -n** lapin de Pâques, le L18/1
**österreichisch** autrichien, autrichienne L16/7

**östlich (von + D)** à l'est (de) L20/BK

**P**

**Paddel, das, -** pagaie, la L17/2
**Paket, das, -e** paquet, le L11/9
**Panik, die *(Sing.)*** panique, la L20/10
**parken** se garer L20/6
**Parkplatz, der, -plätze** parking, le L20/5
**Partner, der, - /Partnerin, die, -nen** partenaire, le/la AB L11/2
**Partnerschule, die, -n** école jumelée, l' L11
**Partnerstadt, die, -städte** ville jumelée, la L11/1
**Pass, der, Pässe** passeport, le L20/BK
**Passagier, der, -e** passager, le L20/4
**passieren *(sich ereignen)*** se passer L14/12
**Patient, der, -en** patient, le L15/BK
**Pausbacke, die, -n** loue rebondie, la L19/5
**PC, der, -s (*Abk. für* Personalcomputer)** PC, le L11/8
**peinlich (Das ist so peinlich!)** gênant, gênante, (Comme c'est gênant !) L16/6
**Pension, die, -en** pension, la L15/11
**per du sein (mit + D)** tutoyer qqn L14/12
**persönlich** personnel, personnelle L13/6
**Pfarrer, der, -** prêtre, le L18/7
**Pfeil, der, -e** flèche, la L11/12
**Pferd, das, -e** cheval, le L15/1
**Pferdestall, der, -ställe** écurie, l' L15/1
**Picknick, das, -s** pique-nique, le L20/2
**Pilz, der, -e** champignon, le L17/6
**Piste, die, -n** piste, la L15/11
**pizzeria, die, -s/rien** pizzeria, la L14/2
**planen** planifier L11/3
**Plastik, das *(Sing.)*** plastique, le L17/2
**Plätzchen, das, -** petit gâteau, le L18/2
**Pole, der, -n/Polin, die, -nen** Polonais, le/Polonais, la L11/1
**Polen** Pologne, la L11/1
**Politiker, der, -** homme politique, l' L13/10
**Polnisch *(Sprache)*** polonais *(langue)* L11/1
**Porzellan, das *(Sing.)*** porcelaine, la L17/2
**Post, die, *(Sing.)*** poste, la L14/2
**proben *(Musik)*** répéter *(musique)* L13/12
**problemlos** sans problème L11/7
**produzieren + A** produire qqch. AB L17/17
**profitieren von + D** profiter de L17/11
**Projektleiter, der, -** responsable du projet, le L17/11
**pünktlich** à l'heure L13/BK
**pur** pur, pure L18/2

**R**

**Rap, der, -s** rap, le L19/13
**rappen** faire du rap L19/13
**Rathaus, das, -häuser** hôtel de ville, le L14/2
**raus (Wir müssen raus.)** sortir (Il faut qu'on sorte/parte.) L15/12
**Recht haben** avoir raison L16/2
**Recyceln, das *(Sing.)*** recyclage, le L17/11
**Recycling, das *(Sing.)*** recyclage, le L17/12
**regelmäßig** régulièrement L12/10
**Regen, der *(Sing.)*** pluie, la L17/7
**Regenmantel, der, -mäntel** imperméable, l' L17/7
**Regenschirm, der, -e** parapluie, le L17/7
**Region, die, -en** région, la L20/8
**Regisseur, der, -e/Regisseurin, die, -nen** réalisateur, le/réalisatrice, la L16/2
**regnen (es regnet)** pleuvoir (il pleut) L17/7
**regnerisch** pluvieux, pluvieuse AB L17/13
**Reiten, das *(Sing.)*** équitation, l' L15/1
**reiten** faire du cheval L15/BK
**relaxen** relaxer L12/5
**rennen** courir L15/4
**Rennen, das, - (Autorennen)** course, la L15/1
**Reparatur, die, -en** réparation, la L16/11
**reparieren + A** réparer L16/11
**Reportage, die, -n** reportage, le L16/3
**reservieren** réserver L20/6
**Rhythmus, der, Rhythmen** rythme, le L15/6
**riechen (nach + D)** sentir qqch. L14/7
**Ring, der, -e** bague, la L13/BK
**rockig** rocker *(adj.)* L19/10
**Rolle, die, -n** rôle, le L18/10
**Roman, der, -e** roman, le L19/1
**Rosenmontag, der, -e** lundi avant mardi gras, le L18/2
**rot werden** rougir L16/6
**Rücken, der, -** dos, le L12/7
**Rückenschwimmen, das *(Sing.)*** dos crawlé, le L12/8
**Rückfahrt, die, -en** (voyage de) retour, le L20/2
**Rudern, das *(Sing.)*** aviron, l' L15/2
**rufen** crier L18/2
**Rumäne, der, -n/Rumänin, die, -nen** Roumain, le/Roumaine, la AB L11/2
**Rumänien** Roumanie, la AB L11/2
**Rumänisch *(Sprache)*** roumain *(langue)* AB L11/2
**rund (es geht rund)** rond, ronde (ça tourne) L18/9
**Rundfahrt, die, -en** circuit, le L20/7
**Rundgang, der, -gänge** tour, la L20/7
**Russe, der, -n/Russin, die, -nen** Russe, le/la AB L11/2
**Russisch *(Sprache)*** russe *(langue)* AB L11/2
**Russland** Russie, la AB L11/2

**S**

**Sachbuch, das, -bücher** manuel, le L19/2
**Salami, die, -s** salami, le L12/12
**Salat, der, -e** salade, la L12/16
**Salsa, der *(Sing.)*** salsa, la L20/8
**sammeln + A** collectionner L13/1
**Sammler, der, -** collectionneur, le L13/1
**Sammlung, die, -en** collection, la L13/1
**Sandstrand, der, -strände** plage de sable, la L20/1
**Sandwich-Kind, das, -er** enfant sandwich, le L18/10
**Sänger, der, -** chanteur, le L13/10
**satt (sich satt essen)** rassasié, rassasiée (manger à sa faim) L12/14

**säubern** nettoyer AB L17/2
**sauer sein auf + A** en vouloir à qqn L15/12
**S-Bahn, die, -en** tram, le L14 BK
**Schach, das *(Sing.)*** échecs, les L12/8
**Schaf, das, -e** mouton, le L14/12
**schaffen + A** réussir qqch. L19/5
**Schale, die, -n** bol, le L12/13
**scheinen (Sonne)** briller (soleil) L17/7
**schenken + D + A** offrir qqch. à qqn L13/10
**Schi, der, -er** ski, le L17/7
**schießen** tirer L15/7
**Schiff, das, -e** bateau, le L14/1
**Schifffahrt, die, -en** voyage en bateau, le L11/6
**Schikurs, der, -e** cours de ski, le L15/11
**Schiläufer, der, -** skieur, le L15/11
**Schild, das, -er** panneau, le L19/2
**Schilift, der, -e** remonte-pente, le L15/11
**Schinken, der, -** jambon, le L12/12
**Schischuh, der, -e** chaussure de ski, la L17/7
**Schlagzeuger, der -** percussionniste, le L19/9
**schlapp** fatigué, fatiguée L12/2
**schließlich** enfin L14/12
**schlimm** grave L15/12
**Schlitten, der, -** luge, la L17/7
**Schloss, das, Schlösser** château, le L11/6
**Schlucht, die, -en** ravin, le L20/2
**Schlüsselband, das, -bänder** porte-clé, le L13/11
**Schmerz, der, -en** douleur, la L15/13
**schmücken + A** décorer L18/2
**schmutzig** sale L14/7
**schnarchen** ronfler L18/7
**Schnee, der *(Sing.)*** neige, la L15/9
**Schneeball, der, -bälle** boule de neige, la L15/9
**Schneeschuh, der, -e** raquette à neige, la L15/9
**schneiden + A** couper L19/7
**schneien (es schneit)** neiger (il neige) L15/11
**Schornsteinfeger, der, -** ramoneur, le L13/8
**Schulhof, der, -höfe** cour de récréation, la L17/6
**Schulpartnerschaft, die, -en** jumelage entre deux écoles, le L11/2
**Schulsport, der *(Sing.)*** sport à l'école, le L12/6
**schützen (vor + D)** protéger (de) L13/10
**schwach** faible L15/6
**Schwager, der, - /Schwägerin, die, -nen** beau-frère, le/belle-sœur, la L18/7
**Schweiz** Suisse, la L11/1
**Schweizer, der, - /Schweizerin, die, -nen** Suisse, le/la L11/1
**schwer** difficile L13/BK
**Schwiegereltern, die *(Pl.)*** beaux-parents, le L18/7
**Schwiegermutter, die, -mütter** belle-mère, la L18/7
**Schwiegersohn, der, -söhne** beau-fils, le L18/7
**Schwiegertochter, die, -töchter** belle-fille, la L18/7
**Schwiegervater, der, -väter** beau-père, le L18/7
**Schwimmbad, das, -bäder** piscine, la L14/2
**Schwimmen, das *(Sing.)*** natation, la L12/8
**Seevogel, der, -vögel** oiseau de mer, le L14/12
**Segelboot, das, -e** bateau à voile, le L17/7
**Segeln, das (Sing.)** navigation à voile, la L20/2
**Sehr geehrter Herr/Sehr geehrte Frau *(Anrede in formellen Briefen)*** Monsieur Le.../Madame La... *(dans une lettre formelle)* L19/7
**Seite, die, -n** page, la L11/7
**Sekretariat, das, -e** secrétariat, le L19/5
**selten** rare L12/BK
**Sendung, die, -en** émission, l' L16/3
**Serie, die, -n** série, la L16/2
**Show, die -s (Talkshow, Castingshow, Quizshow)** show, le L16/2
**sicher *(bestimmt)*** sûr, sûre *(certain)* L16/11
**Sicherheit, die (Sing.) (in Sicherheit bringen)** sécurité, la (porter en sécurité) L14/12
**Sieg, der, -e** victoire, la L16/9
**Sieger, der, -** gagnant, le L11/12
**Silber, das *(Sing.)*** argent, l' L17/BK
**Silberkette, die, -n** collier d'argent, le L17/2
**simsen *(umgs.)*** envoyer un SMS AB L11/11
**Single, die, -s *(Musik)*** single, le *(musique)* L19/10
**sinken *(Temperatur)*** baisser *(température)* L17/8
**Situation, die, -en** situation, la L18/12
**Skateboarden, das *(Sing.)*** faire du skate-board L15/2
**Snack, der, -s** snack, le L12/14
**Soap, die, -s** soap-opéra, le L16/2
**Sohn, der, Söhne** fils, le L18/BK
**sollen** devoir L12/14
**Songtext, der, -e** texte de la chanson, le L19/2
**Sonne, die, -n** soleil, le L17/7
**Sonnenblume, die, -n** tournesol, le L20/1
**Sonnenschirm, der, -e** parasol, le AB L20/1
**sonnig** ensoleillé, ensoleillée L17/BK
**Sorge, die, -n, (sich Sorgen machen)** souci, le (se faire du souci) L18/2
**sortieren + A** trier L13/1
**Spanier, der, - /Spanierin, die, -nen** Espagnol, l'/ Espagnole, l' AB L11/2
**Sparschwein, das, -e** tirelire, le L17/2
**spazieren gehen** se promener L11/6
**Spaziergang, der, -gänge** promenade, la L11/6
**Speiseeis, das *(Sing.)*** glace, la L20/1
**Speisewagen, der, -** wagon-restaurant, le L20/4
**Spiegel, der, -** miroir, le L17/11
**Spiel, das, -e** jeu, le L11/11
**Spielanleitung, die, -en** règles du jeu, les L11/12
**Spieler, der, -** joueur, le L11/12
**Spielfeld, das, -er** case, la L11/12
**Spielfigur, die, -en** pion, le L11/12
**Spielfilm, der, -e** film, le L16/
**Spielzeug, das *(Sing.)*** jouet, le L17/11
**spontan** spontané, spontanée L18/2
**Sport treiben** faire du sport L12/10
**Sportart, die, -en** type de sport, le L12/8
**Sportler, der, -** sportif, le L13/10
**sportlich** sportif, sportive L13/BK
**Sportplatz, der, -plätze** terrain de sport, le L14/2
**Sportwagen, der, -** voiture de sport, la L13/1
**Sprache, die, -n** langue, la L11/1

**Sprachkenntnisse, die, *(Pl.)*** connaissances linguistiques, les L11/2
**springen** sauter L12/8
**Stadtteil, der, -e** quartier, le L14/7
**stark** fort, forte L12/2
**starten (den Computer)** démarrer L16/9
**Startknopf, der, -knöpfe** bouton de démarrage, le L16/10
**stattfinden** avoir lieu L15/9
**stehen bleiben** s'arrêter L20/8
**steigen (Temperatur)** monter (température) L17/8
**steil** raide *(montagne)* L20/2
**Stelle, die , -n (an erster/zweiter Stelle)** rang, le (au premier/second rang) L15/3
**stellen (Frage)** poser (question) L11/12
**Stiefel, der, -** botte, la L17/13
**Stil, der, -e** style, le L19/10
**stimmen *(richtig sein)*** être vrai L15/6
**Stimmung, die, -en** ambiance, l' L18/2
**stinken** puer L17/11
**Stipendium, das, Stipendien** bourse, la L17/11
**Strand, der, Strände** plage, la L20/8
**Straßenbahn, die, -en** tramway, le L12/5
**streiten sich** se disputer L18/5
**Strom, der *(Elektrizität)*** électricité, l' L14/11
**Studentenheim, das, -e** foyer d'étudiants, le L20/2
**stürzen** tomber L15/11
**Süden, der *(Sing.)*** sud, le L20/2
**südlich (von + D )** au sud de L20/2
**Supermarkt, die, -märkte** supermarché, le L14/2
**Supermodel, das, -s** mannequin star, le L16/7
**Surfbrett, das, -er** planche de surf, la L17/7
**Surfen, das *(Sport, Sing.)*** surf, le L15/2
**Süßigkeit, die, -en** sucrerie, la L18/2
**Szene, die, -n** scène, la L15/11

**T**

**Tablette, die, -n** cachet, le L15/BK
**täglich** quotidiennement L12/BK
**tagsüber** pendant la journée L17/8
**Takt, der, -e (im Takt)** rythme, le (au rythme) L19/13
**Taschenlampe, die, -n** lampe torche, la L17/7
**Tastatur, die, -en** clavier, le L16/10
**Taste, die, -n** touche, la L16/10
**Tatsache, die, -n** fait, le AB L
**Tauchen, das *(Sing.)*** plongée, la L15/2
**Taucher, der, -** plongeur, le L17/2
**Tauchfund, der, -e** trouvaille par plongée, la L17/2
**tauschen** échanger L13/12
**Technik, die *(hier nur Sing.)*** technique, la L13/12
**Tee, der, -s** thé, le L12/12
**teilnehmen an + D** participer à L15/9
**Teilnehmer, der, -** participant, le L17/1
**Telefongespräch, das, -e** conversation téléphonique, la L11/8
**Telefonkarte, die -n** carte téléphonique, la L13/6
**Telenovela, die, -s** série télé, la L16/2
**Temperatur, die, -en** température, la L17/8
**Theater, das, -** théâtre, le L14/2
**Thema, das, Themen** sujet, le L16/4
**tief** profond, profonde L19/13
**Tiefsttemperatur, die, -en** température minimale, la L17/8
**Tochter, die, Töchter** fille, la L18/BK
**Tomate, die, -n** tomate, la L12/12
**Ton, der, Töne** ton, le L19/13
**Tor, das, -e** but, le L15/7
**Tour, die, -en (Radtour)** tour, le L20/2
**Tourist, der, -en** touriste, le L11/6
**Track, der, -s** sound-track, le L19/10
**Tradition, die, -en** tradition, la L18/2
**tragen + A (Kleidung)** porter (vêtements) L13/10
**traurig** triste L13/BK
**Trauung, die, -en** mariage, le L18/6
**Tretboot, das, -e (Tretboot fahren)** pédalo, le (faire du pédalo) L20/2
**tun** faire L12/10
**Turnier, das, -e** tournoi, le L20/7
**typisch** typique L15/6

**U**

**U-Bahn, die, -en** métro, le L12/5
**Überlebenstraining, das, -s** entrainement de survie, le L17/6
**übernachten** passer la nuit L17/6
**Übernachtung, die, -en** nuitée, la L20/10
**Überraschung, die, -en** surprise, la L11/9
**überreden + A + zu + D** persuader qqn de faire qqch. L20/10
**übersetzen + A** traduire L19/5
**übrigens** d'ailleurs L18/8
**Ufer, das, -** bord, le L17/2
**Ukraine, die** Ukraine, l' L14/7
**umgehen mit + D** manier L19/7
**umschalten** changer L16/6
**umsteigen *(Verkehrsmittel)*** changer *(moyen de transport)* L14/BK
**Umwelt, die *(Sing.)*** environnement, l' L17/1
**Umweltschutz, der *(Sing.)*** protection de l'environnement L17/1
**Umweltschützer, der, -** écologiste, l' L17/2
**umwerfen + A** renverser AB L18/12
**Umzug, der, -züge *(beim Karneval)*** défilé, le *(au carnaval)* L18/2
**unbedingt** absolument L16/6
**Unfall, der, Unfälle** accident, l' L16/7
**unfreundlich** peu aimable L13/BK
**ungefähr** à peu près L14/12
**ungesund** malsain, malsaine L12/3
**Unglück, das *(Sing.)*** malheur, le L13/8
**unmodern** démodé, démodée L14/BK
**unmöglich** impossible L14/12
**unmusikalisch** non musical, non musicale L13/BK
**unpünktlich** en retard L13/BK
**unsicher** peu sûr, peu sûre L19/5
**unsportlich** non sportif, non sportive L13/BK
**unsympathisch** antipathique L16/6

**unterhalten sich** s'amuser AB L16/4
**unterhaltsam** amusant, amusante L15/4
**Unterkunft, die, -künfte** hébergement, l' L15/11
**unternehmen + A** entreprendre L20/
**Unterschied, der, -e** différence, la L14/12
**unterstützen + A** soutenir L19/7
**unterwegs** en route L18/2
**Urgroßeltern, die *(Pl.)*** arrière-grands-parents, les L18/9
**Urgroßmutter, die, -mütter** arrière-grand-mère, l' L18/7
**Urgroßvater, der, -väter** arrière-grand-père, l' L18/7
**Urlaub, der, -e (in Urlaub fahren)** vacances, les (partir en vacances) L20/7
**USA, die *(Pl.)*** Etats-Unis, les L11/1

## V

**verbinden** unir L20/2
**Verein, der, -e** association, l' L12/10
**Vergleich, der, -e** comparaison, la L15/5
**vergrößern + A** agrandir L13/2
**Verkehr, der *(Sing.)*** circulation, la L14/7
**Verkehrsmittel, das, -** moyen de transport, le L20/2
**verkleidet** déguisé, déguisée L18/2
**Verkleidung, die, -en** déguisement, le L18/1
**verkleinern + A** réduire L17/11
**verletzen sich** se blesser L12/10
**Verletzung, die, -en** blessure, la L12/10
**verlieben sich** tomber amoureux L14/12
**verliebt** amoureux, amoureuse L14/12
**verrostet** rouillé, rouillée L17/2
**verschenken + A** faire don de qqch. L18/2
**verschreiben *(Medikament)*** prescrire *(médicament)* L15/BK
**Verspätung, die, -en** retard, le L20/4
**verstecken + A** cacher L18/1
**verstehen sich (mit + D)** s'entendre (avec qqn) L19/6
**verwandt** apparenté, apparentée L18/8
**Verwandte, der/die, -n** parent, le L18/7
**verwenden + A** utiliser AB L17
**verwöhnen + A** gâter qqn. L18/10
**Videokünstler, der, -** artiste en vidéo, l' L17/11
**vielleicht** peut-être L19/7
**Vogelhäuschen, das, -** petite maison à oiseaux, la L17/6
**voll** plein, pleine L14/BK
**völlig** complètement L14/12
**vorbeigehen an + D** passer devant qqn/qqch. L14/5
**Vorbereitung, die, -en** préparatif, le L18/2
**Vorrat, der, Vorräte** réserve, la L14/12
**vorstellen + A** présenter L18/8
**vorstellen sich + A** se présenter L19/BK
**Vorteil, der, -e** avantage, l' L18/12
**Vorurteil, das, -e** préjugé, le L15/6

## W

**Wagen, der, -** voiture, la L18/2
**Wahnsinn, der *(Sing.)*** folie, la L15/12
**wahrscheinlich** probablement L19/7
**Wärme, die *(Sing.)*** chaleur, la L18/9
**Warteschlange, die** file d'attente, la L16/6
**warum?** pourquoi ? L13/2
**was für ein(e)?** quel/quelle ? L16/4
**Waschmaschine, die, -n** machine à laver, la L17/11
**Wasserball, der *(Sport)*** water-polo, le L12/6
**Wasserfall, der, -fälle** cascade, la L20/2
**Wattenmeer, das, -e** *eaux qui recouvrent le Watt à marée haute* L14/11
**wechselhaft** changeant L17/BK
**wechseln (Geld)** changer (argent) L14/2
**wegfahren** partir L20/10
**weggehen** s'en aller L14/12
**weglaufen** s'enfuir L16/6
**wegnehmen + A + D** prendre qqch. à qqn L18/10
**wegrennen** partir en courant L18/7
**wegziehen** déménager *(ici)* L14 BK
**wehen (Wind)** souffler (vent) L17/7
**wehtun** faire mal L15/13
**weihnachtlich** de Noël L18/2
**Weihnachtsbaum, der, -bäume** arbre de Noël, l' L18/2
**Weihnachtsmarkt, der, -märkte** marché de Noël, le L18/2
**weil** parce que L13/2
**Weitsprung, der *(Sing.)*** saut en longueur, le L12/8
**welche (-r, -s)** laquelle/lequel/lesquels L11/4
**wenn** si L18/2
**Werbeprospekt, der, -e** prospectus de publicité, le L19/1
**Werbung, die *(Sing.)*** publicité, la L16/3
**werden** devenir L17/6
**werfen + A** jeter L15/7
**wertvoll** précieux, précieuse L13/6
**Westen, der *(Sing.)*** est, l' L20/3
**westlich (von D)** à l'est de qqn/qqch. L20/2
**Wettbewerb, der, -e** concours, le L17/1
**Wetter, das *(Sing.)*** météo, la L17/6
**Wetterbericht, der, -e** prévisions météorologiques, les L17/8
**wie oft?** combien de fois ? L12/BK
**wieder** encore une fois L15/12
**wiederholen + A** répéter L11/8
**wiederkommen** revenir L15/BK
**Wind, der, -e** vent, le L17/7
**windig** venteux, venteuse L17/BK
**Windjacke, die, -n** anorak, l' L17/7
**windstill** calme L17/8
**wissen** savoir L18/BK
**wöchentlich** hebdomadaire L12/BK
**wohl fühlen sich** sentir bien se L14/7
**Wohnsituation, die, -n** condition de logement, le L18/12
**Wolke, die, -n** nuage, le AB L17/13
**Workshop, der, -s** atelier, l' L17/12
**Würfel, der, -** dé, le L11/12
**würfeln** jeter le dé L11/12

**Wurst, die *(Sing.)*** saucisse, la L12/12
**wütend** furieux, furieuse L12/2

Y

**Yoga, das *(Sing.)*** yoga, le L12/6

Z

**Zahn, der, Zähne** dent, la AB L15
**zeigen + D + A** montrer qqch. à qqn L13/2
**Zeit, die, *(Sing.)* (sich Zeit nehmen für + A/ Zeit verbringen mit + D)** temps, le (se prendre le temps pour qqn/qqch./passer le temps avec qqn) L12/14
**Zeitungsartikel, der, -** article de journal, l' L19/2
**Zeitungspapier, das** papier à journaux, le L17/12
**Zelt, das, -e** tente, la L20/10
**Ziel, das, -e** but, le L11/12
**ziemlich** assez L11/3
**Zigarette, die, -n** cigarette, la L14/7
**zu Besuch** en visite L14/12
**zu Fuß** à pied L14/BK
**Zuckersäckchen, das, -** petit sachet de sucre, le L12/1
**Zuckerwürfel, der, -** morceau de sucre, le L13/1
**zufrieden** satisfait, satisfaite L12/10
**zufrieren** geler L1412
**Zug, der, Züge** train, le L20/4
**zuletzt** à la fin L11/11
**Zungenbrecher, der, -** vire-langue, le L11/10
**zusammenkommen** réunir, se L18/2
**zuschauen** regarder L18/2
**Zuschauer, der, -** spectateur, le L18/2
**zuwerfen + A + D** lancer qqch. à qqn L18/2

## Glossaire français – allemand

A

**A bientôt !** Bis bald! L11/9
**à l'est de** östlich von + D L20/BK
**à l'ouest de** westlich von + D L20/2
**à peu près** ungefähr L14/12
**à pied** zu Fuß L14/BK
**absolu, absolue** absolut L12/10
**absolument** unbedingt L16/6
**accident, l'** Unfall, der, Unfälle L16/7
**acheter** einkaufen L13/11
**actif, active** aktiv L17/1
**adieux, les (prendre congé de qqn)** Abschied, der, -e, (Abschied nehmen von jmdm.) L14/12
**admirer qqch./qqn** bewundern + A L11/6
**aéroport, l'** Flughafen, der, -häfen AB L20/6
**agrandir** vergrößern + A L13/2
**agressif, agressive** aggressiv L19/10
**aimable** freundlich L13/BK
**aîné, aînée, l'** Älteste, der/die, -n L18/10
**air, l'** Luft, die *(Sing.)* L14/7
**album, l'** Album, das, Alben (Musik) L19/9
**alcool, l'** Alkohol, der *(Sing.)* L14/7
**Allemagne, l'** Deutschland L11/1
**allemand *(langue)*** Deutsch *(Sprache)* L11/1
**Allemand, Allemande, l'** Deutsche, der/die , -n L11/1
**aller à** (hin)gehen / -fahren L18/7
**aller là-bas** dorthin gehen / fahren L11/5
**aller s'en** weggehen L14/12
**ambiance, l'** Stimmung, die, -en L18/2
**Américain, Américaine, l'** Amerikaner, der, - / Amerikanerin, die, -innen L11/1
**amusant, amusante** unterhaltsam L15/4
**amuser, s'** sich unterhalten AB L16/4
**ange, l'** Engel, der, - L13/8
**année, l' *(ici : l'année de naissance)*** Jahrgang, der, -gänge *(hier:* Geburtsjahr*)* L19/5
**anorak, l'** Windjacke, die, -n L17/7
**antipathique** unsympathisch L16/6
**apparenté, apparentée** verwandt L18/8
**appartenir** gehören + D L13/BK
**appel, l'** Anruf, der, -e L16/11
**applaudir** klatschen L19/13
**appuyer qqch.** drücken + A AB L16/12
**arbre de Noël, l'** Weihnachtsbaum, der, -bäume L18/2
**argent, l'** Silber, das *(Sing.)* L17/BK
**arrêt, l'** Haltestelle, die, -n L14/5
**arrêter s'** stehen bleiben L20/8
**arrière-grand-mère, l'** Urgroßmutter, die, -mütter L18/7
**arrière-grand-père, l'** Urgroßvater, der, -väter L18/7
**arrière-grands-parents, les** Urgroßeltern, die, *(Pl.)* L18/9
**arrivée, l'** Ankunft, die, Ankünfte AB L20/6
**arriver *(sur une place)*** landen *(auf einem Platz)* L19/9
**art, l'** Kunst, die *(Sing.)* L17/1
**article de journal, l'** Zeitungsartikel, der, - L19/2
**artiste en vidéo, l'** Videokünstler, der, - L17/11
**artiste, l'** Künstler, der, - L17/11
**ascenseur** Aufzug, der, Aufzüge L20/6
**assez** ziemlich L11/3
**association, l'** Verein, der, -e L12/10
**atelier, l'** Atelier, das, - L17/11
**atelier, l'** Workshop, der, -s L17/12
**attendre** erwarten + A L19/5
**au milieu de qqch.** mitten + in + D L14/5
**au moins** mindestens L15/11
**au nord de** nördlich von + D L20/3
**au sud de** südlich von + D L20/2
**auberge de jeunesse, l'** Jugendherberge, die, -n L20/2
**auditeur, l'/auditrice, l'** Hörer, der, - / Hörerin, die, -nen *(Radio)* L17/2
**autant que** genauso ... wie L15/4
**autant que possible** möglichst L18/2
**autocollant, le** Aufkleber, der, - L13/1
**autographe, l'** Autogramm, das, - L16/6
**autrefois** früher L14/11
**autrichien, autrichienne** österreichisch L16/7
**avantage, l'** Vorteil, der, -e L18/12
**aviron, l'** Rudern, das *(Sing.)* L15/2
**avis, l' (à mon avis)** Meinung, die, -en (meiner Meinung nach) L15/4
**avoir lieu** stattfinden L15/9

**avoir peur (de)** Angst haben L11/7
**avoir peur de** sich fürchten vor + D L19/8
**avoir raison** Recht haben L16/2

## B

**baccalauréat, le** Abitur, das L14/12
**badge, le** Button, der, -s AB L16/12
**bague, la** Ring, der, -e L13/BK
**baigner se** baden L14/10
**baigneur, le** Badegast, der, -gäste L17/2
**baignoire, la** Badewanne, die, -n L12/5
**baisser *(température)*** sinken *(Temperatur)* L17/8
**balle de neige, la** Schneeball, der, -bälle L15/9
**banc, le *(à l'école)*** Bank, die, -en L19/1
**banque, la** Bank, die, -en *(Geldinstitut)* L14/2
**barbecue, le** Grill, der, -s AB L18/12
**bateau à voile, le** Segelboot, das, -e L17/7
**bateau, le** Schiff, das, -e L14/1
**bâtiment, le** Gebäude, das, - L14/2
**bâtonnet de glace, le** Eisstiel, der, -e L13/1
**beau-fils, le** Schwiegersohn, der, -söhne L18/7
**beau-frère, le/belle-sœur, la** Schwager, der, - / Schwägerin, die, -nen L18/7
**beau-père, le** Schwiegervater, der, -väter L18/7
**beaux-parents, le** Schwiegereltern, die *(Pl.)* L18/7
**belle-fille, la** Schwiegertochter, die, -töchter L18/7
**belle-mère, la** Schwiegermutter, die, -mütter L18/7
**bikini, le** Bikini, der, -s L17/7
**blesser se** sich verletzen L12/10
**blessure** Verletzung, die, -en L12/10
**bois, le** Holz, das *(Sing.)* L17/2
**bol, le** Schale, die, -n L12/13
**bonheur, le (porter bonheur à qqn)** Glück, das *(Sing.)* (jmdm. Glück bringen) L13/8
**bord, le** Ufer, das, - L17/2
**botte, la** Stiefel, der, - L17/13
**bouche, la** Mund, der, Münder L12/7
**bouchon, le** Korken, der, - L17/12
**boucle d'oreille, la** Ohrring, der, -e L17/2
**bouger** sich bewegen L12/3
**bouger qqch./qqn** bewegen + A AB L16/12
**bougie, la** Kerze, die, -n L18/2
**bourse, la** Stipendium, das, Stipendien L17/11
**bouteille de verre, la** Glasflasche, die, -n L17/2
**bouton de démarrage, le** Startknopf, der, -knöpfe L16/10
**boxe, la** Boxen, das *(Sing.)* L15/2
**bracelet, le** Armband, das, -bänder L13/11
**bras, le** Arm, der, -e L12/7
**briller (soleil)** scheinen (Sonne) L17/7
**brouillard, le** Nebel, der *(Sing.)* L17/7
**bruit, le** Lärm, der *(Sing.)* L14/7
**brumeux, brumeuse** neblig L17/7
**but, le** Ziel, das, -e L11/12

## C

**c'est pourquoi** deshalb L14/7
**cacher qqch.** verstecken + A L18/1
**cachet, le** Tablette, die, -n L15/BK
**cadet, le/cadette, la** Jüngste, der/die, -n L18/10
**calme** windstill L17/8
**canal, le** Kanal, der, Kanäle L11/6
**canoë, le (faire du canoë)** Kanu, das, -s (Kanu fahren) L20/2
**canot automobile, le** Motorboot, das, -e L14/12
**capitale, la** Hauptstadt, die L14/1
**carnaval, le** Fasching, der, Karneval, der, L18/1
**carotte, la** Möhre, die, -n L12/15
**carrefour, le** Kreuzung, die, -en L14/5
**carte postale, la** Ansichtskarte, die, -n L13/1
**carte téléphonique, la** Telefonkarte, die, -n L13/6
**cascade, la** Wasserfall, der, -fälle L20/2
**case, la** Spielfeld, das, -felder L11/12
**cassé, cassée** kaputt AB L16/13
**casser se (jambe)** sich brechen (Bein) L14/12
**catastrophe, la** Katastrophe, die, -n L18/2
**CD-ROM, le** CD-ROM, die, -s L16/12
**célèbre** erfolgreich L16/6
**centre-ville, le** Innenstadt, die, -städte L11/6
**centre, le** Mittelpunkt, der, -e L18/10
**céréales, les** Müsli, das, -s L12/12
**chaîne de lumière, la** Lichterkette, die, -n L18/2
**chalet, le *(ici)*** Hütte, die, -n L20/10
**chaleur, la** Wärme, die *(Sing.)* L18/9
**chaleur, la** Hitze, die *(Sing.)* AB L20/1
**chambre double, la** Doppelzimmer, das, - L20/6
**chambre individuelle, la** Einzelzimmer, das, - L20/BK
**champignon, le** Pilz, der, -e L17/6
**changeant** wechselhaft L17/BK
**changer** umschalten L16/6
**changer *(moyen de transport)*** umsteigen *(Verkehrsmittel)* L14/BK
**changer (argent)** wechseln (Geld) L14/2
**chanteur, le** Sänger, der, - L13/10
**chaos, le** Chaos, der, -en L15/11
**château, le** Schloss, das, Schlösser L11/6
**chaud, chaude** heiß AB L20/12
**chaussure de ski, la** Schischuh, der, -e L17/7
**chef, le** Chef, der, -s L18/10
**Cher (Chère) ... *(dans une lettre)*** Liebe (-r) ... *(Anrede im Brief)* L11/9
**cheval, le** Pferd, das, -e L15/1
**Chinois, le** Chinese, der, - L14/7
**ciel, le (à la belle étoile)** Himmel, der *(Sing.)* (unter freiem Himmel) L17/6
**cigarette, la** Zigarette, die, -n L14/7
**circuit, le** Rundfahrt, die, -en L20/7
**circulation, la** Verkehr, der, *(Sing.)* L14/7
**clavier, le** Tastatur, die, -en L16/10
**cliquer** klicken L16/11
**clou, le** Clou, der L19/13
**club de fan, le** Fanclub, der, -s L16/9
**Co *(abrév. pour* Compagnie*)*** Co. *(Abk. für* Compagnie*)* L18/10
**coccinelle, la** Marienkäfer, der, - L13/8
**cochon porte-bonheur, le** Glücksschwein, das L13/8

**collection d'autographe, la** Autogramm-sammlung, die, -en L13/6
**collection, la** Sammlung, die, -en L13/1
**collectionner** sammeln + A L13/1
**collectionneur, le** Sammler, der, - L13/1
**collier d'argent, le** Silberkette, die, -n L17/2
**colonie de vacances, la** Ferienlager, das, - L20/2
**coloré, colorée** farbig L18/9
**combien de fois ?** wie oft? L12/BK
**comme *(comparaison)*** als *(Vergleich)* L15/4
**commune, la** Gemeinde, die, -n L14/12
**comparaison, la** Vergleich, der, -e L15/5
**complètement** völlig L14/12
**concentrer se** konzentrieren sich L12/14
**concept, le** Konzept, das, -e L19/13
**concombre, le** Gurke, die, -n L12/15
**concours, le** Wettbewerb, der, -e L17/1
**condition de logement, la** Wohnsituation, die, -n L18/12
**conduire (de...à)** führen (von...bis) L20/2
**confiture, la** Marmelade, die, -n L12/12
**connaissances linguistiques, les** Sprachkenntnisse, die *(Pl.)* L11/2
**connu, connue** berühmt L16/6
**conserve, la** Dose, die, -n L17/2
**consister en qqch.** bestehen aus + D L13/
**construire qqch.** konstruieren + A L17/11
**contact, le** Kontakt, der, -e L11
**contenir (il n'y avait aucune faute)** drin sein *(umgs.)* (es waren keine Fehler drin) L13/7
**content, contente** froh L18/1
**contrôle continu, le** Klassenarbeit, die, -en L13/11
**conversation téléphonique, la** Telefongespräch, das, -e L11/8
**conversation, la** Gespräch, das, -e L11/8
**corps, le** Körper, der, - L12/7
**correspondant, le** Austauschpartner, der, - L11/7
**cou, le** Hals, der Hälse L12/7
**couler** fließen L20/BK
**coulisse, la** Kulisse, die, -n L11/6
**coupé, coupée (de)** abgeschnitten (von + D) L14/12
**couper** schneiden (+ A) L19/7
**cour de récréation, la** Schulhof, der, -höfe L17/6
**courageux, courageuse** mutig L13/BK
**courbature, la** Muskelkater, der *(Sing.)* L12/10
**courir** rennen L15/4
**cours de ski, le** Schikurs, der, -e L15/11
**course de voiture, la** Autorennen, das, - L15/1
**course, la (course automobile, course de ski)** Rennen, das, - (Autorennen, Schirennen) L15/1
**cousin, le** Cousin, der, -s L18/7
**cousine, la** Kusine, die, -n L18/7
**couteau, le** Messer, das, - L19/7
**crawl, le** Brustschwimmen, das L12/8
**crier** rufen L18/2
**critique de musique, le** Musikkritiker, der, - L19/11
**croire** glauben L12/11
**croire** meinen L12/11
**cuillère, la** Löffel, der, - L17/13
**cuir, le** Leder, das *(Sing.)* L17/11
**cuisiner** kochen L13/12

**D**

**d'ailleurs** übrigens L18/8
**d'avance** im Voraus L19/5
**Dame, la** Dame, die, -n L15/6
**dance de jazz, la** Jazztanz, der *(Sing.)* L15/6
**Danemark, le** Dänemark L14/12
**danger, le** Gefahr, die, -en L17/2
**de Noël** weihnachtlich L18/2
**dé, le** Würfel, der, - L11/12
**débile** doof *(umgs.)* L16/6
**décharge, la** Müllhalde, die, -n L17/11
**décider se** sich entscheiden L17/11
**décollage, le** Abflug, der, Abflüge L20/4
**décoré, décorée** dekoriert L18/2
**décorer** schmücken + A L18/2
**découvrir** entdecken + A L20/2
**déçu, déçue** enttäuscht L14/12
**défilé de mode, le** Modenschau, die, -en L17/12
**défilé, le *(au carnaval)*** Umzug, der, -züge *(beim Karneval)* L18/2
**degré, le** Grad, das, -e L17/8
**déguisé, déguisée** verkleidet L18/2
**déguisement, le** Verkleidung, die, -en L18/1
**dehors** draußen L14/7
**démarrer (ordinateur)** starten (Computer) L16/9
**déménager** wegziehen L14 BK
**démodé, démodée** unmodern L14/BK
**dense (trafic)** dicht (Verkehr) L14/7
**dent, la** Zahn, der, Zähne AB L15
**départ, le** Abfahrt, die, -en L20/4
**départ, le** Abreise, die, -n L20/2
**dépêcher se** hetzen L18/2
**dépourvu d'imagination** fantasielos L13/BK
**derrière** hinten L19/5
**désavantage, le** Nachteil, der, -e L18/12
**descendre** aussteigen L14/6
**devenir** werden L17/6
**devise, la** Motto, das, -s L18/1
**devoir** sollen L12/14
**devoir aller** gehören *(in den See gehören)* L17/5
**dialogue, le** Dialog, der, -e L14/5
**différence, la** Unterschied, der, -e L14/12
**difficile** schwer L13/BK
**directeur de l'internat, le** Internatsleiter, der, - L19/5
**discuter** diskutieren AB L16/4
**disputer se** sich streiten L18/5
**document, le** Dokument, das, -e AB L16/12
**documentation, la** Dokumentation, die, -en L16/2
**Dôme, le** Dom, der, -e L14/8
**dos crawlé, le** Rückenschwimmen, das L12/8
**dos, le** Rücken, der, - L12/7
**double** doppelt L17/11
**douche, la** Dusche, die, -n AB L12/9
**doucher se** duschen sich L12/6

**douleur, la** Schmerz, der, -en L15/13
**doux, douce** mild L17/8
**drague, la** Flirt, der, -s L14/12
**draguer** flirten L14/12
**drame, le** Drama, das, -en L16/2
**durer** dauern L16/11
**dynamique** dynamisch L19/10

## E

**échange, l'** Austausch, der *(Sing.)* L11/BK
**échanger** tauschen L13/12
**échecs, les** Schach, das *(Sing.)* L12/8
**école jumelée, l'** Partnerschule, die, -n L11
**écologiste, l'** Umweltschützer, der, - L17/2
**écran, l'** Bildschirm, der, -e L16/10
**écrire un mail** mailen AB L11/11
**écurie, l'** Pferdestall, der, -ställe L15/1
**effrayé, effrayée** erschrocken L16/6
**égal** egal L13/3
**électricité, l'** Strom, der *(Elektrizität)* L14/11
**émission, l'** Sendung, die, -en L16/3
**emmener** hierherbringen + A L19/5
**émotionnel, émotionnelle** emotional AB L16/9
**en bonne santé** gesund L12/3
**en direct** live L11/13
**en effet** nämlich L11/9
**en forme** fit L12/2
**en plein milieu** mittendrin L18/10
**en retard** unpünktlich L13/BK
**en route** unterwegs L18/2
**en visite** zu Besuch L14/12
**en vouloir à qqn** sauer sein auf + A L15/12
**encore une fois** wieder L15/12
**encyclopédie, l'** Lexikon, das, Lexika L19/1
**endroit, l'** Gegend, die, -en L20/2
**endurance, l'** Ausdauer, die *(Sing.)* L15/4
**endurant, endurante** ausdauernd L15/6
**énergie, l'** Energie, die, -n L12/14
**énervé, énervée** genervt L19/5
**énerver qqn** nerven + A L18/12
**énerver s' contre** sich ärgern über + A L18/2
**enfin** schließlich L14/12
**enfuir, se** weglaufen L16/6
**engagé, engagée** engagiert L17/11
**engagement, l'** Engagement, das *(Sing.)* L17/2
**engager s' (pour qqch.)** sich engagieren (für + A) L17/1
**enlever (vêtements)** ausziehen + A (Kleidung) L15/BK
**ennuyeux, ennuyeuse** öde L15/4
**énoncé, l'** Durchsage, die, -n L20/4
**enregistrer** aufnehmen + A *(Klingelton)* L15/1
**ensoleillé, ensoleillée** sonnig L17/BK
**entendre, se (avec qqn)** sich verstehen (mit + D) L19/6
**enthousiasmé, enthousiasmée** begeistert L16/6
**entrainement de survie, l'** Überlebenstraining, das, -s L17/6
**entreprendre qqch.** unternehmen + A L20/
**entrer (en contact)** aufnehmen (Kontakt) L11/2
**entrer (train)** einfahren (Zug) L20/4
**environnement, l'** Umwelt, die *(Sing.)* L17/1
**envoyer un SMS** simsen AB L11/11
**épouser qqn** heiraten + A L14/2
**époux, les** Brautpaar, das, -e L18/1
**équilibrer** ausgleichen + A L12/10
**équipe, l'** Mannschaft, die, -en L13/12
**équipement, l'** Ausrüstung, die, -en L17/11
**équitation, l'** Reiten, das L15/1
**Espagnol, l'/Espagnole, l'** Spanier, der, - / Spanierin, die, -nen AB L11/2
**espérer** hoffen L12/BK
**est, l'** Osten, der *(Sing.)* L20/3
**Etats-Unis, les** USA, die *(Pl.)* L11/1
**amoureux, amoureuse** verliebt L14/12
**être collé/collée sur/dans qqch.** kleben auf/in + D L13/2
**être de la partie** dabei sein L14/12
**être né/née à** geboren sein in + D L14/7
**être son tour (c'est ton tour)** dran sein (du bist dran) L19/13
**être vrai *(être juste)*** stimmen L15/6
**Europe, l'** Europa L11/2
**européen, européenne** europäisch L11/2
**expérience, l'** Erfahrung, die, -en L14/7
**expliquer** erklären + D + A L13/BK

## F

**facile** leicht L13/BK
**façon la (de cette façon)** Art, die, -en (auf diese Art) L17/11
**faible** schwach L15/6
**faim, la** Hunger, der *(Sing.)* L12/14
**faire** tun L12/10
**faire (ne pas s'en faire/faire son possible pour qqn/cela ne fait rien)** machen (sich nichts draus machen/es jmdm. recht machen/das macht nichts) L18/10
**faire don de qqch.** verschenken + A L18/2
**faire du cheval** reiten L15/1
**faire du rap** rappen L19/13
**faire du skate-board** Skateboard fahren L15/2
**faire du sport** Sport treiben L12/10
**faire mal** wehtun L15/13
**fait, le** Tatsache, die, -en L19/13
**fatigué, fatiguée** schlapp, müde L12/2
**faute, la** Fehler, der, - L11/7
**fébrile** hektisch L12/14
**félicitations, les** Glückwunsch, der, -wünsche L18/1
**femme, la** Frau, die, -en L15/10
**fer à cheval, le** Hufeisen, das, - L13/8
**festif, festive** feierlich L18/2
**fête, la** Feier, die, -n L18
**feu d'artifice, le** Feuerwerk, das, -e L18/2
**feuille de trèfle, la** Kleeblatt, das, -blätter L13/8
**fièvre, la** Fieber, das *(Sing.)* L15/13
**file d'attente, la** Warteschlange, die L16/6
**fille, la** Mädel, das, -s *(süddeutsch für Mädchen)* L15/12
**fille, la** Tochter, die, Töchter L18/BK
**film d'animation, le** Animationsfilm, der, - L16/2

**film, le** Spielfilm, der, -e L16/
**fils, le** Sohn, der, Söhne L18/BK
**fini, finie** fertig AB L12/8
**finlandais, finnois (*langue*)** Finnisch *(Sprache)* L11/1
**Finlande, la** Finnland L11/1
**Finnois, le** Finne, der, -n/Finnin, die, -nen L11/1
**flèche, la** Pfeil, der, -e L11/12
**folie, la** Wahnsinn, der *(Sing.)* L15/12
**fonctionner** funktionieren L16/9
**fonder qqch.** gründen + A L19/9
**Formule 1, la** Formel 1, die *(Sing.)* L15/1
**formulaire, le** Formular, das, -e L14/2
**fort, forte** stark L12/2
**fou, le** Narr, der, -en L18/2
**fourchette, la** Gabel, die L19/7
**foyer d'étudiants, le** Studentenheim, das, -e L20/2
**frais, fraîche** frisch L12/14; kühl L17/8
**Français, le/Française, la** Franzose, der, -n / Französin, die, -nen L11/1
**français (*langue*)** Französisch *(Sprache)* L11/1
**France** Frankreich L11/1
**fromage, le** Käse, der, - L12/12
**frontière, la (à la frontière de)** Grenze, die, -n (an der Grenze zu) L20/2
**fruits, les** Obst, das *(Sing.)* L12/14
**furieux, furieuse** wütend L12/2

G

**gagnant, le** Sieger, der, - L11/12
**gai, gaie** fröhlich L13/BK
**galerie de photos, la** Fotogalerie, die, -n L16/9
**gare, la** Bahnhof, der, -höfe L14/2
**garer se** parken L20/6
**gâter qqn.** verwöhnen + A L18/10
**gaz d'échappement, le** Abgase, die *(Pl.)* L14/7
**geler** zufrieren L1412
**gênant, gênante (Comme c'est gênant !)** peinlich (Das ist so peinlich!) L16/6
**glace, la (*alimentation*)** Speiseeis, das L20/1
**glisser** gleiten L15/11
**gobelet, le** Becher, der, - L17/12
**grande famille, la** Großfamilie, die, -n L18/12
**grande ville, la** Großstadt, die, -städte L14/1
**Grande-Bretagne, la** Großbritannien AB L11/2
**grave** schlimm L15/12
**Grec, le/Grecque, la** Grieche, der, -n, Griechin, die, -nen AB L11/2
**grec, le (*langue*)** Griechisch *(Sprache)* AB L11/2
**griller** grillen L20/1
**groupe, le** Gruppe, die, -n L11/12

H

**habile, habile** geschickt L15/6
**habitant, l'** Einwohner, der, - L14/12
**handball, le** Handball, der *(Sport, Sing.)* L12/8
**hebdomadaire** wöchentlich L12/BK
**hébergement, l'** Unterkunft, die, -künfte L15/11
**hélicoptère, l'** Hubschrauber, der, - L14/12
**herbe, l'** Gras, das *(Sing.)* L18/9
**heureux, heureuse** glücklich L12/2
**hier** gestern L11/11
**hippie, le/la** Blumenkind, das, -er L18/7
**historique** historisch L11/6
**hit-parade des albums, l'** Albumcharts, die *(Pl.)* L19/9
**hockey sur glace, le** Eishockey, das *(Sing.)* L15/2
**homme politique, l'** Politiker, der, - L13/10
**homme, l'** Mann, der, Männer L15/10
**hôpital, l'** Krankenhaus, das, -häuser L15/12
**horaire, l'** Fahrplan, der, -pläne L19/2
**Hôtel de ville, l'** Rathaus, das, -häuser L14/2
**hôtel, l'** Hotel, das, -s L20/6
**humour, l'** Humor, der *(Sing.)* L16/9

I

**idyllique** idyllisch L14/7
**île, l'** Insel, die, -n L14/1
**imperméable, l'** Regenmantel, der, -mäntel L17/7
**impossible** unmöglich L14/12
**impression, la** Eindruck, der, Eindrücke L14/7
**informer, s'** informieren sich AB L16/1
**inondation, l'** Hochwasser, das *(Sing.)* L14/11
**installer qqch.** installieren + A L16/9
**intéresser s' à qqch.** interessieren sich für + A L13/13
**internat, l'** Internat, das, -e L14/12
**irlandais, l' (*langue*)** Irisch *(Sprache)* AB L11/2
**Irlandais, l'/Irlandaise, l'** Ire, der, -n/Irin, die, -nen AB L11/2
**Irlande, l'** Irland AB L11/2
**ironique** ironisch L19/5
**Italie, l'** Italien L11/1
**italien (*langue*)** Italienisch *(Sprache)* L11/1
**Italien, l'/Italienne, l'** Italiener, der, -/Italienerin, die, -nen L11/1

J

**jaloux, jalouse** eifersüchtig L16/6
**jamais** nie L12/BK
**jambe, la** Bein, das, -e L12/7
**jambon, le** Schinken, der, - L12/12
**Je t'embrasse** Alles Liebe *(Grußformel im Brief)* L11/BK
**jeter le dé** würfeln L11/12
**jeter qqch.** werfen + A L15/7
**jeu, le** Spiel, das, -e L11/11
**jogging, le** Joggen, das *(Sing.)* L12/10
**joue rebondie, la** Pausbacke, die, -n L19/5
**jouet, le** Spielzeug, das *(Sing.)* L17/11
**joueur de foot, le** Fußballer, der, - L11/5
**joueur, le** Spieler, der, - L11/12
**joueur de synthétiseur, le** Keyboarder, der, - L19/9
**journal télévisé, le** Nachrichtensendung, die, -en L16/3
**Joyeux Noël/Pâques!** Frohe Weihnachten! / Ostern! L18/1
**judo, le** Judo, das *(Sing.)* L15/2
**jumelage entre deux écoles** Schulpartnerschaft, die, -en L11/2
**jus de fruits, le** Obstsaft, der, -säfte L12/14
**juste là (*ici*)** gleich *(hier)* L14/6

**K**

**kebab, le** Dönerkebab, der, - L13/13
**kiosque à boissons, le** Getränkekiosk, der, -e L14/12
**kitsch** kitschig L16/6
**kitsch, le** Kitsch, der *(Sing.)* L16/6

**L**

**la plupart du temps** meist L18/2
**là-bas** hin L16/6
**lac de baignade, le** Badesee, der, -n L17/2
**laid, laide** hässlich L14/7
**lampe torche, la** Taschenlampe, die, -n L17/7
**lancer qqch. à qqn** zuwerfen + A + D L18/2
**langue étrangère, la** Fremdsprache, die, -n L11/2
**langue maternelle, la** Muttersprache, die, -n L11/1
**langue, la** Sprache, die, -n L11/1
**lapin de Pâques, le** Osterhase, der, -n L18/1
**lapin, le** Hase, der, -n L18/1
**laquelle/lequel/ lesquels** welche (-r, -s) L11/4
**large** breit L14/11
**le matin *(adv.)*** morgens L14/12
**légumes, les** Gemüse, das *(Sing.)* L12/14
**librairie, la** Bücherei, die, -en L14/2
**ligne, la** Leitung, die, -en L16/11
**limité, limitée** eingeschränkt L19/7
**liquide, le** Flüssigkeit, die, -en L12/14
**liste des courses, la** Einkaufsliste, die, -n L19/2
**livre d'hôte, le** Gästebuch, das, -bücher L16/9
**livre de cuisine, le** Kochbuch, das, -bücher L13/12
**logique** logisch L15/7
**luge, la** Schlitten, der, - L17/7
**lumière, la** Licht, das, -er L18/9
**lundi gras, le** Rosenmontag, der, -e L18/2
**lune, la** Mond, der, -e L20/11
**Luxembourg, le** Luxemburg AB L11/2
**luxembourgeois *(langue)*** Luxemburgisch *(Sprache)* AB L11/2
**Luxembourgeois, le/Luxembourgeoise, la** Luxemburger, der- /Luxemburgerin, die, -nen AB L11/2

**M**

**machine à laver, la** Waschmaschine, die, -n L17/11
**magazine, le** Magazin, das, -e (Technikmagazin, Jugendmagazin) L16/2
**magnifique** herrlich L18/1
**maillot de bain, le** Badehose, die, -n L17/7
**main, la** Hand, die, Hände L12/7
**maire, le** Bürgermeister, der, - L14/12
**malade** krank L15/12
**maladie, la** Krankheit, die, -en L13/10
**malheur, le** Unglück, das *(Sing.)* L13/8
**malsain, malsaine** ungesund L12/3
**manager, le** Manager, der - L13/10
**manier qqch.** umgehen mit + D L19/7
**manifester (pour/contre qqch.)** demonstrieren (für/gegen + A) L17/1
**mannequin star, le** Supermodel, das, -s L16/7
**manquer** fehlen + D + A L15/15
**manuel, le** Lehrbuch, das, -bücher L19/2
**manuel, le** Sachbuch, das, -bücher L19/2
**marché de Noël, le** Weihnachtsmarkt, der, -märkte L18/2
**marché, le** Markt, der, Märkte L18/12
**mariage, le** Hochzeit, die, -en L18/1
**mariage, le** Trauung, die, -en L18/6
**marié, le** Bräutigam, der, -e L18/7
**mariée, la** Braut, die, Bräute L18/7
**match, le** Match, das, -s L13/12
**matériel, le** Material, das, Materialien L17/6
**maternelle, la** Kindergarten, der, -gärten L14/7
**maximum** höchstens L14/12
**maximum** maximal L17/8
**méchant, méchante** gemein L16/6
**médaille, la** Medaille, die, -n AB L16/9
**médecin, le** Arzt, der, Ärzte L15/14
**médicament, le** Medikament, das, -e L15/BK
**meilleur de la classe, le/meilleure de la classe, la** Klassenbeste, der/die, -n L15/8
**meilleur, meilleure (→ bon)** besser (→ gut) L12/9
**mélodie, la** Melodie, die, -n L19/BK
**mélodique** melodisch L19/10
**membre, le** Mitglied, das, -er L13/12
**mensuel, mensuelle** monatlich L12/BK
**Mer Nordique, la** Nordsee, die L14/12
**météo, la** Wetter, das *(Sing.)* L17/6
**métro, le** U-Bahn, die, -en L12/5
**meubles, les** Möbel, die *(Pl.)* L17/11
**Mexicain, le/Mexicaine, la** Mexikaner, der, - / Mexikanerin, die, -nen L14/7
**miel, le** Honig, der *(Sing.)* L12/12
**mieux (→ bien)** gut (→ besser) L14/7
**mignon, mignonne** hübsch L14/12
**mince** dünn L13/4
**minéral, le** Mineral, das, -e/-ien L13/6
**miroir, le** Spiegel, der, - L17/11
**modéré, modérée** mäßig L17/8
**moderne** modern L14/BK
**moins** minus L17/8
**Mon Dieu !** Oh Gott! L16/6
**monotone** monoton L19/10
**Monsieur Le.../Madame La... *(dans une lettre formelle)*** Sehr geehrter Herr/Sehr geehrte Frau *(Anrede in formellen Briefen)* L19/7
**montagne d' ordures, la** Müllberg, der, -e L17/11
**montagnes russes, les** Achterbahn, die, -en L20/10
**montagneux, montagneuse** gebirgig L20/2
**monter** einsteigen L14/BK
**monter *(température)*** steigen *(Temperatur)* L17/8
**montrer qqch.** zeigen + D + A L13/2
**morceau de sucre, le** Zuckerwürfel, der, - L13/1
**motiver qqn/motiver à faire qqch.** motivieren + A + zu + D L17/11
**mouton, le** Schaf, das, -e L14/12
**moyen de transport, le** Verkehrsmittel, das, - L20/2
**muscle, le** Muskel, der, -n L12/10

**musée, le** Museum, das, Museen L14/2
**musical, musicale** musikalisch L13/BK

N

**naissance, la** Geburt, die, -en L18/10
**natation, la** Schwimmen, das *(Sing.)* L12/8
**nationalité, la** Nationalität, die, -en AB L11/2
**navigation à voile, la** Segeln, das (Sing.) L20/2
**néerlandais *(langue)*** Niederländisch *(Sprache)* AB L11/2
**Néerlandais, le/Néerlandais, la** Niederländer, der, -/ Niederländerin, die, -nen AB L11/2
**neige, la** Schnee, der, *(Sing.)* L15/9
**neiger (il neige)** schneien (es schneit) L15/11
**nerveux, nerveuse** nervös L11/7
**nettoyer** säubern AB L17/2
**nez, le** Nase, die -n L12/7
**nièce, la** Nichte, die, -n L18/7
**non musical, non musicale** unmusikalisch L13/BK
**non sportif, non sportive** unsportlich L13/BK
**Nord, le** Norden, der *(Sing.)* L20/2
**normal, normale** normal L14/12
**note, la *(note à l'école)*** Note, die, -n *(Schulnote)* L13/9
**nouille, la** Nudel, die, -n L13/
**nourrir se** ernähren sich L12/3
**nourriture, la *(pour animaux)*** Futter, das *(Sing.)* L17/6
**nuage, le** Wolke, die, -n AB L17/13
**nuageux, nuageuse** bewölkt L17/8
**nuitée, la** Übernachtung, die, -en L20/10
**numéroter qqch.** nummerieren + A L13/5
**Nutella, le** Nutella, das, *(Sing.)* L12/12

O

**occuper s' de qqch./qqn** beschäftigen sich mit + D L19/4
**œuf de Pâques, l'** Osterei, das , -er L18/1
**œuvre d'art, l'** Kunstwerk, das, -e L17/11
**offrir à qqn qqch.** schenken + D + A L13/10
**oiseau de mer, l'** Seevogel, der, -vögel L14/12
**on** man L12/14
**on va voir** mal sehen L16/6
**optimal, optimale** optimal L12/14
**ordre, l'** Ordnung, die, -en (in Ordnung) L15/14
**ordures, les** Müll, der, *(Sing.)* L14/7
**ordonné, ordonnée** ordentlich L13/BK
**oreille, l'** Ohr, das, -en L12/7
**ouvrir qqch.** aufmachen + A L15/16

P

**pack de lait, le** Milchtüte, die, -n L17/12
**pagaie, la** Paddel, das, - L17/2
**page d'accueil, la** Homepage, die, -s L16/9
**page, la** Seite, die, -n L11/7
**pain, le** Brot, das, -e L12/12
**panier, le** Korb, der, Körbe L17/6
**panique, la** Panik, die *(Sing.)* L20/10
**panneau d'affichage, le** Infotafel, die, -n L17/6
**panneau, le** Schild, das, -er L19/2
**papier alu, le** Alufolie, die, -n L17/12
**papier à journaux, le** Zeitungspapier, das L17/12
**paquet, le** Paket, das, -e L11/9
**parapluie, le** Regenschirm, der, -e L17/7
**parasol, le** Sonnenschirm, der, -e AB L20/1
**parce que** weil L13/2
**Pardon !** Entschuldigung! L14/6
**parent, le** Verwandte, der/die, -n L18/7
**parking, le** Parkplatz, der, -plätze L20/5
**parler de qqch./qqn (le livre parle de ...)** handeln von + D (das Buch handelt von...) L19/4
**partenaire, le** Partner, der, -/Partnerin, die, -nen AB L11/2
**participant, le** Teilnehmer, der, - L17/1
**participer à qqch.** teilnehmen an + D L15/9
**particulièrement** besonders L18/2
**partie du corps, la** Körperteil, der, -e L12/7
**partir** abreisen L20/6
**partir** wegfahren L20/10
**partir en courant** wegrennen L18/7
**passager, le** Passagier, der, -e L20/4
**passeport, le** Pass, der, Pässe L20/BK
**passer se** passieren *(sich ereignen)* L14/12
**passer devant qqn/qqch.** vorbeigehen an + D L14/5
**passer la nuit** übernachten L17/6
**passer son tour** aussetzen (eine Runde) L11/12
**passion, la** Leidenschaft, die, -en L13/1
**patient, le** Patient, der, -en L15/BK
**patin à glace, le** Eislaufen, das *(Sing.)* L15/2
**pauvre** arm L18/7
**Pays-Bas, les** Niederlande, die *(Sing.)* AB L11/2
**paysage, le** Landschaft, die, -en L20/2
**PC, le** PC, der, -s L11/8
**pêcher qqch.** fischen + A (aus + D) L17/2
**pédalo, le** Tretboot, das, -e L20/2
**peintre, le** Maler, der, - L17/11
**pelouse, la** Liegewiese, die, -n L20/1
**pendant la journée** tagsüber L17/8
**pense-bête, le** Notizzettel, der, - L19/2
**penser** denken AB L11/6
**pension, la** Pension, die, -en L15/11
**percussionniste, le** Schlagzeuger, der - L19/9
**personne** niemand L18/11
**personne du même âge, la** Gleichaltrige, der/die, -n L14/12
**personne qui aime lire, la** Leseratte, die, -n *(umgs.)* L13/
**personne qui n'aime pas lire, la** Lesemuffel, der, - *(umgs.)* L19/3
**personnel, personnelle** persönlich L13/6
**persuader qqn de faire qqch.** überreden + A + zu + D L20/10
**petit gâteau, le** Plätzchen, das, - L18/2
**petit sachet de sucre, le** Zuckersäckchen, das, - L12/1
**petit-fils, le** Neffe, der, -n L18/7
**petit pain, le** Brötchen, das, - L12/12
**petite maison à oiseaux, la** Vogelhäuschen, das, - L17/6
**petite ville, la** Kleinstadt, die, -städte L14/1
**peu aimable** unfreundlich L13/BK

**peu sûr, peu sûre** unsicher L19/5
**peut-être** vielleicht L19/7
**pièce d'argent, la** Geldstück, das, - L17/2
**pièce d'identité, la** Ausweis, der, -e L20/6
**pied, le** Fuß, der, Füße L12/7
**pion, le** Spielfigur, die, -en L11/12
**pique-nique, le** Picknick, das, -s L20/2
**piscine, la** Schwimmbad, das, -bäder L14/2
**piste, la** Piste, die, -n L15/11
**pizzeria, la** Pizzeria, die, -s/-ien L14/2
**plage de sable, la** Sandstrand, der, -strände L20/1
**plage, la** Strand, der, Strände L20/8
**planche de surf, la** Surfbrett, das, -er L17/7
**planifier** planen L11/3
**plastique, le** Plastik, das *(Sing.)* L17/2
**plat, plate** flach L20/2
**plein d'humour** humorvoll L13/BK
**plein d'imagination** fantasievoll L13/BK
**plein, pleine** voll L14/BK
**pleuvoir (il pleut)** regnen (es regnet) L17/7
**plongée, la** Tauchen, das *(Sing.)* L15/2
**plongeur, le** Taucher, der, - L17/2
**pluie, la** Regen, der *(Sing.)* L17/7
**plus (→ beaucoup)** mehr (→ viel) L12/14
**pluvieux, pluvieuse** regnerisch AB L17/13
**point d'interrogation, le** Fragezeichen, das, - L11/12
**poire, la** Birne, die, -n L12/16
**Pologne, la** Polen L11/1
**polonais *(langue)*** Polnisch *(Sprache)* L11/1
**Polonais, le / Polonaise, la** Pole, der, -n / Polin, die, -nen L11/1
**pont, le** Brücke, die, -n AB L14/6
**porcelaine, la** Porzellan, das *(Sing.)* L17/2
**portail, le** Tor, das, -e L15/7
**porte-bonheur, le** Glücksbringer, der - L13/9
**porte-clé, le** Schlüsselband, das, -bänder L13/11
**porter (vêtements)** tragen + A (Kleidung) L13/10
**poser (question)** stellen (Frage) L11/12
**position, la** Lage, die, -n L20/2
**posséder qqch.** besitzen + A L13/2
**possible** möglich L19/5
**poste, la** Post, die *(Sing.)* L14/2
**pourquoi ?** warum? L13/2
**pouvoir s' offrir qqch.** sich leisten können + A L19/5
**précieux, précieuse** wertvoll L13/6
**précis, précise *(exact)*** genau *(exakt)* L15/7
**préjugé, le** Vorurteil, das, -e L15/6
**prendre à qqn** wegnehmen + A L18/10
**prendre feu** brennen L18/2
**préparatif, le** Vorbereitung, die, -en L18/2
**près (de qqch.)** nah (an + D) L17/2
**prescrire *(médicament)*** verschreiben *(Medikament)* L15/BK
**présentateur, le/présentatrice, la** Moderator, der, -en/ Moderatorin, die, -nen L16/2
**présenter** vorstellen + A L18/8
**présenter se** sich vorstellen L19/BK

**presque pas** kaum L11/7
**prêtre, le** Pfarrer, der, - L18/7
**prévisions météorologiques, les** Wetterbericht, der, -e L17/8
**prier** beten L14/2
**probablement** wahrscheinlich L19/7
**prochain, prochaine** nächste (-r, -s) L14/5
**produire qqch.** produzieren + A AB L17/17
**profiter de qqch.** profitieren von + D L17/11
**profond, profonde** tief L19/13
**programme didactique, le** Lernprogramm, das, -e L16/12
**promenade, la** Spaziergang, der, -gänge L11/6
**promener se** spazieren gehen L11/6
**prospectus de publicité, le** Werbeprospekt, der, -e L19/1
**protection de l'environnement** Umweltschutz, der *(Sing.)* L17/1
**protéger de qqch.** schützen vor + D L13/10
**publicité, la** Werbung, die *(Sing.)* L16/3
**puer** stinken L17/11
**pur, pure** pur L18/2

**Q**

**quai, le** Gleis, das, -e L20/4
**qualité, la** Eigenschaft, die, -en L13/13
**quantité, la** Menge, die, -n L17/2
**quartier, le** Stadtteil, der, -e L14/7
**que** dass L12/10
**quel/quelle ?** was für ein(e)? L16/4
**quelqu'un** jemand L18/11
**quelquefois** manchmal L12/BK
**question, la** Frage, die, -n L11/12
**quotidiennement** täglich L12/BK

**R**

**rafraîchissement, le** Erfrischung, die, -en L20/1
**raide *(montagne)*** steil L20/2
**ramoneur, le** Schornsteinfeger, der, - L13/8
**rang, le (au premier/second rang)** Stelle, die , -n (an erster/zweiter Stelle) L15/3
**rap, le** Rap, der, -s L19/13
**raquette à neige, la** Schneeschuh, der, -e L15/9
**rare** selten L12/BK
**rassasié, rassasiée (manger à sa faim)** satt (sich satt essen) L12/14
**ravin, le** Schlucht, die, -en L20/2
**réalisateur, le/réalisatrice, la** Regisseur, der, -e / Regisseurin, die, -nen L16/2
**recevoir** empfangen + A L19/5
**reconnaître** erkennen + A L16/9
**recyclage, le** Recycling, das *(Sing.)* L17/12
**réduire qqch.** verkleinern + A L17/11
**regarder** anschauen + A L16/7
**regarder** zuschauen L18/2
**regarder là-bas** hingucken 17/11
**région, la** Region, die, -en L20/8
**règles du jeu, les** Spielanleitung, die, -en L11/12
**régulièrement** regelmäßig L12/10
**réjouir se de** sich freuen auf + A L14/12
**relaxer** relaxen L12/5

**remercier qqn (pour qqch.)** danken + D (für + A) L13/10
**remonte-pente, le** Schilift, der, -e L15/11
**remplir *(formulaire)*** ausfüllen *(Formular)* L14/2
**renverser qqch.** umwerfen + A AB L18/12
**réparation, la** Reparatur, die, -en L16/11
**réparer qqch.** reparieren + A L16/11
**répéter** wiederholen + A L11/8
**répéter qqch. *(musique)*** proben *(Musik)* L13/12
**répondre** beantworten L11/12
**réponse, la** Antwort, die, -en L11/3
**reportage, le** Reportage, die, -n L16/3
**reposant, reposante** erholsam L15/4
**reposer se** erholen sich L20/10
**réserve, la** Vorrat, der, Vorräte L14/12
**réserver** reservieren L20/6
**résidu, le** Abfallprodukt, das, -e L17/11
**résoudre qqch. (problème)** lösen + A (Problem) L16/11
**responsable de la jeunesse, le/la** Jugendbeauftragte, der/die, -n L17/2
**responsable du projet, le** Projektleiter, der, - L17/11
**résultat, le** Ergebnis, das, -se L15/9
**retard, le** Verspätung, die, -en L20/4
**réunir se** zusammenkommen L18/2
**réussir qqch.** schaffen + A L19/5
**revenir** wiederkommen L15/BK
**revue pour la jeunesse, la** Jugendmagazin, das, -e L19/1
**revue spécialisée, la** Fachzeitschrift, die, -en L19/1
**rocker *(adj.)*** rockig L19/10
**rôle, le** Rolle, die, -n L18/10
**roller, le** Inlineskaten, das, *(Sing.)* L12/10
**roman, le** Roman, der, -e L19/1
**rond, ronde (ça tourne)** rund (es geht rund) L18/9
**ronfler** schnarchen L18/7
**rougir** rot werden L16/6
**rouillé, rouillée** verrostet L17/2
**roumain *(langue)*** Rumänisch *(Sprache)* AB L/2
**Roumain, le/Roumaine, la** Rumäne, der, -n / Rumänin, die, -nen AB L11/2
**Roumanie, la** Rumänien AB L11/2
**russe *(langue)*** Russisch *(Sprache)* AB L11/2
**Russe, le/la** Russe, der, -n/Russin, die, -nen AB L11/2
**Russie** Russland AB L11/2
**rythme, le** Rhythmus, der, Rhythmen L15/6
**rythme, le (au rythme)** Takt, der, -e (im Takt) L19/13

## S

**sac poubelle, le** Müllsack, der, -säcke L17/12
**salade de fruits, la** Obstsalat, der L12/13
**salade, la** Salat, der, -e L12/16
**salami, le** Salami, die, -s L12/12
**sale** schmutzig L14/7
**salle de bain, la** Bad, das, Bäder L20/6
**Salsa, la** Salsa, der *(Sing.)* L20/8
**salut, le (Grosses bises/Amitiés/Je t'embrasse.) *(formule de politesse dans une lettre)*** Gruß, der, Grüße (Viele/Herzliche/Liebe Grüße!) *(Grußformel im Brief)* L11/BK
**sans** ohne L12/10
**sans force** kraftlos L12/2
**sans humour** humorlos L13/BK
**sans problème** problemlos L11/7
**satisfait, satisfaite** zufrieden L12/10
**saucisse, la** Wurst, die *(hier nur Sing.)* L12/12
**saut en longueur, le** Weitsprung, der L12/8
**sauter** springen L12/8
**savoir** wissen L18/BK
**scène, la** Szene, die, -n L15/11
**sculpteur, le** Bildhauer, der, - L17/11
**seau, le** Eimer, der, - L17/2
**secrétariat, le** Sekretariat, das, -e L19/5
**sécurité, la (porter en sécurité)** Sicherheit, die (in Sicherheit bringen) L14/12
**sentiment, le** Gefühl, das, -e L18/10
**sentir qqch.** riechen (nach + D) L14/7
**sentir bien se** wohl fühlen sich L14/7
**sentir se** fühlen sich L12/2
**série comédie, la** Comedyserie, die L16/2
**série télé, la** Telenovela, die, -s L16/2
**série, la** Serie, die, -n L16/2
**service en ligne, le** Hotline, die L16/11
**serviette, la** Handtuch, das, -tücher L17/2
**seul, seule** einsam L19/5
**seul, seule le/la** einzige (-r, -s) L14/12
**show, le** Show, die -s (Talkshow, Castingshow, Quizshow) L16/2
**si** wenn L18/2
**silencieux, silencieuse** leise L14/BK
**similaire, similaire** ähnlich L19/9
**single, le *(musique)*** Single, die, -s *(Musik)* L19/10
**situation, la** Situation, die, -en L18/12
**ski, le** Schi, der, -er L17/7
**skieur, le** Schiläufer, der, - L15/11
**snack, le** Snack, der, -s L12/14
**soap-opéra, le** Soap, die, -s L16/2
**soleil, le** Sonne, die, -n L17/7
**solution, la** Lösung, die, -en L16/11
**sommet, le** Gipfel, der, - L20/2
**sonnerie, la** Klingelton, der, -töne L15/1
**sorcière, la** Hexe, die, -n L13/8
**sortie, la** Ausgang, der, Ausgänge L20/4
**sortir (Il faut qu'on se lève.)** raus (Wir müssen raus.) L15/12
**souci, le (se faire du souci)** Sorge, die, -n, (sich Sorgen machen) L18/2
**souffler (bougies)** ausblasen (Kerze) AB L18/1
**souffler (vent)** wehen (Wind) L17/7
**sound-track, le** Track, der, -s L19/10
**sourire, le** Lächeln, das *(Sing.)* L16/7
**souris, la *(ordinateur)*** Maus, die, Mäuse L16/10
**soutenir qqch.** unterstützen + A L19/7
**souvent** oft L12/BK
**spectateur, le** Zuschauer, der, - L18/2
**spontané, spontanée** spontan L18/2

**sport à l'école, le** Schulsport, der L12/6
**sport de combat, le** Kampfsport, der L15/2
**sport individuel, le** Einzelsport, der L15/2
**sportif, le** Sportler, der, - L13/10
**sportif, sportive** sportlich L13/BK
**sucrerie, la** Süßigkeit, die, -en L18/2
**sud, le** Süden, der *(Sing.)* L20/2
**Suisse, la** Schweiz L11/1
**Suisse, le/la** Schweizer, der, - /Schweizerin, die, -nen L11/1
**suivre** folgen L15/3
**sujet, le** Thema, das, Themen L16/4
**supermarché, le** Supermarkt, die, -märkte L14/2
**superstitieux, superstitieuse** abergläubisch L13/10
**sûr, sûre *(certain)*** sicher *(bestimmt)* L16/11
**surf, le** Surfen, das *(Sport, Sing.)* L15/2
**surprise, la** Überraschung, die, -en L11/9
**survenir** ergeben sich L18/2
**style, le** Stil, der, -e L19/10

**T**

**tâche ménagère, la** Hausarbeit, die, -n L18/12
**technique, la** Technik, die *(hier nur Sing.)* L13/12
**téléchargement, le** Download, der, -s L16/11
**télécharger qqch.** downloaden + A L16/9
**télévision, la** Fernsehen, das *(Sing.)* L16/1
**température maximale, la** Höchsttemperatur, die, -en L17/8
**température minimale, la** Tiefsttemperatur, die, -en L17/8
**température, la** Temperatur, die, -en L17/8
**temps, le (se prendre le temps pour/passer son temps à faire)** Zeit, die (sich Zeit nehmen für + A/Zeit verbringen mit + D) L12/14
**tente, la** Zelt, das, -e L20/10
**terrain de sport, le** Sportplatz, der, -plätze L14/2
**terre ferme, la** Festland, das *(Sing.)* L14/12
**tête, la** Kopf, der, Köpfe L12/7
**texte de la chanson, le** Songtext, der, -e L19/2
**thé, le** Tee, der, -s L12/12
**théâtre, le** Theater, das, - L14/2
**ticket, le** Fahrkarte, die, -n L14/2
**timbre, le** Briefmarke, die, -n L13/1
**tirelire, la** Sparschwein, das, -e L17/2
**tirer** schießen L15/7
**tomate, la** Tomate, die, -n L12/12
**tomber** stürzen L15/11
**tomber amoureux/amoureuse** sich verlieben L14/12
**ton, le** Ton, der, Töne L19/13
**torse, le** Brust, die *(Sing.)* L12/7
**touche, la** Taste, die, -n L16/10
**toujours** immer L18/11
**tour, la** Rundgang, der, -gänge L20/7
**tour, le** Tour, die, -en (Radtour, Klettertour) L20/2
**touriste, le** Tourist, der, -en L11/6
**tournesol, le** Sonnenblume, die, -n L20/1
**tournoi, le** Turnier, das, -e L20/7
**tout de suite** gleich *(sofort)* L16/6
**tout droit** geradeaus L14/5
**tradition, la** Tradition, die, -en L18/2
**traduire qqch.** übersetzen + A L19/5
**train, le** Bahn, die, -en L20/2
**train, le** Zug, der, Züge L20/4
**tram, le** S-Bahn, die, -en L14 BK
**tramway, le** Straßenbahn, die, -en L12/5
**traverser le parc** durch den Park gehen L14 BK
**trier qqch.** sortieren + A L13/1
**triste** traurig L13/BK
**troué, trouée** löch(e)rig L17/2
**trouvaille par plongée, la** Tauchfund, der, -e L17/2
**tube, le *(fam.)*** Hit, der, -s L19/9
**tue-mouche, la** Fliegenpilz, der, -e L13/8
**tutoyer qqn** per du sein mit jmdm. L14/12
**type de sport, le** Sportart, die, -en L12/8
**typique** typisch L15/6

**U**

**Ukraine, l'** Ukraine, die L14/7
**un tas de** jede Menge L18/1
**une fois, deux fois** einmal, zweimal L12/BK
**unique** einmalig L13/6
**unir** verbinden L20/2
**urgent** dringend L13/3
**URL, l'** Link, der, -s L16/9
**utiliser** benutzen, benutzen + A L16/1

**V**

**vacances, les (partir en vacances)** Urlaub, der, -e (in Urlaub fahren) L20/7
**vacancier, le** Feriengast, der, -gäste L14/12
**valise, la** Koffer, der, - L19/5
**véhicule, le** Fahrzeug, das, -e L12/5
**vélo tout terrain, le** Mountainbike, das, -s L20/2
**vent, le** Wind, der, -e L17/7
**venteux, venteuse** windig L17/BK
**ventre, le** Bauch, der, Bäuche L12/
**verre, le** Glas, das, Gläser L12/12
**victoire, la** Sieg, der, -e L16/9
**vide** leer L14/BK
**vie, la** Leben, das - L14/12
**ville jumelée, la** Partnerstadt, die, -städte L11/1
**vire-langue, le** Zungenbrecher, der, - L11/10
**visite, la** Besichtigung, die, -en L20/7
**visiter** ansehen + D L14/2
**visiter qqch.** besichtigen + A L11/6
**voisin, le** Nachbar, der, -n L11/5
**voiture de sport, la** Sportwagen, der, - L13/1
**voiture, la** Wagen, der, - L18/2
**vol, le** Flug, der, Flüge L20/4
**voler** fliegen L14/12
**voyage en bateau, le** Schifffahrt, die, -en L11/6
**voyage, le** Anreise, die, -n L20/2
**voyage, le** Fahrt, die, -en (Zugfahrt) L20/7

**W**

**wagon-restaurant, le** Speisewagen, der, - L20/4
**water-polo, le** Wasserball, der L12/6

**Y**

**yaourt, le** Jogurt, der, -s L12/12
**yoga, le** Yoga, das L12/6

**Photographies**

Couverture: Urs Kuester/Getty Images • P. 14.1: Michael Bumi/Flickr • P. 14.2: Nordiek, Matthias, Bochum • P. 14.3: Wolfgang Staudt/Flickr • P. 14.4: Meike Hein • P. 14.5: Peter Wieler, Essen Marketing GmbH • P. 14.6: Picture-Alliance (Wolfgang Thieme), Frankfurt • P. 14.7: MEV, Augsburg • P. 14.8: Tourismusverband Kuchl (Gerhard Brandauer), Kuchl • P. 14.9: Europa-Park, Rust • P. 14.10: Wikimedia Foundation Inc., St. Petersburg FL • P. 14.11: Klett-Archiv (Fotostudio Gallandi), Stuttgart • P. 14.12: faucilhon/Fotolia.com • P. 14.13: abal/Fotolia.com • P. 16: Fotosearch RF (Maps Resources), Waukesha, WI • P. 17: Newphotoservice/Dreamstime.com • P. 19.1: MEV, Augsburg • P. 19.2: MEV, Augsburg • P. 19.3: ax11/flickr • P. 19.4: Andreas Levers/Flickr • P. 19.5: Biosphäre Potsdam GmbH, Potsdam • P. 20.1: Klett-Archiv (Weccard), Stuttgart • P. 20.2: Simone Van Den Berg/Dreamstime.com • P. 20.3: Klett-Archiv (Renate Weber), Stuttgart • P. 24.1: Erich Lessing/Album • P. 24.2 Chris/Flickr • P.24.3 as+photography/Alexander/Flickr • P. 24.4: Julian Finney/Getty Images • P.24.5: P. 16.13: iStockphoto (Faizal), Calgary, Alberta • P. 24.6 Picture-Alliance (Reents), Frankfurt • P.24.7 Wolfgang Staudt/Flickr • P. 24.8: iStockphoto (Niedzwiedzki), Calgary, Alberta • P. 24.9: Corbis (RF), Düsseldorf • P. 24.10: Koi88/ Dreamstime.com • P. 24.11: iStockphoto, Calgary, Alberta • P. 24.12: Pixtal (RF), New York NY • P.25.1 Claudiodivizia/Dreamstime.com • P.25.2 Maksym Yemelyanov/Dreamstime.com• P.25.3 Uschi Hering/ Fotolia.com • P. 9.1: iStockphoto (Osborne), Calgary, Alberta • P.29.2: Avenue Images GmbH (Stockdisc), Hamburg • P.29.3: JupiterImages (RF/photos.com), Tucson, AZ • P.29.4: Klett-Archiv, Stuttgart • P.29.5: Avenue Images GmbH (Stockdisc), Hamburg • P.30: Alexander Hassenstein/Bongarts/Getty Images • P.31.1: Klett-Archiv, Stuttgart • P.31.2: Avenue Images GmbH (Stockdisc), Hamburg • P.32.1: Klett-Archiv (Fotostudio Gallandi), Stuttgart • P.32.2,3: Klett-Archiv (Renate Weber), Stuttgart • P.32.4: iStockphoto (Walker), Calgary, Alberta • P.32.5: Avenue Images GmbH (Stockdisc), Hamburg • P.33: iStockphoto (Stitt), Calgary, Alberta • P.96.1: Picture-Alliance / AKG, Frankfurt • P.33.1 Jessica/Flickr • P.33.2 Carola Schubbel/Fotolia.com • P.33.3 Andreas Webe/Dreamstime.com • P.33.4 xocolatl/ wikimedia.commons • P.33.4 ExQuisine/Fotolia. com • P.34.1 kameramann/Fotolia.com • P.34.2 Robyn Mackenzie/Dreamstime.com • P.34.3 Klett-Archiv (Fotostudio Gallandi), Stuttgart • P.36.1: iStockphoto (Crafter), Calgary, Alberta • P.37.2: Klett-Archiv (Renate Weber), Stuttgart • P.37.3: Internet / Schreenshot (Poul Jepsen) • P.37.4: Klett-Archiv (Renate Weber), Stuttgart • P.38.5,6: Klett-Archiv (Renate Weber), Stuttgart • P.38.1: Klett-Archiv (Renate Weber), Stuttgart • P.39.1: JupiterImages (RF/photos.com), Tucson, AZ • P.39.2,3: Klett-Archiv (Renate Weber), Stuttgart • P.39.4: JupiterImages (RF/photos.com), Tucson, AZ • P.40.1-4: Klett-Archiv (Fotostudio Gallandi), Stuttgart • 42.1: iStockphoto (Logan), Calgary, Alberta • P.42.2: Klett-Archiv (Renate Weber), Stuttgart • P.42.3: iStockphoto (Travis), Calgary, Alberta • P.44.1: Robyn Mackenzie/Dreamstime.com • P.44.2 Karin Fischer • P.44.3 Michel Poinsignon/Fotolia.com • P.44.4 STUDIOGH/Fotolia.com • P. 46.1: Michael Bumi/Flickr • P. 46.2: MEV, Augsburg • P. 46.3: Klett-Archiv, Stuttgart • P. 46.4: Wikimedia Foundation Inc., St. Petersburg FL • P. 47.1 Rodion Rasputin/Fotolia.com • P. 47.2 henryart/Fotolia.com • P.50 .1: iStockphoto (RF/ Chen), Calgary, Alberta • P. 50.2: iStockphoto (RF/ Lee), Calgary, Alberta • P. 50.3: JupiterImages (RF/photoP.com), Tucson, AZ • P. 50.4: JupiterImages (RF/photoP.com), Tucson, AZ • P. 50.5: iStockphoto (RF/ Brill), Calgary, Alberta • P. 51.1: Peter Wieler, Essen Marketing GmbH • P. 51.2: Wikimedia Foundation Inc., St. Petersburg FL • P. 51.3: Wikimedia Foundation Inc. (Baikonur), St. Petersburg FL • P. 51.4: Essen Marketing GmbH, Essen • P. 51.5: Wikimedia Foundation Inc. (Roßkamp), St. Petersburg FL • P. 52.1: Wikimedia Foundation Inc. (GNU-Lizenz), St. Petersburg FL • P. 52.2: Nordiek, Matthias, Bochum • P. 53.1: www. yam.de • P. 53.2: Nordiek, Matthias, Bochum • P. 54.1: Shayan Sanyal/Flickr • P. 54.2: Christopher Dodge/Dreamstime.com • P. 55.1: kallu/Flickr • P. 55.2: alex.ch/Flickr • P. 56.1: JupiterImages (RF/ photoP.com), Tucson, AZ • P. 56.2: Klett-Archiv (Weccard), Stuttgart • P. 56.3: iStockphoto (Gering), Calgary, Alberta • P. 57.1: Stockbyte, Tralee, County Kerry • P. 54.2: alex.ch/Flickr • P. 59.1: JupiterImages (RF/photoP.com), Tucson, AZ • P. 59.2: JupiterImages (RF/photoP.com), Tucson, AZ • P. 59.3: Avenue Images GmbH (Stockdisc), Hamburg • P. 60.1: Avenue Images GmbH (Stockdisc), Hamburg • P. 60.2: iStockphoto (Clapper), Calgary, Alberta • P. 60.3: iStockphoto (Russ), Calgary, Alberta • P. 60.4: Klett-Archiv (Fotostudio Gallandi), Stuttgart • P.61.1: iStockphoto (Jacobs), Calgary, Alberta • P. 61.2: iStockphoto (Kienas), Calgary, Alberta • P. 62.1: iStockphoto (Hauge), Calgary, Alberta • P. 62.2: Pete Nguyen/Flickr • P. 62.3: iStockphoto (Lambert), Calgary, Alberta • P. 62.4: Deutsches Jugendherbergswerk, Detmold • P. 62.5: Klett-Archiv, Stuttgart • P. 62.6: iStockphoto (Wojciech), Calgary, Alberta • P. 63.1: Klett-Archiv (Fotostudio Gallandi), Stuttgart • P. 63.2: Klett-Archiv (Fotostudio Gallandi), Stuttgart • P. 64.1 Agence Zoom/Getty Images • P. 64.2: Agence Zoom/Getty Images • P. 64.3: Glenn James/NBA/Getty Images • P. 64.1 Stu Forster/Getty Images • P. 65 Teresa Kenney/Dreamstime.com • P. 66.1: iStockphoto (RF), Calgary, Alberta • P. 66.2: iStockphoto, Calgary, Alberta • P. 66.3: JupiterImages (RF/photoP.com), Tucson, AZ • P. 67.1: Joel Bombardier/Flickr • P. 67.2: JupiterImages (RF/ photoP.com), Tucson, AZ • P. 68: Klett-Archiv (Fotostudio Gallandi), Stuttgart • P. 69.1: obs (Kabel 1), Hamburg • P. 69.2: Ralf Juergens/Getty Images • P. 69.3: MEV, Augsburg • P. 69.4: Klett-Archiv (Simianer & Blühdorn), Stuttgart • P. 69.5: JupiterImages (RF/photoP.com), Tucson, AZ • P. 69.6: JupiterImages (RF/photoP.com), Tucson, AZ • P. 70: Klett-Archiv (Fotostudio Gallandi), Stuttgart • P. 71.1: Picture-Alliance (Khayat), Frankfurt • P. 71.2: Picture-Alliance (Band Photo), Frankfurt • P. 72: Christian Köberl/Flickr • P. 73.1: Barbara Ceruti • P. 73.2: Klett-Archiv, Stuttgart • P. 74.1: Dariusz Sas/ Dreamstime.com • P. 74.2: Gino Santa Maria/Fotolia. com • P. 74.3: Steve Parker/Flickr • P. 75.1: janaka Dharmasena/Fotolia.com • P. 75.2: Aleksandr Lukin/ Fotolia.com • P. 76.1: BUND, Berlin • P. 76.2: Picture-Alliance (Wolfgang Thieme), Frankfurt • P. 77.1: Tourismusverband Kuchl (Gerhard Brandauer), Kuchl • P. 77.2: iStockphoto (RF / Hilton), Calgary, Alberta • P. 78: Tourismusverband Kuchl (Gerhard Brandauer), Kuchl • P. 79.1: iStockphoto (RF / Blackburn), Calgary, Alberta • P. 79.2: iStockphoto (RF / Sayig), Calgary, Alberta • P. 79.3: iStockphoto (RF / Nolan), Calgary, Alberta • P. 79.4. Calgary, Alberta • P. 79.5: iStockphoto (RF / Hansen), Calgary, Alberta • P. 79.6: iStockphoto (RF / Rullkötter), Calgary, Alberta • P. 81: iStockphoto (RF / Lasure), Calgary, Alberta • P. 83.1: Klett-Archiv (Fotostudio Gallandi), Stuttgart • P. 83.2: Diesterwegschule (Prußeit), Werdau • P. 83.3: Greenpeace (Juergen Siegmann), Hamburg • P. 84.1: mikess/Fotolia.com • P. 84.2: Martina Chmielewski/Fotolia.com • P. 84.3: Sir_Aragorn/Fotolia.com • P. 84.4: Nancy Hjxson/ Fotolia.com • P. 85.1: Marvin Ristau de/Fotolia.com • P. 85.2: Jacob Levine/Flickr • P. 85.3: Petr Nad/ Dreamstime.com • P. 86.1: sk_design/Fotolia.com • P. 86.2: Hannes Eichinger/Fotolia.com • P. 86.3: Meike Hein t • P. 86.4: Stephen Coburn/Dreamstime. com • P. 88.1: Klett-Archiv (Weccard), Stuttgart • P. 88.2: JupiterImages (RF/photoP.com), Tucson, AZ • P. 88.3: JupiterImages (RF/photoP.com), Tucson, AZ • P. 88.4: Klett-Archiv, Stuttgart • P. 90.1: Klett-Archiv, (Gábor Kapolka), Stuttgart • P. 90.2: Klett-Archiv, (Katja Schüch), Stuttgart • P. 90.3: Klett-Archiv, (Gábor Kapolka), Stuttgart • P. 90.4: Klett-Archiv, (Gábor Kapolka), Stuttgart • P. 90.5: Klett-Archiv, (Katja Schüch), Stuttgart • P. 91.1: Klett-Archiv (Fotostudio Gallandi), Stuttgart • P. 91.2: Klett-Archiv (Fotostudio Gallandi), Stuttgart • P. 91.3: Klett-Archiv (Fotostudio Gallandi), Stuttgart • P. 93.1: Klett-Archiv (Fotostudio Gallandi), Stuttgart • P. 93.2: Klett-Archiv (Fotostudio Gallandi), Stuttgart • P. 94.1: Imagno/ Hulton Archive/Getty Images • P. 94.2: OBJEKTIV STUDIO/Album • P. 94.3: U.F.A/EWALD, KARL/Album • P. 95.1 Meike Hein • P. 95.2 Meike Hein • P. 96.1: Klett-Archiv (Fotostudio Gallandi), Stuttgart • P. 96.2: Image Source, Köln • P. 96.3: Klett-Archiv, Stuttgart • P. 97.1: iStockphoto (RF), Calgary, Alberta • P. 97.2: Klett-Archiv (Fotostudio Gallandi), Stuttgart • P. 97.3: Simone van den Berg/Fotolia.com • P. 98.1: Fotolia LLC (lucas), New York • P. 98.2: MEV, Augsburg • P. 98.3: Heinrich Bauer Zeitschriften Verlag / Redaktion Bravo, Hamburg • P. 98.4: Klett-Archiv, Stuttgart • P. 58.5: PixelQuelle.de (Snooziee), München • P. 98.6: VVS, Stuttgart • P. 99.1: GLOBUS Infografik, Hamburg • P. 99.2: Verlag Friedrich Oetinger, Hamburg • P. 99.3: Klett-Archiv, Stuttgart • P. 99.4: Ullstein Buchverlage, Berlin • P. 101: Kiepenheuer & Witsch (Kira Bunse), Köln • P. 102: Picture-Alliance (Boesl), Frankfurt • P. 103: Klett-Archiv (Schiffels), Stuttgart • P.104: edgecreative/ Fotolia.com • P. 106: Avenue Images GmbH (image 100), Hamburg • P. 107 : Karin Fischer • 108.1: iStockphoto (RF/Leeman), Calgary, Alberta • P. 108.2: iStockphoto (RF / Hill), Calgary, Alberta • P. 108.3: abal/Fotolia.com • P. 110.1: Klett-Archiv (Fotostudio Gallandi), Stuttgart • P. 110.2: Klett-Archiv (Fotostudio Gallandi), Stuttgart • P. 111.1: Klett-Archiv (Fotostudio Gallandi), Stuttgart • P. 111.2: Klett-Archiv (Fotostudio Gallandi), Stuttgart • P. 111.3: Klett-Archiv (Fotostudio Gallandi), Stuttgart • P. 111.4: Klett-Archiv (Fotostudio Gallandi), Stuttgart • P. 111.5: Klett-Archiv (Fotostudio Gallandi), Stuttgart • P. 111.6: Klett-Archiv (Fotostudio Gallandi), Stuttgart • P. 111.7: Klett-Archiv (Fotostudio Gallandi), Stuttgart • P. 112.1: Europa-Park, Rust • P. 112.2: Klett-Archiv (Fotostudio Gallandi), Stuttgart • P. 112.3: Ingram Publishing, Tattenhall Chester • P. 112.4: faucilhon/Fotolia.com • P. 114.1: Klett-Archiv (Fotostudio Gallandi), Stuttgart • P. 114.2: Carina Hansen/Fotolia.com • P. 114.3 Karin Fischer • P. 115.1: M.W. - Fotolia.com • P. 115.2: Galyna Andrushko/ Dreamstime.com • P. 115.3: Klaudia Fischer • P. 115.4: MEV, Augsburg • P. 116: Klett-Archiv (Fotostudio Gallandi), Stuttgart • P. 117.1: Kuzma/Dreamstime. com • P. 117.2: Fotosearch RF (Rubberball RF), Waukesha, WI • P. 117.3: iStockphoto (RF / Piebinga), Calgary, Alberta • P. 117.4: JupiterImages (RF / photoP. com), Tucson, AZ • P. 117.5: iStockphoto (RF), Calgary, Alberta • P. 117.6: iStockphoto (RF / Gough), Calgary, Alberta • P. 118.1: JupiterImages (RF / photoP.com), Tucson, AZ • P. 118.2: Avenue Images GmbH (Digital Vision), Hamburg • P. 118.3: JupiterImages (RF / photoP.com), Tucson, AZ • P. 119: Klett-Archiv (Renate Weber), Stuttgart • P.121 Klett-Archiv, Stuttgart (Renate Weber) • P.123.1: Klett-Archiv, Stuttgart (Renate Weber).

Toutes les photographies de www.flickr.com appartiennent à une licence de Creative Commons (2.0 et 3.0 ).

**Textes**

P.26-27: PONS Großwörterbuch Deutsch als Fremdsprache, Ernst Klett Sprachen GmbH, Stuttgart 2004 • S. 39: Homepage www.angelfire. com/nb/lollysticks/foside .tysk.html • P. 52–53: Mein Leben ohne Freunde nach Flirts & Fete nach Tanja Gebru in „Yam" Nr. 28 / 02. Juli 2003 • P. 65 Christine Nöstlinger, Kleines Glückwunschgedicht, de: Christine Nöstlinger & Jutta Bauer: Ein und alles. Ein Jahresbuch mit Geschichten, Bildern, Texten, Sprüchen, Märchen und einem Tagebuch-Roman, Beltz & Gelberg (1992) Verlagsgruppe Beltz, Weinheim & Basel • P. 100-101: Benjamin Lebert, Crazy, 1999 Kiepenheuer & Witsch (KiWi 345) • P. 114: Tipps nach Christine Nöstlinger, aus Christine Nöstlinger & Jutta Bauer: Ein und alles. Ein Jahresbuch mit Geschichten, Bildern, Texten, Sprüchen, Märchen und einem Tagebuch-Roman, Beltz & Gelberg (1992) Verlagsgruppe Beltz, Weinheim & Basel

**Chansons**

*Wir sind Helden:* Les chansons de la p. 102 sont du CD *Die Reklamation*, Freudenhaus MV/Wintrup MV, produit par Reklamation Records, a division of EMI Music GmbH & Co. KG • P.104: *Nur ein Wort* du CD *Von hier an blind*, produit par Reklamation Records, a division of EMI Music Germany GmbH & Co. KG

**Nous remercions les personnes qui ont posé :**

Bantle, Christa • Bantle, Stefan • Bauer, Benedikt • Bessière, Arnaud • Bieswanger, Vanessa • Buciek, Natalie • Böhland, Thea • Danecker, Fabian • Dietrich, Julién • Estreich, Gwenaelle et Yannick • Estreich, Sabine et Didier • Flaig, Benedict • Fritz, Franziska • Gallandi, Philip • Hauer, Tiemo • Hilkevitsch, Olga • Hommer, Tamina • Knoch, Carolin • Kohlmann, Paula • Kuch, Benjamin • Kuch, Natascha • Kunzmann, Miriana • Mazarin, René • Mijatowic, Jessica • Quero, Marcel • Raff, Stefan • Rang, Paul • Rebel, Tobias • Reis, Marvin • Renz, Fabian • Renz, Fabian • Reutter, Kim Janina • Rosink, Birte • Rosink, • Hedwig et Wolfgang • Schaber, Julian • Schneider, Vanessa • Schwenzer, Roger • Spatz, Alexander • Spatz, Julian • Staudenmaier, Tim • Stengel, Marleen • Trost, Nikla • Vollmer, Dominik • Vollmer, Marie-Louise • Weber, Ingrid • Weber, Maurits, Muriel, • Sebastian et Valeria • Weingärtner, Gabriele et Reiner • Weissinger, Sina • Wirth, Thomas • Zickwolf, Markus • Les élèves du lycée Friedrich-Schiller-Gymnasium, Marbach et du lycée Geschwister-Scholl-Gymnasium, Sillenbuch

## Team Deutsch 2 – CD / mp3

| Piste | Unité | Exercice | Titre | Durée |
|---|---|---|---|---|
| 1 | KB 11 | 1a | Potsdam und seine Partnerstädte | 01:06 |
| 2 | KB 11 | 1c | Potsdam und seine Partnerstädte | 01:44 |
| 3 | AB 11 | 2 | Unsere Partnerstädte: Länder, Sprachen, Nationalitäten | 01:38 |
| 4 | AB 11 | 4a | Sprechtraining: Länder, Menschen, Sprachen | 01:10 |
| 5 | AB 11 | 4b | Sprechtraining: Länder, Menschen, Sprachen | 01:00 |
| 6 | KB 11 | 5 | Gespräch in der Klasse | 02:01 |
| 7 | KB 11 | 8 | Ein Telefongespräch | 01:35 |
| 8 | AB 11 | 11 | Tratsch am Telefon | 01:46 |
| 9 | KB 11 | 10a | Sprechtraining: Zungenbrecher | 00:23 |
| 10 | KB 11 | 10c | Sprechtraining: Zungenbrecher | 00:22 |
| 11 | KB 12 | 6 | So bleibe ich fit | 03:55 |
| 12 | KB 12 | 13 | Frühstückstypen | 01:38 |
| 13 | KB 12 | 15 | Das optimale Frühstück | 00:59 |
| 14 | KB 12 | 16 | Sprechtraining: Alles stimmlos! | 00:26 |
| 15 | AB 12 | 22 | Sprechtraining: Wortakzent | 01:03 |
| 16 | AB | 7 | Meilenstein 6 | 00:44 |
| 17 | KB 13 | 1 | Sammler | 01:38 |
| 18 | KB 13 | 3 | Ein Radiointerview mit Stefan | 02:17 |
| 19 | KB 13 | 9 | Jugendliche und ihre Glücksbringer | 01:30 |
| 20 | KB 13 | 15a | Sprechtraining: ng und nk | 00:41 |
| 21 | KB 13 | 15b | Sprechtraining: ng und nk | 00:13 |
| 22 | KB 14 | 5 | Dialoge auf der Straße | 02:05 |
| 23 | AB 14 | 7 | Ich erkläre dir den Weg | 02:00 |
| 24 | KB 14 | 8 | Spaziergang durch Essen | 03:11 |
| 25 | KB 14 | 10 | Sprechtraining: das schwache E am Ende | 00:36 |
| 26 | AB | 6 | Meilenstein 7 | 01:23 |
| 27 | KB 15 | 1a | Klingeltöne von Sportlern | 01:32 |
| 28 | KB 15 | 1b | Klingeltöne von Sportlern | 01:53 |
| 29 | KB 15 | 3 | Jugendliche und ihr Lieblingssport | 01:48 |
| 30 | KB 15 | 4 | Meinungen über Sportarten | 01:49 |
| 31 | KB 15 | 7 | Die Handballmannschaft | 02:20 |
| 32 | KB 15 | 13 | Alex ist krank | 00:37 |
| 33 | KB 15 | 14a | Alex beim Arzt | 00:34 |
| 34 | KB 15 | 14b | Alex beim Arzt | 01:04 |
| 35 | KB 15 | 16 | Sprechtraining: Emotionen ausdrücken | 00:32 |
| 36 | KB 15 | | Im Team: Ein Gedicht | 00:39 |
| 37 | KB 16 | 1 | Schöne, bunte Medienwelt | 01:47 |
| 38 | AB 16 | 3 | Eine schwierige Planung | 01:11 |
| 39 | KB 16 | 3 | Was für ein toller Fernsehabend! | 02:41 |
| 40 | KB 16 | 5 | Sprechtraining: lange und kurze Vokale | 00:34 |
| 41 | KB 16 | 7 | Fans | 00:56 |
| 42 | KB 16 | 11 | Hier ist die Computerhotline | 02:59 |
| 43 | AB 16 | 15 | Sprechtraining: englische Wörter im Deutschen | 01:23 |
| 44 | AB 16 | 7 | Meilenstein 8 | 01:04 |
| 45 | AB 17 | 3 | Eine Radiomeldung | 00:46 |
| 46 | KB 17 | 4 | Die Umweltschützer erzählen | 01:46 |
| 47 | KB 17 | 9 | Wetterbericht im Radio | 00:37 |
| 48 | AB 17 | 16 | Sprechtraining: Stolpersteine | 00:35 |
| 49 | KB 17 | 12 | Wettbewerb: Wir werden Müllkünstler | 01:28 |
| 50 | KB 17 | 13 | Sprechtraining: lange und kurze Vokale | 00:41 |
| 51 | AB 17 | 20b | „Müllhalde" aus Wörtern | 00:51 |
| 52 | AB 17 | 20c | „Müllhalde" aus Wörtern | 00:53 |
| 53 | KB 18 | 8 | Gespräche bei der Hochzeitsfeier | 01:57 |
| 54 | KB 18 | 9 | Sprechtraining: R-Laute | 00:37 |
| 55 | AB 18 | 14 | Familiengeschichten | 02:13 |
| 56 | KB 18 | 12a | Leben in der Großfamilie | 01:25 |
| 57 | KB 18 | 12c | Leben in der Großfamilie | 03:20 |
| 58 | AB | 2 | Meilenstein 9 | 00:38 |
| 59 | KB 19 | 5 | Aus einem Roman | 02:21 |
| 60 | AB 19 | 9 | Benjamins Zimmer | 02:07 |
| 61 | AB 19 | 13 | Hörbücher | 02:28 |
| 62 | KB 19 | 10 | Eine CD-Kritik | 02:58 |
| 63 | KB 19 | 13a | Sprechtraining: ein Endlos-Rap | 00:44 |
| 64 | KB 19 | 13b | Sprechtraining: ein Endlos-Rap | 00:40 |
| 65 | KB 19 | | Im Team: Nur ein Wort | 04:01 |
| 66 | AB 20 | 1 | Eine Umfrage: Was bringt die Leute in Sommerlaune? | 02:26 |
| 67 | KB 20 | 4 | Reisen mit verschiedenen Verkehrsmitteln | 02:14 |
| 68 | KB 20 | 5 | Unterwegs | 00:27 |
| 69 | KB 20 | 6 | Im Hotel | 02:03 |
| 70 | KB 20 | 9 | Urlaubsbekanntschaften | 01:26 |
| 71 | KB 20 | 13a | Sprechtraining: Wortgruppen richtig betonen | 00:18 |
| 72 | KB 20 | 13b | Sprechtraining: Wortgruppen richtig betonen | 01:28 |
| 73 | AB | 2 | Meilenstein 10 | 00:38 |
| 74 | FT 3 | 1 | Cliquen und Freunde | 02:28 |
| 75 | FT 3 | 2 | Finja ist krank | 01:01 |
| 76 | FT 4a | 1 | Medienwelt | 00:47 |
| 77 | FT 4b | 1 | Medienwelt | 01:40 |
| 78 | FT 4 | 2 | Heute feiern wir! | 01:00 |